**Rethinking
Reconstructing
Reproducing**

\*

———

"精神译丛"
在汉语的国土
展望世界
致力于
当代精神生活的
反思、重建与再生产

———

\*

Folie, langage, littérature

Michel Foucault

————————

[法]米歇尔·福柯 著　张锦 译　秦海鹰 校

精神译丛·徐晔 陈越 主编

————

# 疯癫，语言，文学

西北大学出版社
·西安·

米歇尔·福柯

# 目 录

致读者 / 1
序 言 / 3

疯癫与文明 / 27
疯癫与文明——1967年4月突尼斯塔哈尔·哈达德俱乐部讲座
　　/ 51
疯癫与社会 / 81
文学与疯癫[巴洛克戏剧和阿尔托戏剧中的疯癫] / 97
文学与疯癫[雷蒙·鲁塞尔作品中的疯癫] / 125
现象学经验——巴塔耶的经验 / 143
文学分析新方法 / 151
文学分析 / 173
结构主义与文学分析——1967年2月4日突尼斯塔哈尔·哈达
　　德俱乐部讲座 / 193
[语言外在性与文学] / 249
文学分析与结构主义 / 275
《布瓦尔与佩库歇》，两种诱惑 / 303
《绝对之探求》 / 331

人名索引 / 355

二重身、第二语言与结构主义"文献分析"——论福柯的《疯癫,语
　　言,文学》(代译后记) / 367

## 致读者

本书呈现给读者的是米歇尔·福柯有关疯癫、语言和文学的一系列讲稿和文稿,其中大部分未曾发表。除了《现象学经验——巴塔耶的经验》一文的日期可以确定为20世纪50年代,这些讲稿和文稿均分布于20世纪60年代中期和70年代初,整体上属于这样一个十年。在这十年中,疯癫、语言和文学的主题在福柯思想中占据了中心位置。

这些文稿实际上主要围绕三个难题性(problématiques)来组织:疯子在我们社会中的身份(statut)和位置(place),以及在这方面,"西方"社会与其他社会的区别;疯癫、语言和文学之间的关系,特别是基于三个重要参照——巴洛克戏剧、安托南·阿尔托的残酷戏剧和雷蒙·鲁塞尔的作品;最后是20世纪60年代文学分析的演变。这个系列还包括一篇有关巴尔扎克《绝对之探求》(*La recherche de l'absolu*)中的"作品缺席"这一主题的研究,以及一篇有关福楼拜《圣安东的诱惑》(*La Tentation de saint Antoine*)和《布瓦尔与佩库歇》(*Bouvard et Pécuchet*)中"欲望和知识之关系"这一主题的研究,最后还要加上一篇有关巴塔耶的极限经验(expérience-limite)概念的初步阐述,尽管这一概念尚未明确出现。

所有文稿均依据以下资料来源编订：

——1967 年在突尼斯的两次讲座（《疯癫与文明》和《结构主义与文学分析》）的文稿根据保存在加利福尼亚大学伯克利分校的录音整理编辑而成。

——其他文稿根据保存在法国国家图书馆的手稿（福柯档案，编号 NAF 28730，第 54 和 57 号档案盒）整理编辑而成。

我们尽可能一字不差地按照原件勘定文稿，只在感觉有必要保证文稿的理解时，才删除了一些重复或纠正了一些错误的句子结构。①

特别感谢法国国家图书馆授权我们查阅了本书编辑所依据的手稿。没有这一宝贵的协助，任何工作都不可能进行。

弗吕绍、洛伦齐尼和雷韦尔

---

① 本书一些文章中方括号内的标题（如"文学与疯癫[巴洛克戏剧和阿尔托戏剧中的疯癫]"）或分节（如第 29 页的"[一]"），均非福柯文本固有，系法文版编者所加。——译注

# 序　言

十三篇文稿

我们在此汇集并呈现给读者的这些文稿有多个值得注意的地方。

人们当然都知道《雷蒙·鲁塞尔》①的重要性,该书与《临床医学的诞生》②于1963年同年出版。更一般地讲,人们都知道福柯在20世纪60年代对文学的兴趣——这种"激情"似乎构成了他最初几本重要著作的奇特边缘。25年前出版的《言与文》为这些数量众多的文稿提供了新的理解。福柯在其中交替征引了一系列过往作家:萨德、荷尔德林、奈瓦尔、福楼拜、马拉美、凡尔纳、鲁塞尔、阿尔托、布里塞③,三个守护者的名字——巴塔耶、布朗

---

① 福柯:《雷蒙·鲁塞尔》(*Raymond Roussel*),巴黎,Gallimard,1963。

② 福柯:《临床医学的诞生——医学目视考古学》(*Naissance de la clinique. Une archéologie du regard médical*),巴黎,PUF,1963。

③ 让-皮埃尔·布里塞(Jean-Pierre Brisset,1837—1919),法国作家,以"文学疯子"著称,被超现实主义诗人布勒东编入《黑色幽默选集》。他善于从语音层面拆分和重组单词,借助同音联想手法发现和证明语言形式中潜在的意义逻辑;在《逻辑语法》《上帝之学》《大消息,或人是怎样从青蛙变来的》

肖、克洛索夫斯基，以及一些在福柯本人写作的那个时期代表着最新文学动态的当代作家——索莱尔斯、蒂博多、罗伯-格里耶、布托尔、拉波特、普莱内。总体而言，有三条主线引导着我们对这些复杂的文献资料进行阅读和评论。我们首先可以看到，疯癫经验和写作经验的交集构成了一个基本的接合点①，这种交集既涉及现象学的无意识记忆（认为不论是疯癫还是写作，在这两种情况下，都有一种原初经验，必须让这种原初经验从它曾经所处的沉默外壳中浮现出来），也涉及与语言的某种关系。其次可以看到，福柯的"文学"分析以其特有的方式尝试探讨了两个远远超出20世纪60年代的核心论题：一是对任何形式的具有某种意识或内在性的心理化主体的彻底批判；二是对独立于一切表意意图的语言物质性的敏锐关注，即对语言的发音特征、语言的音响厚度的

---

等著作中，他对人和语言的起源进行了颇为另类的思考，认为人类语言源自青蛙的叫声。福柯曾为其著作《逻辑语法》作序，题为《七谈第七天使》。——译注

① 写作经验与疯癫经验的亲缘关系是福柯著作中反复出现的主题。例如可参见《疯癫，作品的缺席》（«La folie, l'absence d'oeuvre», 1964），收入《言与文（第一卷，1954—1975）》（*Dits et écrits I, 1954-1975*），德费尔和埃瓦尔德主编，巴黎，Gallimard，2001，第25篇，第440—448页。文学家形象和疯子形象（尤其是精神分裂症患者的特殊形象）的叠置或许解释了福柯对荷尔德林、奈瓦尔、布里塞、鲁塞尔、阿尔托或沃尔夫森等人的兴趣。在所有这些情况下，福柯似乎都徘徊于两种认知之间：**共同经验**（*expérience commune*，它涉及主体的解体，也涉及一种与真理的原初关系）和**共同作为**（*faire commun*，疯癫使文学家能够摆脱再现的统治，体验一种与语言物质性的别样关系，也就是说构建另一种代码）。

关注。最后,我们还经常强调福柯与《批评》(Critique)杂志的联系(福柯自1963年开始参与其编委会,并在该杂志上发表了多篇重要文章)或他与"如是"(Tel Quel)小组的联系(福柯从未正式加入这个小组,但他从未停止过对该小组的立场和文章的评论),这种联系构成了他的这些独特文稿所赖以展开的语境。这里的独特性是显而易见的:因为这些文稿的时间定位是确定的,对应于从《疯狂史》①的出版到《词与物》②的出版这样一个相对短暂的时期,到20世纪70年代初就逐渐消失了③,也因为这些文稿中丝毫看不出有对同一时期他所坚定维护的某些理论立场的真正呼应,这些理论立场本身则处于两个极端之间——一方面是自1961年以来他反复确认的彻底的历史化立场,这种历史化立场以(疯癫的)历史的形式或以清楚分期的(医学目视、人文科学的)考古学的形式频繁交替出现;另一方面则是对结构主义表现出的明显迷恋,这个结构主义主要不是被理解为一个流派或思潮,而是被理解为一个具有共同性的方法,它能使人们摆脱如福柯所说的"从笛卡尔到现象学"的太过持久的主体中心

---

① 福柯:《疯癫与非理性——古典时代疯狂史》(Folie et déraison. Histoire de la folie à l'âge classique),巴黎,Plon,1961;再版《古典时代疯狂史》(Histoire de la folie à l'âge classique),巴黎,Gallimard,1972。

② 福柯:《词与物——人文科学的考古学》(Les mots et les choses. Une archéologie des sciences humaines),巴黎,Gallimard,1966。

③ 关于这一点,请参见拙文《一段消失的历史,福柯与文学》(«Histoire d'une disparition. Foucault et la littérature»),载《辩论》(Le Débat),第79期,1994,第82—90页。

性幻觉①。

  首次汇集在本卷中的这十三篇文稿大部分都未曾发表过,它们为上述这些问题提供了一个完全不同的视角,使这些问题的关键发生很大的偏移。可以肯定的是,这些文稿聚焦于这十年间的两个"经典"主题:疯癫和文学。因此我们选择按照这两个主题来组织它们,以方便研读。读者将依次读到五篇以疯癫为主题的文稿,接着是一篇关于现象学经验概念和巴塔耶经验概念的基调完全不同的短文,然后是五篇关于文学分析和批评的文章。最后,作为全书的结束部分,是有关福楼拜和巴尔扎克的两篇文稿。根据我们已经知道的文稿日期(或者可以根据一些线索,尤其是根据一些书目线索来推测这些文稿的日期),所有这些文稿都产生于20世纪60年代后半叶——只有专门讨论现象学经验和巴塔耶经验的那篇文本有比较大的存疑,其日期也可能更早一些。从《词与物》的出版到福柯在突尼斯逗留期间完成的《知识考古学》(*L'archéologie du savoir*)的撰写结束,这个基本的中间时段在此代表着刻画在这些文本凹陷之处的这段历史分期的核心时段,因此我们将要读到的分析,不是人们在20世纪60年代上半叶所习惯阅读和主要认可的福柯对疯癫或文学的**一般**分析,而

---

  ① 这是福柯一生都在不断思考的问题。可参见福柯《性经验与孤独》(1981),收入《言与文(第二卷,1976—1988)》(*Dits et écrits II, 1976-1988*),德费尔和埃瓦尔德主编,巴黎,Gallimard,2001,第295篇,第987—997页。关于主体的形象,福柯写道:"这一问题的重要性归功于胡塞尔的影响,但主体的中心性也和一种体制背景相关联,因为自从哲学伴随笛卡尔诞生以来,法国大学从来都只能以笛卡尔的方式进步。"(前引书,第988页)

是对这些主题的更晚的分析版本。让我们现在就宣布：这些分析的基调完全不同于以前——即使根据福柯经常采用的一种方法，他的分析会回到以前的研究工作或者重新阐述以前建立的某个参照。

第一个观察：在1965—1967年的转折期，这位哲学家的研究发生了很大的转变。当然，这十三篇文稿的性质、撰写程度、写作方式远非整齐一致。我们汇集在此的文稿，其统一性并不是严格地关联于一个或多个可识别的周期（系列讲座、某次课程或研讨班，一系列同主题的广播发言），而且某些文稿的准确日期也很难确定。此外，这些文稿的类型和撰写程度也是多种多样——既有像1967年在突尼斯塔哈尔·哈达德俱乐部的两次讲座（1967年4月的《疯癫与文明》，同年2月的《结构主义与文学分析》）或前面我们提到的日期难以确定的有关经验概念的短文（《现象学经验——巴塔耶的经验》）这些看上去像是完全定稿的工作；也有一些更加图式化的或更像是充分展开的大纲一样的文稿（第一个文本题名为《疯癫与文明》，没有日期，但无论如何晚于1965年，或还有《疯癫与社会》）。这并不一定意味着那些被我们自发地认定是一种不完整的撰写迹象的图画标记（页面行距的分级，使用拉丁字母、希腊字母或数字系列来构建要点清单，贴边，破折号，等等）与一种极为认真的书写方式相矛盾；在福柯构建的强有力的论证结构中，其结构的骨架有时会以图形的方式显露出来，比如《文学与疯癫》（关于巴洛克戏剧和阿尔托戏剧中的疯癫）或《文学分析新方法》（其手稿中的分层书写特别明显，对论证起着组织和固定作用）。这里我们几乎联想到了法国国家图书馆2013年购得的一个未刊稿档案盒中的三页手稿①，它们夹在一份关于布里塞和鲁塞尔的手稿中间，日期大约是 1962—1963 年，上面简单地标着**题词**二字：三个手写的几何结构，配有书写规则，让人看出是"正在成形"的拉丁文本——等腰三角形、迷宫、一副眼镜。这既是**思想图画**的力量——也是思想的写作规则的力量；这不正是福柯很早就痴迷地称之为"手法"的可能体现吗？我们也会想到，几年后的 1973 年的一个奇怪的假设——"被拆解的图形诗"，这个假设支撑着那篇有关马格利特《这不是一只烟斗》的精彩文章："补偿字母表；不借助修辞的重复；让事物落入双重书写的陷阱。［……］符号，字母，能固定词语；而线条，能形象描绘事物。如此，图形诗试图以游戏的方式抹除我们的字母文明中最古老的对立：指示和命名；描画和言说；复制和发音；模仿和表意；看和读。"②总之，这可以说是一个福柯式的主题：与书写的物质性和它的图形固定打交道，这立刻就是与思想的组织打交道，而最终这也是汇集在本卷中的文稿要提醒我们的。

第二个观察：这十三篇文稿展开了一个引人入胜的重复系统。重复一个主题、一个参照，有时是重复一个名字、一个之前生

---

① 法国国家图书馆，福柯档案（Fonds Foucault），编号 NAF 28730，第 54 号档案盒。

② 福柯：《这不是一只烟斗——雷内·马格利特的两封信和四幅画》（*Ceci n'est pas une pipe. Deux lettres et quatre dessins de René Magritte*），巴黎，Fata Morgana，1973，第 20—22 页。这篇文章的初稿比较短，但标题相同，发表于《道路手册》（*Les Cahiers du chemin*）1968 年第 2 期，作为对 1967 年 8 月 15 日去世的马格利特的致敬。后收入福柯《言与文（第一卷，1954—1975）》，前引书，第 53 篇，第 663—678 页。

造的和重新采用的表达,它们以自己的方式使我们能够追踪某些工作假设的漫长的形成和表述过程——各种想法通过连续不断的接近而被逐步编织出来。因此,这些文稿的每一篇都必须单独阅读,但也必须连续阅读,或者更确切地说,必须按照一种横向阅读所能形成的轨道进行系列阅读。对此只举一个例子,我们这里刊出的第十篇文章原先没有标题(但为了清晰起见,我们给了一个最接近其论题的标题《语言外在性与文学》),也没有日期(但其中提到德里达的《论文字学》,这使我们猜测其写作日期是 1967 年或之后)。这篇文章引入了语言外在性(extralinguistique)①概念——这个概念在福柯的其他文章中很少见到,在这里却得到大幅度的展开。我们可以推测,福柯撰写此文时至少在一定程度上是想就一年前本维尼斯特在伽里玛出版社出版的《普通语言学问题》第一卷②进行讨论。本书的第十一篇文稿也没有确定的日期,但标题是福柯自己给出的(《文学分析与结构主义》),这篇文稿立刻重新采用了"语言外在性"这个概念,可以说是用这个概念简短

---

① 这个术语在一篇导言中出现过两次。这篇导言原是福柯最终放在《知识考古学》开头的那篇导言的替代版。参见福柯《〈知识考古学〉导言》,吕夫主编,载《哲学研究》(*Les Études Philosophiques*),第 153 期,2015,第 327—352 页。

② 本维尼斯特:《普通语言学问题》(*Problèmes de linguistique générale*),第一卷,巴黎,Gallimard,1966。由皮埃尔·诺拉主编的"人文科学文库"丛书同一年收入了本维尼斯特的这本书和福柯的《词与物》,一年前该丛书还收入了卡拉姆-格里奥勒的《人种学与语言——多贡人的言语》(*Ethnologie et langage, La parole chez les Dogon*)。福柯在《文学分析与结构主义》中引用了这本书,见下文,第 298 页。

地探讨了乔伊斯、普鲁斯特、罗伯-格里耶、布托尔、陀思妥耶夫斯基、巴尔扎克,并极为详细地探讨了福楼拜,从而显露出一整套理论参照系统(其核心参照是普列托的研究成果),而这些参照在第一个文本中都没有明确给出。实际上问题不在于(或并不仅仅在于)弄清这两个文本哪一个先,哪一个后,更重要的应该是在这两个文本之间建立一种横向关系,并弄清楚一个假设是如何初步形成的,如何被表述的("因此,文学可以被定义为这样一种话语,它在自己的内部构建起那个超出语言、使陈述得以存在的语言之外的维度"①),然后又是如何被调动和被采用的,以便有效地解释文学文本,这些文学文本实际上构成了这一假设的试验台。但横向性是多方面的:我们可以在《文学分析与结构主义》对福楼拜的处理方式和后来1970年在布法罗大学的一次讲座《〈布瓦尔与佩库歇〉,两种诱惑》中有关福楼拜的讨论之间拉出一条线。同样,我们当然也会记得,福柯在同一篇文章的两个相继的、略有不同的版本(分别发表于1964年和1970年)中已经以不同的方式在研究《圣安东的诱惑》。

与上一点相联系的第三个观察:在这十三篇文稿中,我们明显发现一些已知事情的使人放心的痕迹(例如频繁回到《疯狂史》的某些段落),或者发现一个与福柯在别处尝试过的分析略有不同的命题(例如关于阿尔托,或关于新小说的某些人物,或对普鲁斯特和福楼拜的评论,或对卢梭的征引——我们并非不知道,这些名字已经处在其他已知文本的核心)。当我们认为提及其他文本或许有助于启发我们对这里首次刊出的文稿的理解时,我们会

---

① 福柯:《文学分析与结构主义》,见下文,第285页。

在注释中指出这些文本的出处:跟踪这些回声现象,包括它们经常造成的偏移游戏,是很有趣的。但我们尤其会发现一系列全新的元素,这些元素会改变我们以前对福柯在20世纪60年代中期试图做什么的看法,并使我们的看法复杂化。现在我们就回到这些不同的、有时是非常出乎意料的元素上来。

四个不同

有人可能会说,这十三篇文章中有一些微小变化,使得它们更加令人惊讶,因为我们以为对它们很熟悉了,然而,不同之处要比表面上看到的深刻得多,我们必须对它们的广度有清楚的认识。主要有四个不同,在我们看来它们具有四个重要的维度:与结构主义的关系,所提出的分析的层级,所使用的学科模式,以及与历史的关系。

第一个不同,也是最整体的不同,贯穿于有关疯癫和有关文学分析的文稿。这就是对**结构主义这边**的肯定,这一立场远比人们以为的更明确——虽然这一立场自《词与物》出版以来就经常被归之于福柯,但直到现在人们还是觉得这位直接当事人对这一立场感到非常尴尬。我们知道,20世纪60年代末,福柯曾多次以不同的方式表述了这种尴尬,最终引出了1970年《话语的秩序》的那句著名的"狠话"("现在让那些词汇贫乏的人说去吧,说这是结构主义,如果他们觉得这个唱起来比说起来好听"[①]);而且《言与文》中也不乏这样的表述。这些尴尬的表述通常有两种形

---

[①] 福柯:《话语的秩序》(*L'ordre du discours*),巴黎,Gallimard,1971,第72页。

式:一方面是承认结构主义的重要性,但认为它更多的是一种共同的分析方法,是"只存在于特定活动领域内的理论活动"①,而不是一个真正的学派;另一方面,强调结构主义的战略价值主要在于它有助于彻底废黜对主体的任何参照("首先,在我看来,从否定的角度讲,结构主义的本质区别在于它对人的主体、人的意识、人的存在的重要性提出了质疑"②)。在这两个要素的交汇点上,福柯发挥了他的举动的独特性——他处在声称接近结构主义和小心翼翼地与之保持距离之间,因为与结构主义者不同,他试图分析的"不是语言的系统,也不是语言建构的一般形式规则[……]。我提出的问题不是代码的问题,而是事件(événements)的问题:陈述存在的法则,是什么使陈述成为可能"③。至于废黜对主体形象的参照,这显然是福柯思想的一个核心要素——但正如福柯本人所指出的,这一点在他的研究中已经受到巴塔耶和布

---

① 福柯:《结构主义哲学有助于对"今天"做出诊断》(«La philosophie structuraliste permet de diagnostiquer ce qu'est "aujourd'hui"», 1967),收入《言与文(第一卷,1954—1975)》,前引书,第 47 篇,第 583 页。在同一篇文章中,福柯补充道:"我试图做的是,将结构主义风格的分析引入这类分析至今尚未渗透的领域,即思想史、认识史和理论史的领域。"

② 福柯:《米歇尔·福柯访谈》(«Interview avec Michel Foucault», 1968),收入《言与文(第一卷,1954—1975)》,前引书,第 54 篇,第 651 页。

③ 福柯:《对一个问题的回答》(«Réponse à une question», 1968),收入《言与文(第一卷,1954—1975)》,前引书,第 8 篇,第 681 页。后面的几行文字更为简洁:"不是像结构方法那样寻找话语的建构法则,而是寻找其存在条件。"以及注释:"有必要再明确一下吗?我不是人们所说的'结构主义者'。"(前引书,第 682 页)

朗肖的双重参照的呼唤,而与结构主义的接近感不过是借用新的谈资和不同的表述方式提出了这种彻底的主体批评的可能性而已:"在很长一段时间里,我身上有某种难以解决的冲突,一方面是对布朗肖、巴塔耶的热情,另一方面是对诸如杜梅齐尔和列维－斯特劳斯之类的实证性研究的兴趣。但是,说到底,这两个方向的唯一共同点也许是宗教问题,它们在引导我进入主体消失这个主题方面起着同等的作用。"①

在我们今天要读的这些文稿中,即使它们的写作时期与我们刚提到的已知文本相对应,音调却完全不同。其中对结构主义本身的直接征引虽然不多——除了在 1967 年 2 月 4 日塔哈尔·哈达德俱乐部讲座《结构主义与文学分析》和《文学分析与结构主义》(未注明日期)的标题中——但我们能看到一系列数量充足并经常重复的迹象。围绕着疯癫这个重新浮现出来的分析对象,福柯在《疯狂史》中曾称之为**划分**(partage)效应的地理和历史特殊性在此却被相对地但也是明显地抹除了。诚然,福柯在此经常提到"欧洲文化",将其对立于"人们研究过的欧洲以外的大多数文化"②,但那仍然是为了肯定"疯癫是在所有社会中都能看到的一种恒定功能"③。或者,"疯癫实际上是**一种社会功能**,它存在于所有社会,无论是什么社会,它在所有文明中都具有非常明确的、

---

① 福柯:《福柯教授,您是谁?》(«Qui êtes-vous professeur Foucault?», 1967),收入《言与文(第一卷,1954—1975)》,前引书,第 50 篇,第 614 页。

② 福柯:《疯癫与文明》,见下文,第 31 页。

③ 福柯:《疯癫与文明》,见下文,第 34 页。

大体上一样的作用"①。此外,把疯癫主题泛化为一种社会功能的做法也立即对应于历史分期重要性的降低,而此前福柯的分析似乎总要依靠历史分期。这里会出现两种情况:要么哲学家的历史划分原则变得很模糊,并增加了一些含混不清的年代标记。比如,在同一篇文稿中,他把我们文化的包容性与排斥仪式和习俗的消除相联系,这些排斥仪式和习俗"存在于中世纪,并且其中大部分直到 19 世纪还很活跃"②,然后又被他定位于 18 世纪末③;而且从时间顺序上讲,疯子形象的非制度化似乎以一种非常不精确的方式浮动不定,因为他说道,这种非制度化"在我们的文明中……**只持续到 18 世纪末,或更确切地说,只持续到中世纪末**"④。要么疯癫被呈现为一种似乎超越历史划分的功能,甚至被呈现为一种普遍结构,这个普遍结构后来经过了一系列修正,这些修正则属于一种明确的历史规定性。例如,关于精神医学对待疯癫的方式:"事实上,精神医学是在疯癫的持久而普遍的人种学身份和社会学身份的内部起到了一定的作用;精神医学的重要性在于,它本身**处在一个普遍结构的内部**。"⑤

---

① 福柯:《疯癫与文明——1967 年 4 月突尼斯塔哈尔·哈达德俱乐部讲座》,见下文,第 55 页。在同一页:"那么,第一个论点:疯癫是在所有社会中都能看到的一种恒定功能。"

② 福柯:《疯癫与文明》,见下文,第 31 页。

③ 福柯:《疯癫与文明》,见下文,第 33 页:"同样,当疯子不再被排斥(在 18 世纪末)[……]"

④ 福柯:《疯癫与文明》,见下文,第 40 页。强调为笔者所加。

⑤ 福柯:《疯癫与文明——1967 年 4 月突尼斯塔哈尔·哈达德俱乐部讲座》,见下文,第 71 页。强调为笔者所加。

第二个不同之处涉及福柯给自己设定的学科参照模式的明显变化。从20世纪60年代初开始，福柯所加入的方法论框架以及他在自己著作的标题和分析中所公开声明的方法论框架，似乎是历史框架。当然这是一种与黑格尔式的历史观完全对立的历史观①，是从尼采的阅读出发、从批判认识论和当代史学的成果出发重新建立的历史观——但毕竟还是历史。《疯狂史》《临床医学的诞生——医学目视考古学》《词与物——人文科学的考古学》：三种历史分期姿态，三种划分对象的方式，三种历史化的方式（疯癫、临床医学、作为知识对象的人）。这种与历史的关系有时似乎受到福柯评论者的攻击，但在我们迄今为止所了解的文本中，这种关系恰恰代表着可以对问题做出回应的出发点——比如，我们想到他在1966年那本书出版之后，与雷蒙·贝卢尔的一次非常精彩的访谈，访谈中福柯强有力地重申了自己的方法选择的特殊性："每一种分期都是在历史中划分出的事件的某个层面，反之，每个事件层面都有属于它的分期。这是一系列很微妙的问题，因为根据所选层面的不同，人们会划出不同的分期，而根据所划出的分期的不同，人们会达到不同的层面。"②

而在此处呈现的文稿中，学科模式似乎不同：这里的模式依

---

① 关于这一点，可参见福柯后来在20世纪70年代末《福柯访谈》(«Entretien aver Foucault», 1978)中的相关讨论，收入《言与文（第二卷，1976—1988）》，前引书，第281篇，第860—914页。

② 福柯：《论书写历史的方法》(«Sur les façons d'écrire l'histoire», 1967)，收入《言与文（第一卷，1954—1975）》，前引书，第48篇，第614页。

次是或同时是人种学和(在较小程度上)社会学。"社会学、人种学和文化分析都表明[……]"①福柯这样写道。这里有一个明显被接受的论证基础。虽然这种方法参照并非没有张力——在《文学和疯癫》中,正是社会学家和人种学家对疯癫存在于任何社会空间这个问题所提供的不够充分的回答为福柯的思考提供了起点②——但对话毕竟处在这些参照的游戏中,尤其是处在由福柯所提及的人种学调查开启的论辩中。对列维-斯特劳斯的频繁征引(对《亲属关系的基本结构》或《结构人类学》的征引远多于《神话学》,《神话学》一书的前两卷其实在1964年和1967年就分别出版了,但只是在《结构主义与文学分析》中才出现了对此书的征引③),对作为"社会符号"④的女性流通这一主题的重提,对乱伦禁忌的提及⑤,对列维-斯特劳斯有关南比夸拉人(Nambikwara)

---

① 福柯:《疯癫与文明》,见下文,第30页。接下来的几行:"总体而言,过去30年来,社会学和人种学告诉我们[……]"还有,关于疯子的"社会学亲属关系":"这一定义不仅适用于人种学。"(第36页)

② 福柯:《文学与疯癫》,见下文,第99页:"社会学家和人种学家有一个简单而自然的回答[……]这是一个很方便的回答,但可惜它非常不充分。"

③ 福柯:《结构主义与文学分析》,见下文,第197,229,234页。

④ 例如可参见福柯《文学分析新方法》,见下文,第166页:"列维-斯特劳斯证明了,在原始社会,妇女不仅是欲望(因此是价值)的对象,而且是符号。"或者参见《文学分析》,见下文,第191页:"列维-斯特劳斯:妇女不仅仅是消费资料;她们依据某些结构在流通,这些结构赋予她们意义。她们是一些社会符号。"

⑤ 福柯:《疯癫与文明》,见下文,第29—30页。

社会的分析的提及①,对卡拉姆-格里奥勒有关多贡人(Dogon)的言语研究的提及②——所有这些参照似乎构成了对福柯分析的实实在在的支撑。

第三个不同之处明显涉及福柯在突尼斯逗留期间所写文稿中语言学的位置(place)。确切地讲,这不是一个"新"位置,因为它是人所共知的——它在一定程度上决定了我们将在1969年的《知识考古学》中依稀看到的参照系统,该书显示了福柯在语言学、语言哲学和分析哲学方面拥有多么精准的知识。人们经常强调热拉尔·德勒达勒(突尼斯大学哲学系主任)的书房的重要性,据说福柯经常使用这个书房;在法国国家图书馆2013年购得的档案盒里发现的一些阅读卡片就非常清楚地说明了这一点③。在我们此处呈现的文稿中,福柯的思考似乎明显处在普列托1966年出版的《信息与信号》(*Messages et signaux*)一书的影响之下。普列托的名字多次出现在《结构主义与文学分析》(1967年2月塔哈尔·哈达德俱乐部讲座)和《语言外在性与文学》(该文的日期或许也可以上溯到1967年)中,而这远早于普列托1969年2月被任命为新建的巴黎第八大学(万森大

---

① 福柯:《疯癫与文明》,见下文,第36页;《疯癫与文明——1967年4月突尼斯塔哈尔·哈达德俱乐部讲座》,见下文,第59页。

② 福柯:《文学分析与结构主义》,见下文,第298页。

③ 法国国家图书馆,福柯档案,编号NAF 28730,第43号档案盒。关于这一点,请参阅吕夫《〈知识考古学〉导言》(前引文章)中所作的介绍。在福柯文章的结尾,吕夫以附件形式给出了第43号档案盒中所含卡片的简要描述:这里有关于奥斯汀、赖尔、奎因、维特根斯坦、艾耶尔、斯特劳森、古德曼、普特南等人的阅读卡片。

学)的社会学系符号学副教授之前(此后不到一年,普列托又被任命为日内瓦大学普通语言学教授,接任了索绪尔曾经的教席)。有关雅各布森的讨论也贯穿在《文学分析新方法》(无日期,大约成文于20世纪60年代中期)、《语言外在性与文学》以及《文学分析与结构主义》中,这些讨论延伸了福柯1964年在布鲁塞尔圣路易斯大学以《文学与语言》①为题所做的第二场讲座中初步勾勒出的内容。奥斯汀也多次被提到。因此福柯对语言学的关注是可以确认的:他对盎格鲁-撒克逊语言学的关注度并不像他的读书卡片和《知识考古学》的某些段落所显示的那么高;他钻研更多的是索绪尔这条路径以及那些由索绪尔研究所不断滋养的讨论;同时还要加上当时文学批评最具创新性的成果——我们想到的当然是1966年出版了《辞格(一)》的热奈特,或者巴尔特。

第四个,也是最后一个不同:与历史的关系。我们已经指出,在此处汇集的文稿中,历史化原则相对地被人种学模式所替代(或者以更轻的程度被社会学模式所替代)。福柯似乎与历史分期姿态拉开了距离,而从《疯狂史》开始,他原本是非常重视历史分期的。当然,他仍然保持着对历史划分特征的关注——比如我们可以想到《文学与疯癫——巴洛克戏剧和阿尔托戏剧中的疯癫》中的分析。在这些分析中,历史特征再次

---

① 福柯:《文学与语言》(«Littérature et langage», 1964),收入《伟大的陌生者——关于文学》(*La grande étrangère. À propos de littérature*),阿蒂埃尔、贝尔、波特-博纳维尔和雷韦尔主编,巴黎,l'EHESS,2013,第75—144页(关于雅各布森,着重参阅第110—115页)。

显示出其重要性。① 但 1967 年 2 月塔哈尔·哈达德俱乐部的讲座《结构主义与文学分析》一文所做的阐发却让人感到意外。为了更好地理解福柯在这篇文稿中令人惊讶的立场究竟是什么,让我们做一个简短的回溯。在《词与物》的最后几页,福柯回顾了作为人这个科学话语对象的出现的基础和作为他这本关于人文科学"诞生"的著作的基础的那个三重结构("三种模式":语文学、经济学、生物学)②,然后他便依次论及了历史③、精神分析和人种学④。我们在这里尤其感兴趣的是人种学的地位,因为它仿佛被两个对立的"立场"拉扯得左右为难。一方面,它像其他人文科学一样,与历史联系在一起:"人种学本身只能从一个特定的情况出发,从一个绝对独特的事件出发,才有可能建立,在这个独特事件中,我们的历史性和能够构成人种学对象的所有人的历史性都介入其中[……]:确实,人种学根植于一种可能性,这种可能性本身就属于我们文化的历史,尤其更属于它和一切历史的

---

① 在第 57 号档案盒里有一篇不完整的文稿,似乎是福柯为这次讲座撰写的另一个开头。尽管该文重提了最初的论点("没有无疯癫的社会""没有无划分的文化"),但关于文学和疯癫的关联,我们还会读到以下内容:"当然,这种联系在历史的长河中并不总是以同样的方式出现。它甚至每时每刻都在发生变化,却从未消失。"(见下文第 106 页)后面的几行:"请你们明白我的意思:如果说在某个特定时期,在文学中,疯癫具有这样的而非那样的面孔,那是由于一些与历史厚度有关的原因。"

② 福柯:《词与物》,前引书,第 366—378 页。

③ 同上书,第 378—385 页。福柯的"历史"(Histoire)一词采用首字母大写。

④ 同上书,第 385—398 页。

根本关系。"①另一方面,人种学又是这样一门学科,它不仅涉及"没有历史的人群",而且更喜欢研究"结构的不变量,而不是事件的连续性"②;更重要的是,通过人种学,历史的问题被翻转过来,"因为问题在于根据所使用的象征系统,根据所规定的规则,根据所选择和提出的功能性规范,来确定每一种文化可能经历什么样的历史变化;它试图从根部开始,重新把握其中可能出现的历史性模式"③。因此困难似乎完全纠缠在历史问题的周围:同所有的人文科学一样,人种学既是某种历史划分的产物,同时也是一种可以揭示"构成任何总体人种学的历史性关系"④的特殊知识话语。因此,历史问题,或者更准确地说,各种知识话语和表征的历史性,处在福柯关切的中心——同样的困难最终似乎凝结在"历史先验"(a priori historique)这个表达中,这个表达也出现在《词与物》的最后几页,三年后又被用在《知识考古学》中。与此同时,对福柯著作的一些批评,恰恰指向福柯本人与历史的关系的相对模糊性。这些批评至少发生在两个重要时刻:一个是德里达在《疯狂史》出版后提出的批评⑤,他不只针对福柯对笛卡尔《第一沉思录》的评论提出了批评,而且非常尖锐地指出这本书所建立

---

① 福柯:《词与物》,前引书,第388页。
② 同上。
③ 同上书,第389页。
④ 同上书,第391页。
⑤ 德里达:《我思与疯癫的历史》(«Cogito et histoire de la folie»),载《形而上学与道德杂志》(*Revue de métaphysique et de morale*),第68卷,第4期,1963,第460—494页,后收入《书写与差异》(*L'écriture et la différence*),巴黎,Seuil,1967,第51—97页。

的与历史的关系是无法维持的;另一个是《词与物》出版后引发的批评,这些批评也对同样的问题发起攻击- —我们想到萨特在《弓》这个杂志上发表的著名文章或者塞尔托在1967年做出的相当严厉的解读①。这些批评的影响是显而易见的:它们或许促使福柯从"技术"层面把握历史性这个问题,尤其是在一些历史学问题的深入讨论中,那个时期的几篇重要文章都留下了这些讨论的明显痕迹②——同样,他的一项写一篇关于布罗代尔(Braudel)的从未完成的文章的计划或许也见证了这一点③。

而在《结构主义与文学分析》中,情况却完全不同,这大概是

---

① 萨特:《让-保罗·萨特的回答》(«Jean-Paul Sartre répond»),载《弓》(*L'Arc*),第30期,1966,第87—96页。塞尔托:《人文科学与人的死亡》(«Les sciences humaines et la mort de l'homme»),载《研究》(*Etudes*),第326卷,1967,第344—360页,后收入阿蒂埃尔等主编的《米歇尔·福柯的〈词与物〉——批评的目光,1966—1968》(*Les mots et les choses de Michel Foucault. Regards critiques, 1966-1968*),卡昂,卡昂大学出版社,2009,第75—89,173—197页。

② 此处我们尤其想到1967—1968年间的三篇文章:《论书写历史的方法》;《对一个问题的回答》;《关于科学的考古学,对认识论小组的回应》(«Sur l'archéologie des sciences. Réponse au Cercle d'épistémologie»,1968),收入《言与文(第一卷,1954—1975)》,前引书,第59篇,第724—759页。

③ 参见德费尔在福柯《作品集》(*Œuvres*)第一卷("七星文库",巴黎,Gallimard,2015)第LII页中制订的《年表》:"'搞历史,还真是极为有趣的。人会不那么孤单,但还是同样自由。'(福柯的信件)福柯计划写一篇关于布罗代尔论地中海的再版书的文章,甚至计划写一本关于史学的书,这或许是进行另一种人文科学考古学的机会。"(1967年2月)1969年的《知识考古学》导言非常清楚地留下了这些史学阅读方面的痕迹,尽管其中没有引用任何名字——征引资料数量众多,而且很容易辨认出来。

这些未刊稿中最令人惊奇的一篇。我们在其中看到他对历史关系的一种彻底贬低——一种公开的意愿,他要求**抛开历史**,或更准确地说,他要求拆解历史在把握对象时的内在机制(这里的对象尤其是指文学文本)。其分析主要聚焦于两点:一个是生产的概念,另一个是因果性的概念。

  关于第一个概念,必须强调其特殊含义:福柯所说的"对象的经济生产"①实际上是指那些用来解释一部文学作品何以作为作品而存在这一事实的全部因素。古典的文学批评的功能恰恰就是要对此做出解释:"因为那时的文学分析就是批评,它是一种进行筛选的审查,是一种提出判断的美学,同时也是对作品生产历史的研究,它解释作品生产的各种原因,并把作品还原为这些原因。"②历史和生产被联系在一起,因为它们复原作品得以成为作品的那个过程。与此相反,福柯所期盼的文学分析则要摆脱这个过程,代之以对**文献本身**的文献分析——他称之为"指示学"(deixologique)③分析,他调动一种用来替代作品的过程历史的模式,即他从最新的生物学分析借来的信息模式。他强有力地推出他的反对意见:"你们也看到,历史、历史分析,作为对作品生产的研究,为什么和怎么样不能再作为文学分析的重要主题和首要主

---

  ① 福柯:《结构主义与文学分析》,见下文,第 199 页。
  ② 福柯:《结构主义与文学分析》,见下文,第 203 页。
  ③ "deixologique"这个词是福柯著作中很少见到但在本文集中多次出现的一个关键术语,中文暂且译作"指示学"。关于福柯根据希腊文自造的这个法文词,参见《结构主义与文学分析》,见下文,第 199 页注释①,第 200 页注释①。——译注

题,因为文学分析急需弄清的不再是一部作品是如何产生的,而是一部作品如何能引发另一种语言,即分析的语言,作品在这种分析的语言中显现自己或显现[自己的]某些方面。"①恰恰相反:"以前人们脑子里总装着某种能量模式或因果模式,我称之为经济学模式。人类的作品是怎样生产出来的?人们找啊找,没有找到人,没有找到生产,没有找到因果性,没有找到因果渠道,找到的是我称之为指示学结构的东西,即文献结构,人们找到了结构和同构。"②

因果性概念直接与生产概念相连,因为它似乎是生产的内部齿轮:哪里有历史,哪里就有因果性。在此,1967年的讲座文稿仍然足以让人感到惊奇,因为在《言与文》收录的同一年的文稿中我们可以隐约看到,对某种"简单的"、机械的因果性的批判显然并不等于排除历史,而是迫使人们以更加丰富的方式重新思考历史的规定性机制,因此这种批判恰恰处在某种历史学思考的中心。③

---

① 《结构主义与文学分析》,见下文,第205页。
② 《结构主义与文学分析》,见下文,第234页。
③ 例如可参见福柯发表于1967年6月的《论书写历史的方法》,前引文章。福柯在文中提到一些新的历史研究成果,并非常清楚地说:"现在人们在历史分析中引入的一些关系类型和连接模式,它们远远多于以前人们试图界定历史方法的那种普遍的因果关系。因此,我们或许首次可能把一系列在时间推移中以符号、痕迹、制度、实践、作品等形式沉淀下来的材料当作对象来分析。"接着,为了说明这些变化,福柯一方面引用了"布罗代尔的研究、剑桥学派的研究、俄国学派的研究,等等",另一方面又援引了"阿尔都塞在《读〈资本论〉》(Lire Le Capital)开头对历史概念所做的非常出色的批判和分析"(第614—615页)。

然而,面对突尼斯听众,福柯的选择似乎更加"强硬"了:绝对不能给一种非严格意义的因果性的历史研究方法留出位置,也不能通过让因果性概念避免被极端简单化的做法来重新采用因果性概念本身。甚至,被福柯在别处引为重铸历史的出色典范的阿尔都塞(Althusser)的分析,在此也似乎被宣告无效:

> 这其实就是阿尔都塞在用结构主义评论马克思时想要做的事情:试图找到一种因果性的形式,它不是人们所说的机械的因果性,而是某种类型的因果性,比如历史类型的因果性,它或许是分析的结构层面所特有的因果性。这样说我认为并没有歪曲阿尔都塞的思想。这不正是他想做的吗?而我呢,我不相信这种做法。因为结构的认识论层面恰恰是一个涉及必然性而非因果性的层面。而我们知道,在逻辑层面,不存在因果性。在各种陈述之间、各种有效陈述之间可以建立的关系,是一些从来不可能指出其因果性的关系。况且把因果性推理转化为一系列有效命题是非常困难的事情——这是逻辑学家的问题。我认为,结构分析恰恰处在这样一个在陈述之间建立关系的层面,这些关系不可能是因果性关系。这里有的是必然性关系。人们并不是找到了一种新的因果性,而是用必然性代替因果性。由于这个原因,阿尔都塞的举动虽然很漂亮,但我认为,它注定要失败。①

---

① 福柯:《结构主义与文学分析》,见下文,第 241—242 页。

总之,福柯最初描绘的文学分析的创新之举实际上变成了一种陈述理论(théorie des énoncés),它似乎应该排除历史。我们此时恰恰处在《知识考古学》的撰写时期,该书最终以非常紧张的方式叠置了两样东西,一方面是关于"在各种陈述之间可以建立的关系"的研究,另一方面是与那些试图在历史实践的内部重新定义历史诸要素的人的隐蔽而持续的对话。①

因此,1967年的讲座以其独特的方式代表着福柯思想动向中的一个重要的加固条:在某个既定时期,他曾设想走出历史——当然,我们看到,这种意图没有延续下去,因为福柯的思考最终朝着完全相反的方向发展,他深化了**以不同的方式**做历史的可能性,也就是说,做**另一种**历史。

朱迪特·雷韦尔②

---

① 福柯在字里行间参照了《年鉴》(Annales)杂志的许多史学家,但没有引用保罗·维纳,尽管他与维纳有着长期的个人友谊。但我们不能不想到维纳于1971年在Seuil出版社出版的那本书《如何书写历史——认识论随笔》(Comment on écrit l'histoire. Essai d'épistémologie)。那本书于1978年再版时,维纳增加了一篇精彩的文章《福柯正在革新历史》(« Foucault révolutionne l'histoire »),对历史分析中的**因果性**和**追溯**(rétroaction)进行了精彩的论述。

② 朱迪特·雷韦尔(Judith Revel, 1966— ),巴黎第一大学法国当代哲学教授,福柯思想研究专家,著有《米歇尔·福柯,思想的经验》(Michel Foucault, expérience de la pensée, 2005)、《福柯词典》(Dictionnaire Foucault, 2009)、《福柯,一种断续性思想》(Foucault, une pensée du discontinu, 2010)等。——译注

# 疯癫与文明①

Folie et civilisation

① 法国国家图书馆,福柯档案,编号 NAF 28730,第 57 号档案盒,第 5 号和第 6 号案卷。

[一]

一段时间以来,我们都知道文明①是如何被定义的:

——文明不仅由它所接受和接纳的东西来定义,不仅由它所看重的东西来定义,

——而且尤其可能由它所拒绝和禁止的东西来定义。

社会学家,或者一般而言,所有分析文化的人,都认为禁忌是从一种肯定现象自然引出的后果。

例如,乱伦之所以被禁止,是因为它违反了血缘禁忌;可以说在这个禁忌中,人们承认社会是有生命的实体。

---

① "文明"一词在福柯笔下的出现非常让人意外,尤其是他在连续两次的讲座中都用到这个词(参见《疯癫与文明——1967年4月突尼斯塔哈尔·哈达德俱乐部讲座》,见下文第51—79页)。该词的调用可能是对本维尼斯特的文章《"文明"一词历史起源补遗》(«Civilisation. Contribution à l'histoire du mot»,发表于《活的历史展现——费弗尔纪念文集》[*Éventail de l'histoire vivante. Hommage à Lucien Febvre*,巴黎,Armand Colin,1954],后收入本维尼斯特的《普通语言学问题》[*Problèmes de linguistique générale*,巴黎,Gallimard,1966]第一卷最后一章)的回响。本维尼斯特本人所依据的是费弗尔的报告,收入《文明——词和概念》(*Civilisation. Le mot et l'idée*),巴黎,Publications du Centre international de synthèse-La Renaissance,1930,第1—55页。

[本书中的注释除标明"——译注"外,均为法文版编辑注。——译注]

社会学、人种学和文化分析都表明,(选择、排斥、禁止和拒绝等)各种否定现象：

——不是从肯定现象衍生出来的(它们只是肯定现象的阴暗面)；

——它们与那些肯定现象一样,在同一个层面,以同样的方式,指向一种划分行为,社会通过这种划分行为来结构自身的行为和选择。

并不是先承认血缘是社会的实体,然后由此产生异族通婚的规则,最后才有乱伦禁忌①。从列维-斯特劳斯开始,我们都知道,这些其实是连为一体的：

——契约规定必须有一个岳父,

——禁止娶自己的姐妹为妻。

总体而言,过去 30 年来,社会学和人种学告诉我们：

α.社会通过各种相互关联因素的复杂行为而运行。

β.这些行为引入不连续性和断裂性,因为它们在建立一

---

① 福柯在这里指的可能是埃米尔・涂尔干在《乱伦禁忌及其起源》(« La prohibition de l'inceste et ses origines »,载《社会学年刊》[ L'Année sociologique ],第 1 卷,1896—1897,第 1—70 页；后收入《社会学杂志》[ Journal sociologique ],巴黎,PUF,1969,第 37—101 页)一文中提出的乱伦禁忌理论。他还借鉴了列维-斯特劳斯的分析。列维-斯特劳斯 1949 年在 PUF 出版社出版的《亲属关系的基本结构》( Les structures élémentaires de la parenté )于 1967 年在 Mouton 出版社再版时有一篇新序言。福柯这篇文稿中虽然出现了列维-斯特劳斯的名字,但没有明确引用这本书；不过这本书在福柯同一时期的其他文本中经常出现(例如,在本文集的第 59,166,191 页)。

种行为(或一系列行为)时,也会排除其他行为。

γ.文化形式不应被理解为一种连续推力的结果,仿佛是一种肯定因素的繁荣成果(它从自身发展起来,逐渐排除遇到的障碍),而应被理解为一种栅栏,它打破自然连续性,在定义一种可能性时,总是同时定义一种与之关联的不可能性。

文化和文明不是连续和进化的(就像 19 世纪的伟大隐喻所希望的那样,这个隐喻明确地或不明确地把文化和文明比作生物有机体);文化和文明是系统的,也就是说,它们根据一整套以"是"或"否"的形式做出的相互关联的选择而运作。

然而,这一事实长期以来被我们文化的一个独特方面所掩盖(从 16 世纪开始,我们的文化以一种虽非处处同质,但在整个欧洲大陆还是具有很大共性的方式发展着)。

可以说,与人们研究过的欧洲以外的大多数文化相对,欧洲文化是一种包容的(inclusive)文化。

  a.包容性首先表现为**排斥**仪式和习俗的消失。这些排斥仪式和习俗存在于中世纪,并且其中大部分直到 19 世纪还很活跃。

  ——这适用于宗教、疾病和其他文化形式。

  ——只是对某些种族而言,这些排斥行为还在[起作用]①,但特点在于

  ——它们是从丑闻的角度起作用,

  ——并且是在一种毫无理论根据的暴力氛围中起作用。

---

① 猜测;单词难以辨认。

中世纪的基督教文明或许是排斥仪式最多、最暴力的文明之一（相反，在那个时代，穆斯林文化是如此好客），这是事实；中世纪的基督教文明后来变成了一种比穆斯林文化更好客、更"宽容"（tolérante）的文化，这也是事实。

b. 但这种包容性尤其以一种更为肯定，说真的，更为有益的方式表现出来：

——从18世纪开始，我们习惯于说我们的文明是"宽容的"。

——但其实这不是一个宽容问题，而是一个包容问题。被排斥在外的东西，被划分到另一边的东西，不仅被接受、容忍和接纳，而且以一种肯定的形式被收复，被我们感到是自己文化的一部分，被认为是属于我们的。

例如，其他文化不仅被容忍，而且以两种方式被吸收到我们的文化中：

——作为我们试图吸收的财富：印度思想、日本绘画、黑人艺术。

（把这些吸收过程与中世纪在地中海盆地同时产生了基督教艺术和穆斯林艺术的那个过程进行［比较］①，会很有意思；探究一下为什么这种吸收总是跟艺术有关，也会很有意思。）

——但也作为一种知识对象：这无疑是我们独有的。其他文化都没有把其他文化当作自主认识的对象。

---

① 手稿：研究。

人种学绝对是我们民族的特征之一。

这种奇特的包容过程(通过吸收和知识)不仅适用于我们对其他文化的态度,在涉及其他被排除人群时,也能看到这种包容过程:

——病人

——罪犯

——疯子。

有些天真的人会说,这一包容过程不过是进步、人道化和承认普世价值的结果。

但实际上这可能是一个问题非常复杂的领域。

α.当排斥过程在我们的文化中消失时,我们发现它在其他文化中起着重要作用,也许它在任何文化中都在起作用。因此[这]就让人想到,我们可能生活在一些我们并不知道的排斥机制中。

β.无论如何,当包容取代排斥,不仅会打破隔阂,而且很有可能会出现新的或许更加复杂的机制。

——很明显,当我们包容其他文化时,我们与其他文化的关系并没有被简化。

——同样,当疯子不再被排斥(在18世纪末),某种疯癫问题就在我们文化内部被提出了;就形成了一种接近疯子、远离疯子、识别疯子和区分疯子的方式,并产生了极其复杂的行为和制度。

我想说明的是,我们包容疯子的方式可能只是对以前的排斥功能的一种(相当轻微的)修正。

——表面上看,我们通过发现心理学和精神病学等机制接近了疯子。

——表面上看,我们借助适当的医疗实践包容了疯子。①

人们习惯于说:精神疾病本身,精神疾病的深层本质,是一种疾病,作为一种病理事实,它长期以来一直被无视;在许多所谓的原始文化中,它现在仍然被无视;人们不把它作为医学现象来阐释,而是作为宗教现象来阐释,等等。

但事实上我们应该把这种分析颠倒过来,应该说:疯癫是在所有文化中都能发现的一种现象,只有其中的某些文化赋予了(希腊-拉丁文明部分地赋予,穆斯林文明更为彻底地赋予,最后[我们的文化]②更为彻底地赋予了)疯癫一个医学地位。

医学化只是解码疯癫现象的一种可能的方式。

## 二

疯癫是在所有社会中都能看到的一种恒定功能。

---

① 在写"我想说明的是[……]适当的医疗实践包容了疯子"这句话之前,福柯是这样写的:

[作为比较,排斥行为就像是歇斯底里患者的神经质压抑和分裂;包容行为则更接近我们想把自己说成不是自己的那种精神病患者的否认。]

这便是我想研究的 20 世纪欧洲社会中的一些机制。

——通过把这些机制与直到 18 世纪前我们文化中发生的事情相参照,

——以及与某些远离我们的文化的其他形式的文化中可能发生的情况相参照。

关于我们社会的疯癫,一个显见的事实是,疯癫已被纳入一个医学模式中。

② 猜测;单词缺失。

a.在欧洲,自18世纪以来,甚至自中世纪以来,人们总是老生常谈地说:疯癫与某种衰落状态有关,或者相反,与某种进步的加速有关。

所以,极限情况下,在一些特别简单而幸福的社会中见不到疯子。

b.然而,人们发现,任何社会,无论它被认为有多么简单(无论它与我们的社会有多么不同),总是包括这样一类人,他们:

——既不被当作罪犯

——也不被当作病人

——也不被当作神圣人物①

他们的身份(statut)至少在[五个]方面区别于其他人:

a) 生产(工作)职业

b) 游戏职业

c) 家庭身份(statut)

d) 他们语言的价值

e) 对他们的指认具有非制度性。

关于这一定义要注意两点:

---

① **在页边:**

例如,在澳大利亚人中有:

——具有超自然力量的强人:*margidjbu*

——被女巫迫害的人

——然后是那些"不像其他人那样行事"的人,*bengwar*[福柯此处指的可能是巴斯蒂德(R. Bastide)的《社会精神病学》(*Social psychiatry*),巴黎,Flammarion,1965,第77页。——译注]。

1)这些标准使我们能够在任何社会中定义这样一类不可能等同于其他人的人:

——或许,由于这些人在工作和游戏方面的特殊身份(statut),由于对他们的指认是非制度性的,所以这些人接近于病人。

但他们与病人不同,因为病人的家庭身份(statut)没有改变,病人语言的价值也没有改变。

——他们也接近于在许多社会中发现的这样一类人:性偏常者或家庭偏常者(他们通常具有特殊的职业身份):

——南比夸拉人中的单身者

——北美的同性恋者

——或许还有中世纪文明中的僧侣。

——这些人也接近于神圣人物,因为他们有独特的语言身份、家庭身份和职业。

但这些人与神圣人物的不同之处在于对他们的指认具有非制度性。

所有这些都有助于确定疯子的"社会学亲属关系"。

2)还必须注意到,这一定义不仅适用于人种学,也可以用来定义疯子在我们文明中的位置(position)。

1.疯子有一种特殊的职业身份:在17世纪,疯子是从失业者中招募的。

2.疯子在游戏制度中具有独特的身份:

a)首先,作为一个特权的对象:疯子是被人们玩弄的人。人们取笑疯子,但不会取笑病人(除非他是个臆想的病人)。①

b)其次,作为一个玩弄和嘲笑他人、掌握着他人真相的人:

——在巴洛克时期的戏剧里,疯子是一个比别人知道更多的人,而人们并不知道这一点。

——疯癫似乎是把世界当游戏(揭露作为游戏的世界)。伊拉斯谟《愚人颂》。②

c)最后,疯癫和节日是等同的。我们的文化可能是仅有的一种疯癫和节日如此等同的文化。

——西方国家自中世纪以来仅有的一些重要的非宗教性节日(除了一些劳动[节日])都是疯癫的节日,其特点是推翻职业身份、对性规则的悬置、解放语言(辱骂主教)、与那些指认个体(面具)的制度决裂。③

---

① **在页边**:从索福克勒斯的《大埃阿斯》(*Ajax*)开始
(索福克勒斯:《大埃阿斯》,法译本译者 J.Grosjean,收入《希腊悲剧——埃斯库罗斯、索福克勒斯》[ *Tragiques grecs. Eschyle, Sophocle* ],"七星文库",巴黎,Gallimard, 1967,第 413—483 页。)

② 伊拉斯谟:《愚人颂》(*Éloge de la folie*),法译本译者 P.de Nolhac,巴黎,Garnier-Flammarion,1964。参见福柯《疯癫与非理性——古典时代疯狂史》,前引书,第 29—32 页。

③ 参见福柯《疯癫的语言:疯癫与节日》(«Langages de la folie: la folie et la fête»),1963 年 1 月 7 日在法国国家广播电视三台播出的广播节目。该节目由多阿主持,是《言语的使用》节目播出的五场系列节目的第一场。另参见贝尔和巴索主编的《福柯在明斯特林根——〈疯狂史〉的缘起》(*Foucault à Münsterlingen. A l'origine de l'«Histoire de la folie»*),巴黎,l'EHESS,2015。

——今天,节日与疯癫相似,这仍然是节日的特点:醉酒,吸毒。①

3.在我们的社会,疯子有一种特殊的家庭身份:

α)首先,疯癫很长时间以来都是由家庭指认和宣布的。直到18世纪末,家庭(或周围最亲近者)的一个请求就足以招来:

——一封密函(lettre de cachet②)

——警察总监的一种措施。

β)此外,疯癫会改变个人在其家庭中的身份:

——根据禁治产制度,家庭(或家庭成员)可以代替疯子作为民事行为人。

——疯子失去了作为丈夫和父亲的权利。

即使在今天,疯子的家庭权利仍有重大变化(不能离婚)。

γ)不再是制度的层面,而是幻想层面:

——人们把疯癫与性犯罪联系在一起(放荡属于疯癫,贞洁属于正常的、制度化的家庭生活,贞洁与疯癫无法兼容)。

---

① **在页边**:萨德、彼得·魏斯

(福柯此处是指彼得·魏斯的戏剧作品《马拉/萨德》,全名为《让-保罗·马拉的迫害和谋杀事件。夏朗东精神病疗养院剧团演出,萨德侯爵导演》[ *La persécution et l'assassinat de Jean-Paul Marat représentés par le groupe théâtral de l'hospice de Charenton sous la direction de Monsieur de Sade* ],法译本译者 J. Baudrillard,巴黎,Seuil,1965。)

② 原文为历史名词,指国王签署的有监禁命令的密件。——译注

——疯癫是家庭的耻辱,要被藏起来(大量的疯人被"融入家庭"并"被禁闭"起来)。

4.疯子的言语有一种特殊地位(statut)。不是因为它被认为完全无效,根本不存在,而是因为它被放入一种括号或引号系统中;它引发一系列的反应,这些反应既不是对日常言语的回应,也不是对宗教言语的回应。

——例如,小丑的言语:

——丧失了力量:即使它冒犯,它也伤不到谁;它的剑是套着皮头的;

——但同时它也担负着说出真相的任务。这是一种伪装的言语:

a) 当它说谎时,你必须寻找它隐藏的真相。

b) 当它说出真相时,它是以一种不严肃的、仿佛信口开河的方式被说出。小丑的言语为一个它自己并不拥有的真相充当中介。

——这可能就是为什么在西方世界,疯子的言语和文学言语经常被看作相似的,并被结合在一起。

——这是一个恒久不变的主题,

——但在文学言语的制度身份发生变化的每一个时代,都有危机的高峰期。

每当我们发现自己处于一种不再知道如何倾听文学言语的境地时,疯癫的模式就会在三个方向起作用:

——认为任何诗歌都是疯癫的。

——希望把疯癫当作诗歌来倾听。

——对作家本人来讲,把文学当作疯癫来体验。

16世纪的托尔夸托·塔索①是这样,佩尔米西翁伯爵②也是这样。

18世纪末的荷尔德林和布莱克是这样。

20世纪的鲁塞尔和阿尔托也是这样。

5.至于一般情况下疯子的人种学身份的最后一个特点:疯子的指认并没有被制度化,这在我们的文化中也是如此。

但有一个显著的不同:在我们的文明中,这种情况只持续到18世纪末,或更确切地说,只持续到中世纪末。

换句话说,与疯子在其他社会中的身份相比,我们的文明并没有改变疯子的人种学身份;我们的社会只是把进入疯癫世界这件事情仪式化和法典化了:设置一些障碍,不仅是为了避免疯子入侵这个世界、进入社会,也是为了避免每个人都可以毫无区别地进入疯癫世界。

---

① 托尔夸托·塔索(Torquato Tasso,法文名为 Le Tasse,1544—1595),意大利文艺复兴后期诗人,代表作有叙事长诗《耶路撒冷的解放》(1580)。——译注

② 关于贝尔纳·德·布吕埃·阿尔贝尔,佩尔米西翁伯爵(Bernard de Bluet d'Arbères, comte de Permission, 1566—1606),参见福柯《疯癫与非理性——古典时代疯狂史》,前引书,第53页。

所以，必须把流行的分析颠倒过来。

——人们说，我们的文明在由人种学塑造和定义的这些人物之下，发现了真正的病人，此前人们甚至连这些病人的病理特征都一无所知。

——但事实上，我们的文明给疯子这个人种学人物(这似乎是任何文化中的一个恒定不变的人物)带来了一种变化：增加了一些在别处找不到的东西。

我们的文明把进入疯子世界和走出疯子世界这件事法典化了。虽然我们的文化并未承担强迫人们变成疯子的责任(而且这也要看情况)，但它从此负责制定一些允许说谁是疯子、谁不是疯子的标准。

这一操作就是对疯子的医学化。正是通过医学化，排斥的形式才变成了包容的形式。

## 三

现在必须简要说明这是如何做到的，这个奇怪的过程的后果是什么。

A.历史回顾

1.中世纪的疯子在我们文明中的位置特点是：

——一方面，疯子必须准确扮演他的角色：天真的证人、讲真话的人、无辜的人。

——另一方面，人们并不在乎扮演这个角色的那些个体。

由此：

——快速的流通性，移动性。

疯人船。

——极为有限的强制措施。

a) 无法履行某些宗教职责(**阿门司祭并不真的给圣饼祝圣**)，也无法完成某些民事行为。

b) 医院为那些"狂怒者"(等同于发烧病人)提供一些强制床位。

城门口的单人牢房体现了这个位置的特点。

由此，在 16 世纪，疯子很容易到处流动，这是一群漂浮的、乱窜的人，是无法融入社会的"不适应者"。

2. 改变疯子这种身份的事件根本不是古典理性主义的到来，而是我们社会对人们职业的要求做出了非常重要的改变：

——17 世纪初的经济大危机导致城市中出现了失业者。

——国家军队的建立。

——重商主义政策的施行。①

所有这些都使得人们对个人的职业身份，对劳动法，产生了新的感受；

(懒惰成为最大的原罪，而不再是淫欲和傲慢。)

由此，在整个欧洲都普遍采取了一些措施，把所有危险、懒惰和骚动不安的人关押在大型收容所(汉堡、里昂、巴黎、伦敦)。在

---

① 在页边：宗教
　　　　　劳动规则

这方面应该指出：

1）这一措施与警察机构的建立相关联；

2）在这些收容所，劳动法是强制性的；

3）其中不加区别地关押着失业者、不能工作的老年人、"放纵的人"（libertin 这个词的含义在这个时期发生了变化：醉汉、放荡者）、挥霍家产的一家之父以及疯子；

4）这个人群的数量极其庞大，在 17 世纪末的巴黎已达到 6000 人。

无论怎样，这段历史之所以非常重要，有两个原因：

——首先是因为它抹除了（但只是部分地、表面地抹除了）疯子的人种学角色，疯子被等同于某些社会学身份原本跟疯子区别很大的人：

——比如老年人，

——比如放荡者，

——比如失业者（在中世纪的城市里似乎没有存在过失业者）。城市失业者。

——还因为它让疯子扮演了一个纯粹负面的角色：一个无用的人，不劳动的人（因此是处于罪恶边缘的人），与放荡者连襟的人。

因此疯子是一个必须被摆脱的人，在他面前，人们必须闭上眼睛，堵住耳朵。

疯子已经变成了一个"从社会学角度被中性化（neutralisé）"的人物。他的类型已经很苍白了，但他背上了负罪感。

但这并不是医学分析或反思的结果；这是社会需求变化

的结果。①

3.最后,还有第三个历史阶段,它把我们引向现代。②

这个阶段发生在 18 世纪末,当时延续了整个古典时代的收容所被取消了。

——表面上看是一种解放运动,

——但实际原因一部分是政治的,一部分是经济的:

——政治[原因]是国家法律作用的减弱。

——经济原因是工业社会对失业的需求。

——18 世纪已经发生过与雇主的冲突。

——现在这种对于劳动力市场的干预不再被容忍。

正常情况下,这本应导致释放全体被禁闭者;唯有疯子没有被释放。

然而,疯子之所以没有被释放,是因为那时的资产阶级家庭在政治上和法律上具有了重要性(民法典就是证明)。

——禁闭之事被交给家庭来处理,以摆脱那些行为威胁到家产、联盟的人,总之就是要摆脱那些威胁到家庭的经济社会身份的人。

这就是(已经存在的)禁治产制度的由来。

——然而,就在同一时期,由于部分不同的原因,一个医

---

① 关于这些包含疯子在内的人群的关押问题,请参见福柯《疯癫与非理性——古典时代疯狂史》,前引书,第一部分第二章"大禁闭",第 54—96 页。

② 关于这一段历史,请参见福柯《疯癫与非理性——古典时代疯狂史》,前引书,第三部分第四章"疯人院的诞生",第 556—612 页。

院领域被组织起来,第一次给予病人一种社会身份。

整个社会第一次被一般意义的疾病所涉及。这对于医学史而言是非常重要的事件;但除此之外,这一事件在疯狂史上也扮演了一个既是决定性的,又是奇怪的角色。

医院为禁闭充当了范例(和理由)。

——正如家庭可以把照顾病人的事情托付给医院,

——同样,家庭也可以摆脱疯子,把这些危险的人转交给一个准医院,或者更确切地说,一个既是收容所又是医院的混合组织。

从此,疯癫被纳入医学模式。疯癫类似于疾病已经变成一个可以让我们心安理得睡大觉的显见的事情。

这当然没什么可抱怨的。但我们不应把这种相似性当作对一种不证自明的发现来分析,而应该把它看作疯子这个人种学人物的突变:

——这是因社会、政治和经济的多种现象结合或融合而产生的突变;

——这其实并不会改变疯子这个人物。它改变的主要是进入疯癫世界的仪式化方式,以及疯子的恒定功能中的一部分元素。

B.医学模式的后果。

因此,在西方世界,从 19 世纪开始,我们看到:

——一种产生于别处的医学实践和医学知识

——在一个被叫作医院或疯人院的特殊空间

——担负起了疯癫的人种学功能。

43

这里要列举的不是这种现象的所有后果,而是其中一些后果。

1.首先,疯癫从此与一个特殊的地方联系在一起,那就是收容所:

  a)收容所是作为一个排斥的地方在发挥作用(如同监狱)。

  b)但同时也作为一个包容的地方(因为疯癫应在疯人院里得到治愈,疯子应被社会回收)。

然而,必须指出的是,收容所之所以是一个包容(回收)的地方,仅仅是因为它是一个排斥的地方(它应以隔离和孤立的方式达到治愈)。

疯人院没有属于自己的治疗法。非常具有典型意义的是,疯人院机构在过去50年里取得的所有进步,其目的都是要把疯人院变成一个尽可能不是疯人院的地方。

我们可以看到,疯癫的医学化并不趋于包容其他文明所排斥的东西,而是趋于以不同的方式分配包容和排斥的游戏。

2.疯癫的医学模式的建立给医生这个角色带来了重要变化,至少让医生担负了很重的分量。①

---

  ① 几年后,福柯在《精神病学的权力》(*Le pouvoir psychiatrique*,法兰西公学院课程[1973—1974],拉格朗日主编,巴黎,Seuil-Gallimard,2003)中进一步阐发了这一主题。

a) 出现了精神病科医生,这是一个在18世纪还不存在的人物。

b) 诊断分析的实践和方法并行。

c) 医学和精神病学抵制任何不遵照医学模式来对待疯癫的做法。

d) 医生角色作为决策层、司法权和警察的出现;禁闭和释放的权力。这各种各样的权力,医生们以前从未拥有过的,现在他们出人意料地整体上拥有这些权力。

让医生参与医学的社会组织、参与强制治疗和强制住院这一想法的源头,医生这个被其他人种所无视的人物的源头,或许应归之于这种把疯癫等同于疾病的构型(configuration)的存在。

3.最后,这种医学模式在疯子这个人种学人物的改变中无疑起到了决定性作用。

a) 首先是因为,疯癫将只以疾病的形式被承认,因此它是以器质性疾病为模式的。你必须真的病了,你才会是一个真的疯子。

或许这就使得某些伪器质性疾病在整个19世纪具有重要性,这类伪器质性疾病的模式是被规定的(由夏尔科①及其同时代人规定给疯人院的病人)。

---

① 让-马丁·夏尔科(Jean-Martin Charcot,1825—1893),法国医生,现代神经病学奠基人,于1882年在巴黎萨尔佩特里埃医院(Salpêtrière,一译硝石库医院)开设神经病诊所。——译注

我们可以猜测,目前的心身转换①或心身综合征也有类似的起源。

b)"病人"这个人物作为解决方案提供给个人,或至少是作为可能扮演的角色提供给个人。精神病人变成了一个极具暧昧性的社会人物:

——他是真病了,又不是真病了;

——他令人羞耻,却又无辜;

——必须把他藏起来,但又必须重视他。

c)最后,相对于疯子在 16 世纪扮演的角色,发生了一个重要的颠倒:

——以前的疯子(在戏剧或民间神话中)承担着讲真话的任务。他是一种超越了他的话语的工具。

——现在的疯子既然是病人,他就是真正的(医学)认识的对象:这个真正的对象使我们能够认识有关人的真相。

疯子掌握着真相,但他是作为一个对象掌握真相。

我们可以看到,事实上,对疯子的整个医学化过程并不代表着废除了一种基本的人种学功能。医学化只是掩盖和掩藏了这种功能,修改了它的某些特征;说到底,它在深层所做的唯一改变就是改变了进入疯癫世界的非仪式化。

---

① 心身转换是从精神障碍转为身体障碍。弗洛伊德在歇斯底里案例中对此做过分析。

19世纪和20世纪的精神医学不是别的,就是这种仪式化;就是病人进出医院的仪式(所以禁闭程序、诊断程序以及医生人物的神圣化变得非常重要)。

　　将来一旦药理医学消灭了某些人的行为的动机,

　　　　——把他们抛入疯癫的那些行为,

　　　　——让人们能认出他们是疯子的那些行为,

那时,以前的人种学功能会随之消失吗?或者人种学功能会以另一种形式出现,再次产生其他偏离常规者,其他被排斥者,其他在劳动、游戏、性经验、语言中被赋予特殊身份的人吗?①

---

① 疯癫的消失在福柯笔下不是新主题,可参见《疯癫,作品的缺席》(1964),收入《言与文(第一卷,1954—1975)》,第25篇,第448页。福柯在其中已经提到对精神疾病进行药理学控制的后果,尽管角度完全不同。

# 疯癫与文明
## ——1967 年 4 月突尼斯塔哈尔·哈达德俱乐部讲座[①]

Folie et civilisation

*Conférence prononcée au Club Tahar Haddad*

*à Tunis en avril 1967*

① 此次讲座的部分转写发表于《突尼斯手册》(*Les cahiers de Tunisie*),第39 卷,第 149—150 号,1989,第 43—59 页。关于这次讲座,参见多米尼克·塞格拉的文章《福柯在突尼斯:关于两次讲座》(«Foucault à Tunis: à propos de deux conférences»),载《福柯研究》(*Foucault Studies*),第 4 期,2007,第 7—18 页。

部长先生，女士们，先生们，我亲爱的朋友①：

既然您介绍了我，我得先跟您说话。我们认识了——多少年？——十二三年了。我们曾在瑞典的夜晚相遇，现在又在突尼斯的阳光下重逢；您对我总是这么友善和理解，今晚我很感动，就像您在其他场合对我表示的友善和理解一样使我感动，所以我非常真诚地谢谢您。

首先，我想为一件事抱歉：我抱歉这次又要谈论一个我已经处理过、讨论过、已经写过书的主题，即疯癫这个主题。你们知道，当我们写书的时候，至少有一种小小的乐趣，写书是一件有趣的事情，这种乐趣在于：书，就像愚蠢和罪恶一样，总是伴随着乐趣重新开始，但以不同的方式开始。说到底，现在，我想重新开始我之前写过的那本书②，想以不同的方式重新开始，而我今晚想跟你们讲的，差不多就是这本不可能的书。今晚，我想告诉你们，我会怎样写一本我以前写过的、当然是写砸了的书。③

---

① 根据多米尼克·塞格拉的文章（前引文章《福柯在突尼斯：关于两次讲座》），此人可能是福柯在瑞典逗留期间认识的让-克里斯托夫·奥伯格。

② 福柯：《疯癫与非理性——古典时代疯狂史》，前引书。

③ 几年后，在 Gallimard 出版社再版《疯狂史》之际的一次采访中，福柯谈到他没有写过的"另一本书"会是什么样子："为什么我写了这本标题有点奇怪的书《疯狂史》？主要是因为我没能写出另一本书。我非常想写那另一本书，那会是一部关于疯子的历史；也就是说，是这样一个群体的真实历史。

对于这本我不会再写的书——因为它已经写过了,还写得很糟糕——对于这本书,我想处理的主题大致是这样的:人们习惯于说,疯癫显然是一种精神疾病嘛,以前的某些比较原始的文明或比较完善的文明都没能辨认出这个病理现象之所在;这些文明对疯癫做出一种比如宗教的或比如魔法的解释;要等到好几个世

---

这个群体,如果从18世纪算起,一直在我们社会的边缘生活、存在和发展,而我们对他们却一无所知。我们只知道这些人是怎样被抓获、怎样被医生分区控制和分类的。我们知道医生[对疯子]做了什么,知道医生把疯子归入了哪个类目,给他们做了什么治疗,可能还给了他们什么惩罚。但说到底,他们是谁,他们说些什么,这个涌动的群体是什么,这就是我原本想写的,这就是我没能写出来的。我没能写出来,纯粹是因为这是一个过后未留痕迹的群体,这是一些未在身后留下任何记忆、任何回忆的喊叫。我只能找到曾经放置他们的那个空模具,但他们本人,疯癫,那些身处真实的、历史的实证性存在中的疯子,我没能写出来。"福柯:《与乔治·沙博尼耶的访谈》(« Entretien avec Georges Charbonnier »),法国文化电台,1972年9月8日。

1973年,在法兰西公学院课程《精神病学的权力》的第一课中,福柯又对《疯狂史》提出了不同的批评,他责怪自己"停留在表征的分析上",责怪自己在此书中寻找一些有关疯癫的习俗的起源。所以他在课程中提出了一种"完全不同"的方法,即不再把疯癫的表征作为研究的出发点,而是把一种权力装置(dispositif)作为出发点,是这种装置在生产人们对疯癫的表征(福柯:《精神病学的权力》,前引书,第14—18页)。

关于福柯后来对《疯狂史》进行反省的方式,参见阿蒂埃尔和贝尔的《一本哲学畅销书,米歇尔·福柯的〈古典时代疯狂史〉》( Un succès philosophique. L'« Histoire de la folie à l'âge classique » de Michel Foucault),卡昂,卡昂大学出版社,2011,第193—239页。对1961年这本书的"批评回顾"也是《知识考古学》(巴黎,Gallimard,1969)的核心内容。

纪之后,等到出现了一些更加完善的文明后,人们才最终在这种起初被如此误解的疯癫现象中认出它究竟是什么,也就是说它是一种疾病。

而事实上,我想尝试向你们证明完全相反的事情。完全相反,就是说,我想向你们证明,疯癫并不是一种虽然到处发生,但只在某些更先进、更特殊的文明中才被承认为疾病的现象。我想向你们证明,疯癫实际上是一种**社会功能**,它存在于所有社会,无论是什么社会,它在所有文明中都具有非常明确的、大体上一样的作用。然后,有一些文明,希腊-罗马文明、穆斯林文明和西方基督教文明,它们赋予这种社会功能一个含义,一个意义,一种医学身份。换句话说,对疯癫的医学化,这并不是对疯癫的深层真相的发现;对疯癫的医学化,这是一种可能的变体,它确实在某些文明中发生过,我们将会在穆斯林中、在基督徒中看到它,我们曾经在希腊-罗马人中看到它,但在其他地方却看不到。换句话说,作为一种精神疾病的疯癫,只是我们在所有文明中看到的疯癫这种重要社会功能的一个特殊案例。这就是我想要阐发的主题,想要向你们论证并希望能说服你们的论点。如果你们没有被说服,那再好不过,因为我来这里不是为了说服你们,你们来这里也不是为了被说服;我来这里是为了尝试说服你们,而你们来这里是为了质疑、批判和不满意。过程就是这样,必须这样。

那么,第一个论点:疯癫是在所有社会中都能看到的一种恒定功能。18世纪以来,在欧洲,人们常说,疯癫只见于那些最复杂、最完善同时也是最没落的文明;随着社会变得越来越复杂,随着文明越来越混乱和自我封闭,随着人们的生存条件变得越来越复杂,疯癫也在不断增长;而在那些最简单、最接近自然、最接近真实之人的文明中,不可能有疯癫。这是18世纪及18世纪以来经常被表述的一个论题,但这个论题很可能是完全错误的。

首先,那些最简单、最原始或所谓最接近自然的社会,并非没有疯癫。世界上没有哪个社会没有疯癫现象,无论这个社会有多么简单。即使是在那些最原始的澳大利亚社会,即使是在那些我们知之甚少的西伯利亚社会,也没有哪个社会没有疯癫现象。

此外,疯子的数量也并非随着文明的逐渐复杂化而增加。比如人们习惯于说,今天的疯子比19世纪多得多,19世纪的疯子比18世纪多得多。然而,历史学家现在已经开始的有关过去的定量研究令人惊奇地证明,在西方国家,自17世纪以来,疯子的比例(当然是指被承认、被诊断和被治疗的疯子),疯子的数量,几乎没有增加。在17世纪的巴黎,在不超过二十万的人口中,有六千人被关押。你们看,这个比例很高,甚至比今天还高。只不过那时被关的人稍多一些,我们还会讲到这一点。但如今疯子数量的比例并不比过去高。因此,疯癫会随着文明的梯度而增长这一论题,很可能是西方人在18世纪发明的一种幻想,而我认为,必须承认疯癫在所有社会都存在。

但是疯癫是以什么形式存在的呢?它其实是某种可以用来描述疯癫这一如此普遍现象的通用指称。我想可以这样说:在任何社会中,无论是简单的还是复杂的社会——这不重要,我现在把它们都放在一起——总有一些被打入另类的人;这些人既不被当成罪人来看待和对待,也不被严格地当成病人来看待和对待,也不被当成圣人来看待和对待，却又有点像罪人、像病人、像圣人，但他们的身份不同于罪人、病人和圣人。比如，在一个极为简单的澳大利亚社会中，某些人因为拥有超自然的力量而被认为是圣人，他们有一个名字，在社会中有一种身份。还有一些人在某种意义上被认为是病人，遭受折磨，成为巫师施展手段的牺牲品——这是另一类人。还有第三类人，他们有一个名字，这个名字是 bengwar ①——这不重要，当这个社会的人被问道："那些 bengwar 到底是什么？"他们只能大致给出这样的定义："是一些不像其他人那样行事的人。"令人惊异的类别，这差不多就是在指称那些被叫作疯子的人的奇怪身份。

我所说的这个社会中的这类人，以及任何其他社会中的这类人，是怎样被认出的呢？他们的不同表现在哪里？我认为可以用五个特征来描述他们的不同。第一，这些另类的人，这些不像其他人那样行事的人，如澳大利亚人说的这些 bengwar，如我们所说的这些疯子，他们区别于其他人，是因为他们在生产活动中没有相同的身份。人们不要求他们做与其他人一样的工作，而且他们也没有能力做同样的工作。在总体的劳动流通中，在劳动者的身份中，疯子不具有与其他人相同的身份。第二，在娱乐性活动中，在游戏中，在逗乐中，在消遣中，在节日中，就像我们现在用平淡乏味的词汇所说的，在休闲中，疯子也不具有与其他人相同的身份。第三，相对于家庭而言，更一般地讲，相对于社会中起作用的性规则系统而言，疯子不具有与任何其他个人相同的身份。从家庭的角度和性的角度来看，疯子是一个偏离常规的人。第四个特

---

① 参见上文，第 35 页，注释①。

征,疯子是这样一个人,他的语言、他说的话、他的言语、他的话语,与其他人的言语相比,具有不同的意义、不同的身份、不同的功能、不同的作用、不同的传播可能性、不同的价值评估。最后,第五个特点,这些疯子被社会以一种自发的、非制度化的方式指认,不存在一种以绝对确定的方式指认他们的仪式。换句话说,这些人与其他人之间的分界,虽然可以相当明显地被直接感知,但这种区别并未被完全制度化,总是有点模糊不清。这五个特征——劳动中的区别、游戏中的区别、家庭身份和性身份上的区别、语言中的区别,最后,所有这些区别的非制度化特点——我认为,这些就是可以用来描述疯癫这种现象和事实在所有文明中的特征,不论是什么样的文明。

在给出这个很概括的略含否定的定义之后,我想对此做两点评论。

第一,你们看到,在所有的社会中,至少如果我的定义是对的——它可能不对——都有一类非常特殊的人,他们不能被等同于其他人,但又接近于某些其他人。

首先,疯子接近于病人,这是由于他们在职业和劳动系统中具有特殊身份:人们不要求疯子劳动,就像不要求病人劳动那样。同样,在大多数社会中,通常没有一个明确的机构来指认病人,这在几乎所有社会中都是如此,除了现代社会,因为在现代社会中,收容所以及通常的医学机构就构成了这种淘汰仪式,但通常情况下,疯子就像病人一样可以被立刻认出来,但并没有绝对确定的标准。不过,疯子又和病人不一样,不能被当成病人来对待和看待,因为,首先,病人的家庭身份并没有改变,他在家庭内部保留着相同的处境和角色;并且病人说话的价值、他的话语没有改变,不像疯子的话语。因此,在所有社会中,疯子和病人之间既有亲缘性,也有很明确的区别:病人在家庭身份和话语身份方面没有不同,疯子则有不同。

疯子的第二个亲缘性:他有点接近这样一些人,这些人在各种不同的社会都被认为是性常规偏离者和家庭常规偏离者。例如,有这样一些社会,如列维-斯特劳斯研究过的南比夸拉人社会①,这些社会给单身的人、没有结婚的人、没有妻子的人一种非常特殊的身份。倒也不是因为他们没有妻子,而是因为这使得他们不能有连襟。而没有连襟,他们就不能进入总体的家庭流通、交换流通,等等,因此他们具有一种偏离常规的身份。在某种程度上,就像在南比夸拉人的社会一样,疯子接近于这些家庭偏常者和性偏常者。但是,这里还是有一个区别:这些家庭偏常者和性偏常者虽然不总是这样,但通常他们都具有与其他人一样的职业、工作和游戏系统;并且,尤其是,他们所说的话,他们的话语,不具有特殊身份。

第三个亲缘性,第三个可能的亲缘性:疯子有点接近于所有社会里都能找到的那些神圣人物,那些神圣人物可以是术士、魔力附身者、祭司,也可以是先知。疯子与神圣人物之间的这种相似性通过一些特点表现出来。首先,神圣人物所表达的、所说出的语言具

---

① 例如可参见列维-斯特劳斯:《南比夸拉印第安人的家庭社会生活》(«La vie familiale et sociale des Indiens Nambikwara»),载《美洲文化研究者协会杂志》(*Journal de la Société des Américanistes*),第 37 卷,1948,第 1—132 页;《亲属关系的基本结构》,巴黎,PUF,1949;《忧郁的热带》(*Tristes tropiques*),"七星文库",巴黎,Gallimard,2008,第 243—335 页。

有一种特殊价值,不同于其他人语言的价值。从这个角度讲,疯子和神圣人物在一定程度上可以交换他们的话语可能性。大家都知道,在宗教的历史上,无论是伊斯兰教、犹太教或基督教,疯子的话语与神秘者的话语、先知的话语、以上帝名义发言者的话语,是多么难区分,因为它们是如此相近。不过,在所有社会里,疯子和神圣人物之间仍然有一个很大的区别,区别就是,神圣人物总是被某个制度承认为圣人,这个制度可以是已经存在的宗教制度,或是神圣人物为自己建立的宗教制度,就像曾经发生过的那样,先知①自己给自己的宗教言语赋予了一种制度化身份,从而使他的言语与他那个阶层的所有其他偏常言语划清了界限。所以,你们看,神圣人物总是被制度化的,而疯子则不然,在某种程度上讲,疯子是靠自己,他不像神圣人物,没有什么制度把他指认为疯子。

因此,你们看到,对于疯子这样一个在所有社会都能找到的人物,对于我称之为疯子的社会亲缘性,我们是可以指出它的所有特征的:疯子接近于病人,接近于性偏常者和家庭偏常者,接近于神圣人物,但他又不完全等同于这三种类型中的任何一种。你们看到,在均质的社会中有一群布局分散的特殊人物,疯子是这个群体的一部分,但他不等同于这个群体中的任何一个基本类别。因此他当然是接近于这群人,但又区别于这群人。以上就是我想就所有社会中疯子人物的定义所说的第一点。

我要说的第二点是:在我将要谈到的文明中,我说的大致是西方文明——当我说"西方"文明时,我想说的也是地中海文明,因为在我们目前关注的问题上,阿拉伯-穆斯林文明与欧洲-基督

---

① 先知穆罕默德。

教文明之间,几乎没有很大的区别,只不过在我将要描述的这个现象中,阿拉伯-穆斯林文明,尤其是马格里布文明,要比欧洲早了整整一个世纪,甚至两个世纪,所以在这一点上,在这个时间段里,没有区别。在所有这些文明中,我们可以注意到(我所说的也适用于当代),所有这些特征,所有我试图用来描述一切社会中的疯子,尤其是原始社会中的疯子的这五个特征,都可以丝毫不差地在我们所属的文明中找到。甚至在我们所知道的当今现代世界的这种同质化形式下,你们仍然能以完全相同的方式找到我刚才说的用来描述原始社会中疯子的五个特征,或者至少是可以找到前四个特征,因为恰恰是第五个特征有问题。

首先,在我们的社会中,疯子有一种很特殊的职业身份。我的意思是,疯子在生产劳动网络中的位置非常特殊。我只举一个例子:在欧洲社会,在16世纪末17世纪初,疯子开始被人们识别和指认为疯子;人们开始把疯子指认和识别为疯子,是因为他们不能劳动,而实际上他们仅仅是失业者。在欧洲,人们是根据对失业的经济学感知去识别疯子,指认疯子,并对其采取特殊待遇。可以说,在我们这种劳动社会中,疯子首先是一个不能劳动的人,从本质上讲,从根本上讲,疯子就是失业者。

第二个特征:在我们的社会,如同在原始社会,疯子在游戏制度中,在休闲活动中有一种特殊身份。首先必须注意到一个奇怪的事情:疯子是一个戏弄对象。人们跟疯子游戏,而不跟病人游戏;没有以病人为主题的喜剧。你们会说,有一个啊,但那是《没病找病》①;

---

① 莫里哀:《没病找病》(*Le malade imaginaire*),收入莫里哀《作品全集》(*Œuvres complètes*),第二卷,"七星文库",巴黎,Gallimard,2011,第1073—1178页。

也就是说,那是一个自以为有病而其实没病的人,一个为病而疯的疯子,他的病属于他的疯癫,而非相反。人们不会取笑病人,但会取笑疯子,疯子是人们嘲笑的对象,逗乐的对象,模仿的对象,一个被搬上舞台、遭人嘲笑的人。所以疯癫是一个戏弄对象,而疾病则不是。

然后,更奇怪的是,疯子是一个游戏他人的人,他与严肃的理性做游戏,与那些不是疯子的严肃之人做游戏,并嘲笑他们;在某种程度上,他掌握了别人自以为掌握着的那个所谓理性的真相。在整个西方戏剧中——我想在阿拉伯和马格里布戏剧中也是如此——尤其是在17世纪巴洛克时期的戏剧中,经常会见到疯子这样的失去理智的人物。然而,在这些剧作中,这个人物始终扮演一个非常特殊的角色:在戏剧里做疯子,那就是比别人知道得更多,就是能猜出别人看不见的真相,在某种程度上就是被赋予了第二视力,一种双视力,就是在理性那多少有点盲目的目光背后,拥有一种更犀利的目光,能看到事物,看穿事物,揭露事物,察觉真相,能在谵妄的炫目闪光中认出理性在其冗长的话语中所无法表述的东西。疯癫,这个程度上的疯子,人们把他搬上舞台,表现他总是在戏弄别人,比别人知道得更多。① 此外,一般来讲,在世界上,在西方思想中,疯癫可以说总是被用来讽刺整个世界。你们还记得伊拉斯谟和《愚人颂》②吧? 在《愚人颂》中,所有的人物性格、16世纪欧洲的所有体制本身,那个欧洲的所有最神圣、最严肃、最受认可的东西,最终都遭到某种东西的嘲讽,这个东西就

---

① 关于疯子在巴洛克戏剧中的位置,参见下文第107—112页。
② 伊拉斯谟:《愚人颂》,前引书(参见上文第37页,注释②)。

是疯癫，就是书中所赞美的疯癫。所以疯癫就是游戏表演，人们把疯癫表演出来，然后一切不是疯癫的东西都被疯癫所戏弄。

此外，一般来讲，在整个西方——我不知道在伊斯兰国家是否也能看到这一点，这需要你们来告诉我——在西方国家，你们知道，疯癫和节日之间有着特别紧密的亲属关系。毕竟，在西方整个中世纪，唯一重要的节日不是宗教节日，不是与基督教仪式相关的节日，唯一的节日就是愚人节，是疯子的节日，或者按照法国某些地区的说法，是"驴子节"。在这样的节日里，都发生些什么呢？人们模仿疯子。在这样的节日里可以发现我刚才给你们提到的所有那些特征：疯子被表现为跟他们本人的人物角色相区别，他们改头换面，颠倒他们的社会角色和劳动职业身份，穷人乔装自己，假装是富人，富人把自己装扮成穷人，权贵们模仿卑微的人，卑微的人则在这一天穿上权贵们那种富丽堂皇的服装。这就是中世纪世界隆重的农神节，也是对所有与性有关的规则的悬置以及放入括号。这也是语言的解放，在这一天，人们可以想说什么就说什么。比如，在法国北部的城市里，所有市民都化了妆，蒙着面，身着戏装，颠倒所有的角色，他们来到镇长、市长、领主或主教的宫殿前游行，在那里，他们把自己内心的一切都告诉他。当然，这种对权贵者的狂欢是用侮辱和猥亵的方式进行的。那是大决裂，是体制的大偏航，乃至个人身份（identité）的丧失，因为大家不知道谁是谁，就是说，大家都蒙着面。①

这种愚人节是一种消失得较早的中世纪体制，如今在比利时和德国的许多城市它仍以一种极其微弱的形式存在。但总的来

---

① 参见上文第37页，注释③。

讲,西方毕竟没有完全失去节日和疯癫之间的这种关系,因为现在的西方人,也许还有其他非西方人,当他们想要庆祝的时候,他们恰恰是会灌醉自己,除此之外还会做什么呢?或者,就像在某些国家那样——我想到的当然是瑞典,但也包括美国等国家,甚至在法国——除了吸毒,人们还会做什么呢?如今在世界上所有的国家都能找到的这种毒品迷恋,它是什么?不正是某种多少有点怀旧的努力,试图重新找回节日和疯癫之间的这种曾经伴随着中世纪生活节拍的古老关系?所以你们可以看到,在我们的社会和在原始社会一样,疯子的游戏境遇是一种独特的、特殊的境遇。

疯子的另一个特征,我刚才已经跟你们提到,在所有社会,尤其是在原始社会,然后是在我们现在的社会,还能看到疯子的另一个特征:疯子在我们的社会中具有很独特、很特殊的家庭身份;而在对性生活做出规定的全部规则中,疯子不光具有很独特、很特殊的家庭身份,而且具有很独特、很特殊的一般(意义上的)身份。不要忘记,在很长一段时间里,在16世纪,尤其在17、18世纪,是家庭本身——而不是医生,当然也不是行政当局——把自己的某个成员指认为疯子。在法国,只要一家之父向国王提出请求,得到一封密函,或者向警察总监提出请求,然后,仅凭这一纸家庭政令,仅凭家庭做出的这一诊断,仅凭来自家庭的请求,就足以把这个人立即送到夏朗东、萨尔佩特里埃或者比塞特的收容所。① 那时,疯癫基本上是一种将某个人从其所属的家庭群体中

---

① 很久以后,福柯重新探讨了这个主题,通过在档案馆里的耐心工作加以充实。参见法尔热和福柯:《家庭混乱》(*Le désordre des familles*,1982),巴黎,Gallimard,2014。

驱逐出去的行为。此外,疯癫还会改变一个人在其家庭内部的身份,那时如此,现在也是如此。法国的民法典中有一条法规,我觉得现在几乎已经不适用了,但它曾经适用过很长一段时间——巴尔扎克的一篇小说就涉及这条法规①——那就是禁治产。通过禁治产,一个家庭,或家庭成员,或家庭委员会,可以代替一个疯了的人,成为他的担保人,或更准确地说,成为他的民事不在场证明。此外,疯子很自然地会失去其作为丈夫和父亲的权利。你们知道,今天依然如此,疯子的家庭权利以及疯子的家庭的权利都会发生极大变化,尽管在很多情况下这是件很痛苦的事情。比如,一个人一旦被关进精神病院,你就不能跟他离婚,哪怕他被关到生命结束那天。

更一般地讲,我们可以说,在我们的社会中,疯癫不仅与家庭有着一种奇特的亲缘关系,而且更一般地讲,疯癫与性也有一种很奇特的亲缘关系。几乎是从 18 世纪以来,当然,直到把弗洛伊德也包括在内,人们对疯癫所做的全部研究都围绕着疯癫与性偏常或性犯罪之间存在的被猜测的,也许是被幻想的这种奇特关系而展开。18 世纪常见的一个观点认为,放荡、放荡过度,会导致疯癫;相反,在 19 世纪初的那些有点反教权的实证主义医生那里见到的观点则认为,

---

① 巴尔扎克:《禁治产》(*L'interdiction*),见《人间喜剧》(*La comédie humaine*),第三卷,"七星文库",巴黎,Gallimard,1983,第 403—493 页。福柯在《精神疾病与人格》(*Maladie mentale et personnalité*,巴黎,PUF,1954,第 80 页)中已经提到这部作品,后来又在《疯癫与非理性——古典时代疯狂史》(前引书,第 112 页)中提到它。除《禁治产》外,福柯著作中没有再提到巴尔扎克,直到 1970 年有关《绝对之探求》的讲座才又提到巴尔扎克(见下文,第 331—354 页)。

是贞节直接导致疯癫。无论如何,在这两种情况下,人们都承认,大体上,正常的、制度化的家庭生活与疯癫是不兼容的;此外,疯癫是家庭的耻辱,是见不得人的,等等。所以,你们看,在我们的社会就像在原始社会一样,疯子是一个有着很特殊的家庭身份的人。

最后,最后一个特点是,疯子的言语,在我们的社会中就像在原始社会中一样,也有一种很特殊的身份。疯子言语的身份,这是个大问题。我并不是想说我们的社会认为疯子的话是无稽之谈,而是说我们的社会差不多是把疯子的言语放入括号、加了引号。疯子的言语会引起一些反应,而这些反应不是平时对人们日常言语、正常言语的反应。人们会听疯子说话,但听的方式很特别,以至于人们赋予疯子的言语一种很特殊的身份。比如,你们是否记得文学中,甚至基督教中世纪的制度中的那个特殊人物——我相信,那个人物在伊斯兰社会里也有其相应者——就是小丑?

这个宫廷小丑,国王的疯子,他待在那里,生活在等级森严、极为封闭的社会中,那里的每个人都有独特的角色,小丑就在那里;他的角色是待在司酒官身边,或待在总管身边,这不重要;他的角色几乎同司酒官或总管的角色一样精确,一样明确。这个小丑,他待在那里干什么?他在那里是为了发言,为了说话,为了传播一种奇怪的、有着奇怪身份的言语;这种言语,就是疯话,不理智的言语。而它包含什么呢?一方面,它在某种意义上是抽空了效力的言语,也就是说,当疯子,当国王的小丑,说出一句恶语,或者当他说出一句脏话,或者当他对某个人说出一个令其不能接受的真相时,那其实没什么关系,小丑的话不会冒犯谁,不会伤害谁,就像套了皮头的花式剑一样。然而,这样一种被抽空了效力的言语、空洞无物的言语、无关紧要的言语,人们听着它,就像听小丑身上佩戴的铃铛声一样——通过对自己话语的多余重复,小丑负载着铃铛声,而他的言语跟他周身作响的铃铛也相差无几,因为铃铛系在他衣服上,随着他的任何一个小动作而叮当作响——这种被清空了效力的言语,却负载着说真话(vérité[①])的任务。它说出真话,但是以微妙的方式,伪装的方式,迂回的方式。疯子说一些谎言,但在疯子谎言的背后,总是要寻找某种被谎言遮蔽的真相。当疯子直接说出真相时,说出赤裸裸的真相时,他是以一种调侃的方式,仿佛是信口开河,然而,这种仿佛是信口开河说出的真话,这种无人理解的真话,却承载着某种命运;小丑跟国王交头接耳说出的言语,国王将信将疑,不愿承认真相,但这言语却仿佛是古代占卜者的预言,把命运最终写进时间和未来,那是权势者注定的命运,而权势者对此言语却充耳不闻,视而不见。所以,我相信,在许多地中海文明中,小丑的言语曾经具有很特殊的重要性。

如今,小丑这种人物已经消失了;它大致是从中世纪末以来就消失了。然而,这种亦真亦假、不严肃却又命中要害的话语之含混作用,这种被抽空了效力却又能揭示出某种比流传的所有真相都更重要的东西的话语之悖谬性,这个主题,这种有关如此奇怪而特殊的言语的观点,你们知道,它并没有从我们的文明中消失,实际上存在着一种比小丑的言语更重要且具有完全相同作用的话语——这就是文学。文学是国王的小丑的言语继承者。在我们的社会,文学家、写作的人,他所做的跟国王的小丑是一样

---

[①] 在福柯这十三篇文稿的不同语句中,vérité 一词可译作"真相""真话",也可译作"真实"或"真理",其核心含义都是"真"。译者将根据上下文语境和汉语表达的方便,对译法做灵活选择,不求统一。——译注

的。因为,说到底,文学是什么?不正是一种空洞而无谓的话语吗?文学不是用来说出真相的,不是用来讲述真实发生的事情的。文学家、小说家、编故事的人,他不讲述历史,他不言说事物,他言说的是一种不存在的东西,他在真空中说话;文学言语是我们的世界里的一个铃铛。然而,文学话语可以用来揭示我们的日常言谈、我们的科学言谈之真理以及我们那笨拙而沉重的哲学言谈所不能揭示的东西;这种东西是掩藏在下面的真理,或超出了范围的真理;你们很清楚,说到底,在描述人类命运这件事上,世界上的伟大小说家或剧作家要比哲学家或科学家做得更好。无论如何,疯癫与文学之间的这种亲缘关系,我们没有忘记。柏拉图当然提到过这种关系。① 你们知道,这种亲缘关系一直萦绕着我称之为地中海文学的所有文学;你们知道这个主题在穆斯林文明中的重要性,你们知道这个主题在我们当今社会的重要性。这三个主题——任何诗歌和任何口头创作都接近疯癫这一观点,要像聆听疯癫那样以同样的严肃和不安去聆听文学和诗歌这一观点,作家本人也是一个接近疯子的人——这三个主题持续不断地出现在文学这一至今已有上千年的伟大传统中。

并且你们也知道,每当文学陷入危机,这个主题就会变得更加强烈和紧迫。例如,在基督教的西方,在 16 世纪,整个文学语言的身份发生了变化,在中世纪末,在文艺复兴时期,整个文学语言,整个小说语言,围绕着新的形式重新平衡,获得了新的身份,

---

① 福柯这里指的可能是《斐德若》(*Phèdre*)中的一段话,柏拉图在这段话中提到缪斯所激发的谵妄。参见柏拉图《斐德若》,245a,法译本译者 L. Robert,巴黎,Les Belles Lettres,1933,第 32—33 页。

在那个时代,人们异常强烈地感受到了文学与疯癫之间的亲缘关系。这当然就是伊拉斯谟和《愚人颂》,但也有一些更加奇怪的事情。例如在 17 世纪初的法国,有一个人是个疯子,绝对是个疯子——我差点要说,就像你们和我一样的疯子,但其实比我们更疯——如果是现在,这个人会被关禁闭,他自称佩尔米西翁伯爵①,写了一些完全是胡言乱语的东西,在某些人的压力和资助下出版了——我现在忘记了他的庇护人是谁,可能是布永(Bouillon)公爵,此人资助出版了这本确切意义上的精神错乱之书。你们也知道,18 世纪末、19 世纪初,在荷尔德林的时代,②在布莱克的时代,人们重新发现,疯癫与文学之间有这么奇特的亲缘关系。直到今天,鲁塞尔③、阿尔托④,这些疯癫作家的体验,对我们来说,仍然是非常独特的体验;可以说,在某种程度上,阿尔托是所有法国现代作家中最具决定性的作家,因为他终于打破了,终于撼动了文学语言的整个身份、整个古老身份,将文学语言解放到这个新的领域、疯癫的领域。此外,像米修这样的作家,他

---

① 参见上文,第 40 页,注释②。

② 参见福柯《父亲之"不"》(«Le "non" du père», 1962),收入《言与文(第一卷,1954—1975)》,前引书,第 8 篇,第 217—231 页。

③ 人们当然会想到福柯的《雷蒙·鲁塞尔》,巴黎,Gallimard,1963。另见下文第 132—138 页。

④ 参见下文对阿尔托作品中疯癫和语言关系的分析,第 112—118 页。关于阿尔托,还可参见福柯《疯癫的语言:疯子的沉默》(«Langages de la folie: le silence des fous»),1963 年 1 月 4 日在法国国家广播电视三台播出的广播节目(系列节目第二期),后收入福柯《伟大的陌生者——关于文学》,前引书,第 27—50 页。

在吸毒经验中写作,为了写作而吸毒,①这证明,对他而言,对其他人而言,一种系统的疯癫和对一种写作的追求,两者之间的关系是如何异常紧密地联系在一起的。所以,你们看,我认为我们也可以在文学与疯癫的这些关系中看到我开始时提到的那个总体特征:疯子的言语,在任何社会中,在我们的社会中,有着非常特殊、非常特别的身份,这个身份可以用来定位疯子这个人物。

那么还剩最后一个特征:疯子的指认具有非制度化的特点。我前面说过,在所有的社会里,疯子除了前面的四个特征之外,还有一个特点就是:其实没有一个组织,没有一个体制,没有一个机构能指认疯子,能把他绝对认定为疯子。我认为,绝大多数的文明都是这样,我们自己的文明,直到中世纪末也曾是这样,但到了16世纪,或者在穆斯林文明中到了15世纪,在西方文明中到了16世纪,则不再是这样;那时,人们发明了一种识别疯子,或者说尝试识别疯子的办法,尝试把疯癫与非疯癫之间的分界和差异加以制度化。我认为,疯癫的医学化,精神病学的发明,精神病理学的发明,以前叫作疯人院、现在用更高贵的词叫作"精神病院"的这些大型机构,整个这种组织不是别的,正是对疯癫与非疯癫之分界的制度化,这种制度化没有任何其他文化曾经复制过,它是阿拉伯人15世纪时开始在马格里布发展起来的,又在阿拉伯人影响下,经由西班牙人的中介,在16和17世纪的欧洲发展起来。

---

① 亨利·米修在《破碎中的安宁》(*Paix dans les brisements*,巴黎,Flinker,1959)、《来自深渊的认知》(*Connaissance par les gouffres*,巴黎,Gallimard,1961)和《精神大考验》(*Les grandes épreuves de l'esprit*,巴黎,Gallimard,1966)中探索了吸毒状态下的写作经验。关于毒品与疯癫的关系,参见下文,第86页。

现在我想尽可能简短地向你们描述一下划分疯子和非疯子的制度化过程。但在描述之前,你们现在已经看到我是如何建立我的论证的,我的论证很可能是错的,充满错误和陷阱,等等,但终归是这样的:我试图证明,有五大特点使人们可以在所有社会中认出疯子,确定疯子在所有社会中的身份;并试图证明,前四个特征你们可以在欧洲或在现代世界中看到,就像在任何其他社会中看到一样,只有第五个特点有变化,这个变化在于:最后一个特点,即疯子的指认具有非制度性,这一特点变化了。这一点变化了,也正是在这里加入了精神医学的作用和功能。这样一来,如果我的论证是正确的,我们就会得出这样一个结论:并不是精神医学发现了有关疯癫的被隐藏、被遗忘、被磨灭太久的真相,而事实上,精神医学是在疯癫的持久而普遍的人种学身份和社会学身份的内部起到了一定的作用;精神医学的重要性在于,它本身处在一个普遍结构的内部。换句话说,精神医学只是疯癫的总体社会学结构内部的一个功能;精神医学并没有发现这种疯癫的真相,它不过是充当了一种可能的功能而已,一种处在这个总体结构中的功能。

现在,说完了这一点,计谋已经揭穿了,我这就开始尝试向你们简要概述一下划分疯子和非疯子的宪法化过程。① 我们大致可以说,在中世纪——我想穆斯林文明和西方文明都是如此——疯子的身份,[或者更确切地说,]疯子和非疯子之间的划分,一直是一种非常不确定和浮动不定的划分。实际上我们可以说,直到

---

① 在接下来的几页中,福柯重新思考了《疯癫与非理性——古典时代疯狂史》中的一些分析,前引书。

15、16世纪,谁想做疯子,谁就是疯子,并不需要人来指认疯子,并且,当一个人想停止做疯子,他就不再是疯子;换句话说,在疯癫和非疯癫之间,没有门槛,没有窗口。疯癫在中世纪的这种自由身份具有几个方面的特征。一方面,疯子很乐意被认出、被接待、被指认为疯子,也很乐意被倾听,但没有任何机构收留他们。人们发现,在那个时代,即便在像巴黎这样的重要城市的医院里,全部加起来也就只有主宫医院(Hôtel-Dieu)有四张床位,这是那时唯一一家医院,在其四张床位上安装了锁链和笼子,可以把狂躁者关起来并捆在这些床上。另一方面,在那时,狂躁并不被视作疯癫的一种类型,而是被视作一种狂热。至于那些准确意义上的疯子,那些被承认、被指认、被倾听的疯子,他们则完全可以在城市里自由自在地到处走动,随心所欲,想去哪里就去哪里。疯癫的身份是完全自由的,当一个疯子变得有点焦躁不安,或者当人们想摆脱他的时候,人们通常会把疯子交给路过的人,要么是商人,要么更愿意交给水手,或者是沿河而下的驳船上的水手,或者是海上的水手。如果你们当中有人读过特里斯坦(Tristan)的传奇故事,你们一定会知道,乔装打扮后的特里斯坦下船来到了一户人家,我忘了是谁家①——没关系——他扮成疯子,头顶剃成十字架形状,他立刻就被认出是疯子。有人问他:"是哪个水手把你带到这里来的?"因为只有水手才能把疯子带来。所以,疯子就这样随着道路、随着交通工具到处漂泊;他紧跟着车队,紧跟着商旅队伍,紧跟着船只,而疯子的这种不确定的流动,这些漂泊不定、

---

① 这里指的是康沃尔国王马克(Marc de Cornouailles)。见福柯《疯癫与非理性——古典时代疯狂史》,前引书,第15页。

难以融入社会的人，或如19世纪时所说的，这些不适应者，他们麇集在一起，这清楚地表明了对疯子的区分是多么自发的、自由的、非制度化的。

那么制度化是怎样发生的呢？我们的社会是怎样在某一时刻发现这种情况不能容忍，并决定绝对有必要找到一个办法，以清晰而明确的方式把疯子和不是疯子的人区分开来的呢？理性试图与疯癫分开的这个过程是怎样的呢？在欧洲，这个原因，这个过程，我认为是相对简单和容易确定的。16世纪末和17世纪初发生的那种重要变化根本不是理性的进步，根本不是为了更准确地认识疯癫这种如此奇怪和让人迷惑的现象，医生们并没有开始关注疯癫，他们并没有思忖："这种奇怪的疾病到底是什么？"根本没有。人们之所以开始想办法把疯子和不是疯子的人区分开来，主要是出于经济原因。

持续了17世纪大部分时间的经济大危机——17世纪虽然曾经是欧洲尤其是法国的文学艺术的黄金时代，但也无济于事，那是一个极其尖锐的经济危机时期——那次经济大危机导致城市里出现了大范围的失业现象，这种失业现象又因所有那些曾经在16世纪和17世纪初使欧洲流血的战争、游击战、宗教斗争和其他战争的结束而加剧。因此，城市里出现了许多不适应环境、没有工作的人。此外还有重商主义政策的实行。就是说，资产阶级虽说还没有掌握政治权力，但至少已开始掌握经济权力，他们需要大量的劳动力，以尽可能低的成本生产出可以销到国外的产品，从而获得你们知道在当时变得稀有的那种贵金属。17世纪整个欧洲的政策都是由库存贵金属的需求所支配的。

那么怎样处置这些失业者呢？很简单：这些在中世纪，直到

16世纪还被允许在欧洲所有的道路和运河上自由流动的大量浮动人口,所有这些人口现在简单干脆地被关了起来。在汉堡这个港口,在伦敦这个港口,在巴黎这个大都市,在里昂这个法国当时名列前茅的工业城市,至少是名列前茅的制造业城市——请注意这里罗列的城市——在这四个城市,人们建立了、开设了(更应该说是关闭了)可以容纳上千人的大型收容所。这成千上万的人——1660年在巴黎有六千人就这样被关了起来,他们是谁?基本上是一些无所事事没有职业的人、老人、放纵者、放荡者、酒鬼、挥霍的一家之父(他们把家产花光而不是用来获利),还有就是疯子。所有这些人,这些不适应当时的劳动条件和标准的人,正是他们被关了起来。大体上可以说,当游手好闲在基督教的原罪世界里已经超过了其他任何过错、任何原罪,当第一宗罪在资产阶级世界里不再是傲慢,而是懒惰的时候,中世纪直到16世纪的整个伦理系统、整个道德系统都被颠覆了。从那时起——这当然是令人伤心的①——这些人被关了起来,而在那时形成的整个经济和伦理世界把这些人排斥和驱逐出了其活动区域和光明区域,他们是一些没用的人、不劳动的人,一些不能加入经济生产大流通中的人。

在巴黎,就这样开设了三处大型收容所:一个是夏朗东,那里原是一个医院,但后来变成了关闭那些不确定的、可疑的人的场所;一个是萨尔佩特里埃;还有一个是比塞特。总的来说,在不到二十万的人口中,有六千人被关闭。你们可以看到这个比例很高。当然,这六千人并不都是我们所理解的疯子,但是——我想

---

① 这句评论略显幽默:懒惰似乎成了第一宗罪。

强调的正是这一点——在西方世界，人们首次把疯子与一些以前从未与之相提并论的人等同对待；也就是说，人们首次把疯子等同于老人，等同于放荡者，等同于失业者，等同于没有工作的人、残疾人、等等。这样一来，疯子就失去了他在中世纪被承认的那种社会学的、几乎是人种学上的特殊性，那时的疯子还是一个如此生动的人物，一个如此被高度看中的人物，一个人们期望他在胡言乱语论中说出某种真相的人物。疯子突然间贬值了，同时也被中和了，变得一无是处，变成了一张多余的嘴。所有意义上的多余的嘴。也就是说，他不劳动，却还要吃饭；他本应该闭嘴，却还要说话。所以疯子变成了这样一个被中和的人物，同时也是一个有负罪感的人物；疯子离开了以前那个隐蔽的真相的悖谬世界，他现在进入了有罪的世界、原罪的世界、懒惰的世界、游手好闲的世界。

这就是疯子和非疯子的区分被大规模制度化的第一个阶段。你们看，这种区分并不是直接进行的。17世纪的欧洲社会并没有把疯子和其他人分离开来，而是把不能劳动的、不属于经济规范、不遵从经济规范的群体与劳动的群体分离开来；然后，在这个群体中，有残疾人、放荡者、老人，等等，还有疯子。这是第一次区分，因此，不是理性/不理性的区分，而是劳动/不劳动的区分、工作/闲暇的区分。

现在看看这种制度化的第二阶段。第二阶段是在19世纪初，那是在法国大革命时期，而且不只是在法国，欧洲也一样，这一传统的禁闭条令整个被重新修订了。被修订之后，所有那些关着失业者的大型收容所都打开了。为什么要打开？主要有两个原因，一个是政治原因：国家，以及国家机器，即我们所说的执行机构,失去了对司法机构的重要而沉重的控制。在这个方面,17和18世纪时曾经非常重要的警察作用被削弱了。即使是应了家庭的请求,国家机器也不再可能把一个人幽禁起来,一直关闭到生命结束。对国家权力,因此也是对警察权力的这种极大限制、极大削弱,对于重新评估疯癫与非疯癫的区分起了重要作用。

但还有一个经济原因。很简单,就是这样一个原因:西方世界的新兴工业化过程——那个时代其实还不只是新兴,而是正在迅速发展的工业化过程——当然是与所谓的失业需求相关联的。当时必须有一些失业者,实业家才能有一些供他们使用的廉价劳动力,廉价劳动力可以保证低成本和高利润的可能性。作为经济调节的方向盘,拥有大量失业者这种需求,使得欧洲所有国家的收容所在18世纪末、19世纪初都被打开了,关在里面的人都被放了出来,所有那些残疾人、放荡者、一无是处的人、游手好闲的人又被抛回街头,因为人们需要他们进入经济生产的流通系统。

那时,疯子本应该跟所有人一起被释放,但他们没有被释放,他们依然被留在禁闭他们的地方。可以说,疯子变成了这些建造于17世纪中叶的大型收容所的唯一持有者、唯一居住者。为什么会这样呢?为什么在所有人都被释放的时候,疯子是唯一被禁闭的人?这在当时并非没有问题。18世纪末的许多改革者都曾要求像释放其他人一样释放疯子,但事实上这并没有发生,疯子留在原处,仍然被禁闭。他们留在原处,仍然被禁闭,这纯粹是因为另一个与我刚才说的原因不相关的原因,就是这样一个事实:18世纪末、19世纪初形成的欧洲资产阶级社会,以拿破仑民法典的形式制定了自己的法典,你们知道,许多欧洲国家都采用了这个法典,这样一个资产阶级社会说到底基本上是一个家庭[……]①的社会。而在同一时期,由于各种各样的原因,社会和家庭需要医院这种机构在那个时候提供医疗服务,不仅给精神病人,也给所有的病人。这时就发生了某种传染:为了证明家庭以这种方式摆脱疯子、摆脱所有对其经济身份或其他身份有危险的人的做法是合理的,因此也就是为了证明把疯子排除在家庭之外是合理的,证明把疯子禁闭起来是合理的,禁闭的做法便被赋予了一种医学身份,疯人院和收容所被赋予了类似于医院的身份。人们这样做,**就好像**禁闭其实是一个医疗化过程,**就好像**禁闭是为了治病,而实际上禁闭是为了摆脱这些人。由此一来,收容所就逐渐变成了精神病院(hôpital psychiatrique),禁闭变得就像是住院。这个现象是一个异常漫长的过程,用了不止几十年的时间,而是将近一个世纪的时间,因为在整个19世纪,禁闭虽然被赋予了一些医学理由,但也无济于事,事实上,在整个19世纪的欧洲,人们给予精神病人的治疗几乎为零。那时要做的主要就是把这些人关起来,给他们分类,让他们安静,根据他们的疾病把他们分组,当他们能够重新适应生活的时候再把他们放出来,或者当他们确实不能适应生活的时候把他们看管起来直到死亡。

在20世纪期间,精神病院这个假机构,或者更确切地说,这个假的医疗机构,变成了真正的医疗机构,这个禁闭场所变成了真正的治疗场所。事实上,为此需要等待两个重大事件的到来:一个事件始于19世纪末,但在20世纪才传播开来,这就是精神分析;更一般地讲,就是心理疗法和心理治疗方法的传播,这一事件

---

① 此处录音短暂中断。

开始使得精神病医院真正成为一个医院。然后,第二个事件是20世纪50—60年代药理学的重大生物学发现,使得对疯癫现象进行严格意义上的医学干预成为可能。

因此,是一系列经济、政治、制度、法律等方面的并非偶然的事件最终把疯癫定义为一种精神疾病,而不是科学真正发现了疯癫是一种未被识别的疾病。如果我刚才尝试进行的论证是正确的,那么你们大体上就可以看出整个过程是怎样的,图式是什么。并不是疯癫被不断发展的医学科学逐渐认作一种疾病,而是一种在几乎所有社会中都能找到的复杂的社会学结构,一种有着多个时间段、多个特点、多个特征的普遍社会结构;而从17世纪开始,由于经济、社会学、法律等方面的原因,在我们自己的社会中,这种普遍社会结构中有一点发生了变化,这一点就是:我们的社会有需要、有必要对能够劳动和不能够劳动的人做出区分。然后,因为如此,逐渐出现了一系列新的分区控制,使得疯子作为疯子被隔离起来,有了一个接待他们的地方,或者,如果你们愿意这么说,有了一个关闭他们的地方——这就是疯人院。最终,由于这种并非其固有的,而是与之平行的医疗模式,疯人院变得像一个治疗场所。大致要等到19世纪,疯癫才最终变成了一种精神疾病。

但是,如果我刚才说的是对的,我不认为、我不能认为疯癫仅仅是像任何其他疾病一样在同样条件下出现,也会在同样条件下消失的一种疾病,即便是在我们的社会,我也不这么认为。很有可能,如果我刚才说的是对的,它是一种持久不变的社会学功能,是任何社会、无论什么社会都能找到的一种社会学功能,不管我们怎样想象其医学化程度。等到精神分析能够战胜某些疯癫现象的时候,尤其是等到药理学的药物治疗能够做到这一点的时候,我们可以设想,或者可以希望,那时还会有新的办法让疯子存在,新的办法会把疯癫这个普遍存在的重要功能维持在同一个低水平上。

# 疯癫与社会[①]

Folie et société

① 法国国家图书馆,福柯档案,编号 NAF 28730,第 57 号档案盒,第 6 号案卷。标题之后,福柯注明这是一次讲座。

一

在正常/病理的划分下,挖掘出另一种划分;让一个更古老、更普遍、更基础、更复杂的功能显露出来。

更古老:

　　正常和病理的对立是新近出现的,它与18世纪中期(意大利和维也纳学派)健康/疾病的对立相连接。只是在几十年后,它才与疯癫/理性的对立相连接。

更普遍:

　　这一对立存在于所有文化中,而正常/病理的对立则是非常局部的。

　　在我们的文化中,这种对立被应用于一些并不属于疾病的领域:事物、话语、作品。

更基础:

　　疯癫/理性这对概念,其内部结构化程度很弱。疯癫是一个单调的功能,它可以毫无区别地应用于一系列事物。

　　而病理则是一个带有内部差异的结构化概念。

更复杂:

　　正常/病理之对立的价值系统是简单的;疯癫的价值系统则是复杂的(疯癫之于真实、之于美、之于无罪、之于变态、之于犯罪)。

78　　在疯癫/理性对立中表现出来的系统完全不同于那个支撑着正常/病理、健康/疾病对立的系统。

然而,疯癫/理性对立的这种自主性,这种或许是原初的、普遍的性质,已经被遗忘了。

这种自主性被目前称霸一切的**正常/病理**之对立所遮蔽。它本身又正在遮蔽着:

α.犯罪/合法的对立,

β.性禁忌/性许可的对立,

γ.合规的宗教习俗与那些表现出领土收复主义的宗教习俗之间的对立。

然而,如果更仔细地考察:

——人们可能会问,正常/病理之对立为什么会如此扩展?

1.因为它是有区分的(或者对于许多分析来说是可操作的)。

2.因为它使我们面对一个非常简单的价值系统。

3.因为它让人假设有一种还原技术,存在着一系列可以把病理还原为正常的技术。

这就是为什么人们很容易把所有的对立都归到这个对立上,最终甚至是政治对立。

——但人们也会问,这种遮蔽是怎样发生的,这个对立怎样把所有其他对立都没收了? 政治错误、犯罪、宗教上的领土收复主义和性偏常怎么能被医学化?

其工具就是疯癫/理性的对立：

——在理论思维中，这一对立完全被正常/病理的对立所编码。

——但这一对立其实是一个隐蔽的总代码，被用来翻译各种各样的对立，比如犯罪与合法的对立、(在性或宗教方面的)偏常与合规的对立。

疯癫与理性的对立起着中间代码的作用，它之所以占据特殊位置，是因为：

——它缺少内部的结构化，这使得它能够无限扩展。由于它是简单的二元，它可以用来翻译任何一种对立。

——它可以被翻译为正常/病理这样一个明确的、理论上被把握、实际上可控制的代码。

——它具有古老的、原始的、原初的、隐含的性质。疯癫和理性这一古老对立(这似乎是任何文化的一种绝对普遍的功能)，我们似乎早已打发了它，代之以一种更理性的对立；事实上，我们暗地里还在使用它，把它当作一个中转站来翻译、整理正常和病理系统中的所有其他对立。

这一古老对立被重新激活，成为一种隐含的中转站，一种翻译语言，一种从来不是为它自己而说的语言。

这是一种"跨对立"的对立(以区别于正常/病理这种或许是元对立的对立)。

因此，它现在可能正在发挥非常重要的作用；比过去更重要。

因此，我们也必须以一种更紧迫的方式与之搏斗，也许比它曾经是一个明确的、自为的对立的时候更紧迫。

——我们不断地看到它显露出来，要求独立于正常/病

理的对立,要求一种不属于病理范畴的疯癫的权利:

——鲁塞尔

——阿尔托

——毒品

——原始艺术。

——但疯癫和理性的对立一旦获得自由,就会泛化;它从医院和医疗化机构分离出来,去纠缠艺术、文学、绘画。

在这样做的过程中,它以一种含混的方式,用病理学的词语,为作品、行为、语言准备医学编码,进而收复它们。

这可能就是毒品具有重要性的原因:

α.在欧洲,就像曾经在中国一样,毒品开始成为一个总体的文化事实。

β.与远东人的毒品使用(欧洲人1950年以前的使用)不同,现在的毒品使用:

——不是要离开世界的非现实性和疯癫,以便让一个真相显露出来,这个真相就是毁灭的个体;

——而是要把疯癫从沉默的区域中解放出来,恢复它的抗议能力。

与毒品的实际的、明确的、自愿的和深思熟虑的使用相对的,是疯癫的理论的、隐含的、自发的和不加思考的使用。

毒品为疯癫解码(把疯癫从正常和病理术语的编码中解放出来)。它可以做到这一点,因为毒品的使用原则上是自愿的,有时间限制的(LSD[①]/鸦片)。但是这种解码行动本身则被社会编码

---

[①] LSD:麦角酸二乙基酰胺,一种致幻药。——译注

为"社会疾病"。

## 二

——我们刚才看到,疯癫/理性的对立相对于其他大的功能划分(道德、正义、政治和社会)是如何发挥其代码作用的。这种对立使得这些划分可以被归入正常和病理的对立当中(这是一种功能和技术上的对立)。

它是处在两组功能对立之间的代码。

——但另一方面,疯癫/理性的对立,相对于那些在我们文化中运行着的代码,尤其是相对于语言这个所有其他代码之代码,也发挥着一种作用。疯癫/理性的对立是相对于功能系统的代码,但相对于语言代码,它则是功能,或者更应该说,语言代码和疯癫之间有着复杂的功能关系。

对这一运作过程的研究可按下列方式来设计:

1.疯癫如何扰乱已确立的语言代码?相对于一组正常的信息性信息,什么是疯癫话语?

  a.我们大致可以说,直到弗洛伊德之前,疯癫一直被阐释为一种干扰信息的**噪声**;弗洛伊德则[认为]①干扰效应是由于只[有]②一个信号链,这唯一的信号链
    ——携带着各种信息,

---

① 推测;单词缺失。
② 推测;单词缺失。

——其中每个信息都有自己的代码,

——但每个信息又包含一个可以让这些信息互相翻译的更总体的代码。①

b.还应注意到,一种语言一旦被给定,就可能有:

——一种在某个给定时候被认为是干扰的构型,

——这个构型在另一个时候却不再被认为是干扰。

鲁塞尔。

2.疯癫话语如何能成为识别疯癫的工具?

a.它相对于其他符号的作用,在17世纪非常重要,现在不那么重要。

b.在一个话语中,什么成分会立即被识别为有偏差的、荒谬的、不理智的、幻想的、固执的?

3.疯癫如何改变话语的流通、传播、估值、记录和保存?疯癫话语在文化中的各种存在方式:

——当一个话语可能被归类为疯话时,它就可能会变成真话。

——它变得神圣,或者相反,它失去其神圣性(基督教弥撒)。

4.语言如何能作为治愈疯癫的工具而发挥作用,至少作为一种走近疯癫的途径?

---

① 福柯在《疯癫,作品的缺席》(前引文章,第445—446页)中更详尽地谈到了弗洛伊德在疯癫与语言关系中所开启的这种移位。

——戏剧演出。

——招认。

——精神分析前的催眠语言。

5.最后,疯癫和文学这种独特语言之间有怎样的关系?

——这是附加在其他问题上的问题;

——但这个问题与所有其他问题相交集、相交叉、相重叠,因为文学话语与所有其他话语都相关。

——此外,由于一些历史原因,这个问题在西方世界具有特殊的重要性,这些历史原因需要加以分析。

在我们这里,两三个世纪以来,文学话语和疯癫话语一直处在非常特殊的关系中。

[我们不能说这种关系在我们这里更紧密,因为讲故事者、诗人、先知的偏离常规,以及所有那些以特殊方式使用语言的人的偏离常规,几乎总是并且到处都被记在疯癫的账上。]①

一般而言,几乎没有无疯癫的文学作品:

1)没有文学不表现这样一个人物:相对于其他人,这个人是个疯子;

2)没有文学不写入一种相当于疯子语言的语言;

3)没有文学不在写作行为和疯子的事实之间标示某种关系。

表面上看,西方从技术1过渡到了技术3(中世纪戏剧;

---

① 手稿里这段话被放入方括号里。

《拉摩的侄儿》①;斯特林堡②)。

事实上,这三个因素或许是一直存在的;但在文艺复兴之后,在巴洛克时期,这三者之间的关系获得了一种从未完全松解的构型。

1) 在这种文学作品中,"疯子"人物通过一种张冠李戴的误认语言表现出来。

疯子就是把某物当成另一物、把某人当成另一人的人物:

《堂吉诃德》③:整个小说都是这样(并且在小说第二部分,必须小心有人在冒充别人)。

《卡丹纽的疯癫》④。

---

① 狄德罗:《拉摩的侄儿》(*Le neveu de Rameau*),收入狄德罗《作品集》(*Œuvres*),"七星文库",巴黎,Gallimard,1951,第 395—474 页。参见福柯《疯癫的语言:疯子的沉默》,前引广播节目。

② 参见福柯关于奥古斯特·斯特林堡的《地狱火》(*Inferno*)的广播节目《疯癫的语言:迫害》(«Langages de la folie: La persécution»),1963 年 1 月 21 日在法国国家广播电视三台播出(系列节目第三期)。

③ 塞万提斯:《堂吉诃德》(*Don Quichotte*),法译本译者 C. Alligre, J. Canavaggio 和 M. Moner,收入塞万提斯《小说全集》(*Œuvres romanesques complètes*),第一卷,"七星文库",巴黎,Gallimard,2001,第 385—1428 页。

④ 皮舒:《卡丹纽的疯癫》(*Les folies de Cardenio*),巴黎,François Targa,1630。参见下文第 108—109 页:"卡丹纽(……)以为自己被卢辛达抛弃了,他逃进森林,那里的树木、岩石,甚至那个来照料他的理发师,都以他心上人的样子出现在他面前。"

[皮舒(1597—1631)于 1630 年出版的悲喜剧《卡丹纽的疯癫》取材于塞万提斯小说《堂吉诃德》第一卷中出场的一个次要人物卡德尼奥的故事。莎

(这是乔装改扮这个戏剧主题的母版。

这很可能是从骑士小说的误认主题派生而来的。①)

2)疯子对自己采取否认的做法:

——或者把自己认作另一个人(堂吉诃德),

——或者神奇地取消自己(以为自己已经死了,比如在《疑病症患者》②中)。

(这是从主人公经受考验的主题派生而来的:在骑士小说中,主人公隐藏自己,让人以为他是另一个人,并面对死亡。

这是喜剧中误认的母版。)

3)疯子跨越边界:

——傲慢、大胆和勇气的边界,

——认识的边界,

——死亡的边界(哈姆雷特③),

——真相的边界:因为疯子说的话是真的(但

---

士比亚与约翰·弗莱切(John Fletcher)于1613年合作的《卡丹纽的故事》(*The History of Cardenio*,今已佚失)也取材于《唐吉诃德》中的同一个人物情节。——译注]

① 福柯指的是骑士小说中的"无名骑士"这个传统人物。

② 罗特鲁:《疑病症患者,或死亡恋人》(*L'hypocondriaque, ou Le mort amoureux*),巴黎,Toussaincts du Bray,1631。

③ 莎士比亚:《丹麦王子哈姆雷特的悲剧》(*La tragique histoire d'Hamlet, prince de Danemark*),法译本译者 A. Gide,收入莎士比亚《作品全集》(*Œuvres complètes*),第二卷,"七星文库",巴黎,Gallimard,1991,第613—702页。

相当于[谎言]①,而那些假装疯子的人可以真的说出真相,却是用一种错误的方式)。

疯子传达不可传达之意,打乱世界的边界,打乱最为稳固的分界。

(这是从中世纪小说中的魔术师或魔法师派生而来的。

他是激情主人公的母版,他既看到,又看不到;他知晓,但是在盲目中知晓;他传达爱和爱的反面,死亡和生命。)

4)然而,疯子人物在其他人物中的出现,其疯癫话语在其他话语中的出现——都具有一个明确的功能,即真实性的接线员(opérateurs de vérité)。

当疯子和他的语言一起出现在虚构世界和文学话语中时,虚构世界和文学话语的真实性身份就会(由于疯子的过错或美德而)发生非常奇怪的变化:

1.首先,在疯子眼里,他以前所相信的一切都是错的。疯子不会一直是疯子:他自己总是会减弱自己的幻象。

堂吉诃德临死的时候②。③

2.但他可以使别人发现一个如果没有他就不会

---

① 猜测;单词难以辨认。

② 关于堂吉诃德临终时意识到自己的疯癫,参阅福柯《疯癫的语言:疯子的沉默》,前引广播节目。

③ **在页边**:自我缩减。

出现的真相:

——卢辛达没有死;①

——哈姆雷特的父亲是被谋杀的;

——李尔王②的女儿并没有人们想象的那些情感。

疯子是**揭示者**。

3. 他表明,疯癫语言与真相之间始终有一种深藏的、秘密的、难以识破的联系。仿佛疯子在不自觉、不知情的情况下说出了真相。

——疑病症患者有理由[以为]③所有人都死了;因为我们都是伪君子。

——堂吉诃德有理由以为所有的客栈都是城堡,因为所有的城堡,说到底,都只是客栈。

在这一点上,疯子具有寓言的能力。他是寓言的力量。

4. 最后,他由此表明,相对于他周围的所有人物,他是疯子,但他周围的这些人物本身其实都被一种奇怪的疯癫蒙住了双眼。

---

① 皮舒:《卡丹纽的疯癫》,前引书。

② 莎士比亚:《李尔王》(*Le Roi Lear*),法译本译者 P.Leyris 和 E.Holland,收入莎士比亚《作品全集》,第二卷,前引书,第 871—952 页。参见福柯《疯癫的语言:疯子的沉默》,前引广播节目。

③ 猜测;单词缺失。

那些认为哈姆雷特是疯子的人都是真疯了。

疯子的预言功能。

因此,疯子是真相的伟大接线员:他是交换器(alternateur),他在每个话语层次建立真相,又抹去真相。

——对于他自己的话语,他[通过]①寓言功能3确定其真相;他通过自我缩减功能②确定其虚妄。

——对于他周围其他人物的话语,他通过功能1来确定其真相;通过功能4确定其谬误。

——对于作者的话语,他通过功能2确定其真相;通过功能3确定其谬误(因为作者错误地将他描述为疯子)。

所有的话语看来都同时是真的,也是假的。

然而,在这个位置上,疯子是作者的类比。一个复杂的类比,一个反常的浮沉子,一个恶毒的小形象,一个扮演作者的狡猾**魔鬼**;他通过像作者那样做,破坏作者之所做。

他是一个反作者,就像哈姆雷特在莎士比亚的戏中做了一出戏中戏,就像堂吉诃德把途中遇到的任何一个女仆都写成小说。

由此产生了一些后果:

——从这个阶段开始,文学进入**再现**(représentation)的含混领域:

——再现真实,

——对真实的并不可靠的再现,

---

① 单词缺失。

② 即功能1。

——对非真实的真实再现。

我们或许还没有走出这个再现的时代。

——疯癫和文学处在一种误认关系中。

——不是"疯癫"改变文学;而是一种被认为是疯癫的话语被引入,它与整个重组相关联。

在此我们重新发现了话语的相互性作用。

——然而,这个疯子,这种疯癫话语,来自哪里?来自节日——节日中,疯子是一个现实的交换器(alternateur de réalité)(愚人节)。

当疯子,这个现实的交换器,进入文学这种准语言领域时,他让这种语言闪烁准真相(quasi-vérité)的光芒。

他驱走他全部的幻想、全部的发明能力和无限重复的能力;他让真相的节日在文学内部上演,那是一种[不]①真实的真相。

——史诗世界消失了,节日也消失了。

——从此,节日只能发生在语言中。

在现代世界,只有语言能给人带来真正的节日。这些节日是真相的节日,也就是再现的节日。

---

① 猜测;单词缺失。

# 文学与疯癫
## [巴洛克戏剧和阿尔托戏剧中的疯癫]①

La Littérature et la folie
[*La folie dans le théâtre baroque
et le théâtre d'Artaud*]

① 法国国家图书馆,福柯档案,编号 NAF 28730,第 57 号档案盒,第 1 号和第 7 号案卷。

## 文学与疯癫[巴洛克戏剧和阿尔托戏剧中的疯癫]

不存在没有疯癫的社会。不是因为疯癫不可避免,不是因为它是一种天然的必然,而是因为不存在没有划分的文化。我的意思是说,一种文化不单与其他文化相区别(面对其他文化,对立于其他文化),而且任何文化在其空间内部,在其领域内部,都会建立一些界限。

我想到的不仅是允许与禁止、善与恶、神圣与亵渎之间的界限,我想到还有那种模糊的、不确定的但恒定不变的界限,即疯子和非疯子之间的界限。

但这个界限在哪里划出?它跟谁有关?

社会学家和人种学家有一个简单而自然的回答:疯子是不适应的人,是偏离常规的人,是行为异于其他人的人。

这是一个很方便的回答,但可惜它非常不充分。它完全不能解释一种文化借以定义疯癫的那些标准何以总是具有极大的独特性和差异性。

如果社会学家的回答是正确的,那么疯癫就会是一种多少弱化了的、多少有点怪异的犯罪的变体。事实上,疯癫确实经常与罪责和罪感的行为联系在一起。但是没有哪个社会,无论它有多么原始,不把疯子和罪犯极为仔细地区分开来。对疯子的指认始终是一种特殊的社会功能。

这一功能作用于语言。疯癫是通过语言并在语言的背景中被感知的。

欧洲人对疯癫的意识曾经历过一次巨大的危机:大约在1820

至1830年间,人们发现了没有语言、没有谵妄的疯癫——动作和行为的无声疯癫。在这个令人惊异的危机中,犯罪和疯癫之间的区分突然变得模糊起来,使得大多数刑事惯例被重新讨论;疯人院里引入了惩戒性的做法。①

事实上,精神分析学表明,疯癫或多或少仍然是一种语言,隐藏在行为错乱背后的也仍然是一种表达错乱,这样就使人们对疯癫的理解重新回到其传统路线上来。

于是,一个迄今为止令社会学家难以理解的事实显露了出来:在一个社会中,语言是一个有特权和特殊禁忌的地方,是一个建立独特划分的领域。

语言的情况与性的情况相同:没有一个允许所有性行为的社会,每个社会中都有性越界;同样,也没有一个允许全部语言的文化,任何文化中都有语言的越界。疯癫可能只是其中之一。

疯癫,是一种不同的语言。

然而现在必须指出[几件事]②:

首先,疯癫对任何语言都有一种奇特的诱惑力:有些文学没有爱情,没有劳动,没有苦难,还有一些文学没有战争,但没有哪种文学没有疯癫和死亡。仿佛文学总体上与构成疯癫和死亡的

---

① 福柯后来又提到过"对没有谵妄的疯癫的发现"这一主题。参见福柯《不正常的人——法兰西公学院课程,1974—1975》(*Les anormaux. Cours au Collège de France*, *1974-1975*),马尔凯蒂和萨洛莫尼主编,巴黎,Seuil-Gallimard,1999。其中"1975年2月5日的课程"是福柯对亨利特·科尼尔案例的分析,见第103—125页。

② 猜测;单词缺失。

元素相关。

其次,非常奇怪的是,这种联系是一种模仿和二重化(redoublement)的联系。在文学中、在传奇故事中、在民间传说中,可以惊奇地看到疯癫与镜子之间的主题相似性:

你因为在镜子中看到自己而变疯。

一旦在镜子前花太多时间,你就会看到魔鬼。

疯癫的典型形式就是在自己旁边看见自己(陀思妥耶夫斯基)。①

或者,疯子是某种镜子,镜子从事物和人前经过,[会说出]他们的真相(《白痴》②;莎士比亚戏剧中的疯子)。

再或者(但这只是同一主题的变体),疯子就是失去自己形象的人(莫泊桑)③;一个分身为二(dédoublé)的人(杰基尔博士)④。

---

① 陀思妥耶夫斯基:《双重人格》(«Le double»),收入《叙事、编年史和论战集》(*Récits, chroniques et polémiques*),法译本译者 G. Aucouturier,"七星文库",巴黎,Gallimard,2006,第1—172页。参见福柯《疯癫的语言:身体及其二重身》,1963年1月28日在法国国家广播电视三台播出(系列节目第四期)。

② 陀思妥耶夫斯基:《白痴》(*L'idiot*),法译本译者 A. Mousset,"七星文库",巴黎,Gallimard,1995。

③ 莫泊桑:《奥尔拉》(«Le Horla»),收入《故事和短篇小说集》(*Contes et nouvelles*),第二卷,"七星文库",巴黎,Gallimard,2013,第822—830页。参见福柯《疯癫的语言:身体及其二重身》,前引广播节目。

④ 斯蒂文森:《杰基尔博士和海德先生的奇案》(*L'étrange cas du docteur Jekyll et de M. Hyde*),法译本译者 J.-P. Naugrette,巴黎,Le livre de poche,2000。

疯癫与二重性、同一性、划分的二元性有关，与类比有关，与镜子的无法确定的距离有关。在社会里，疯癫是绝对的差异，是另一种语言；而在**语言内部**，疯癫则被表现为同样的东西，是反射的真相，是翻印的胶片。

《愚人颂》①，是被再现的人之真相。

塞万提斯②，是文学本身在文学中。

拉摩的侄儿③，是普遍的模仿（他模仿音乐家，模仿哲学家，模仿舞蹈，模仿自然）。

相反，在这些疯子身上，我们的文化仿佛在寻找自己语言的一种形象。在荷尔德林的疯癫和鲁塞尔的疯癫中，我们读到的是我们的全部文学。

疯癫、语言和文学之间的这些（镜像和差异、界限与同一的）奇特关系必须予以阐明。我也许在耍花招。我不是试图解决这个问题，而是尝试在这个问题中前进，我选择了两个例子，都属于反射和二重身的世界，即戏剧的世界。

这可能会使问题复杂化（通过增加镜子的数量），但也可能通过排除外在因素来简化问题。

---

① 伊拉斯谟：《愚人颂》，前引书。
② 塞万提斯：《堂吉诃德》，前引书。
③ 狄德罗：《拉摩的侄儿》，前引书。人们会记得，从《疯狂史》开始，《拉摩的侄儿》就是福柯展开引人入胜的分析的对象——就像文稿的前两个征引一样——伊拉斯谟和塞万提斯。参见福柯《疯癫的语言：疯子的沉默》，前引广播节目。

阵发性戏剧,与任何主体经验无关。一个纯再现的事实。①

---

① 在第 57 号档案盒的 1 号案卷中,有一个不完整的文稿,似乎是为这次讲座撰写的另一个开头:
不存在没有疯癫的社会。不是因为精神疾病不可避免,不是因为它是一种天然的必然。
而是因为不存在没有划分的文化。我的意思是说,一种文化不单与其他文化相区别(面对其他文化,对立于其他文化),而且任何文化,在其空间内部,在其领域内部,都会建立一种界限。
当我说到这种界限时,我想到的不是人们在允许与禁止、善与恶或者神圣与世俗之间建立的界限。我想到的是那种不确定但恒久不变的界限,即理智的人和疯子之间的界限。
你们会立即对我提出两点反驳:
——完全可能有一些没有疯癫的社会(而任何社会组织都必须有法律,因此都会有允许与禁止的区分)。那些被叫作疯子的人或许就是做了某些被禁止事情的人。
——人们可以从疯子的动作、行为和行动认出疯子。疯子之所以被叫作疯子,是因为他们做出了一些与社会规则或规范不相符的行动、行为或动作。所以规则、法律,是根本性的东西,疯癫只是一种更深层的区分和更根本的限制的结果。
我的回答将是,一般来讲,在任何社会中,对疯子的指称并不是他的行为,而是他的语言。
我给你们举一个具体的例子。1830 年之前,在欧洲,人们一直都只是从疯子的话语认出疯子。当然,某些不合规范的奇怪行为会让人"怀疑"疯癫:例如,这些行为的不规范性曾被编入教会法。但对于这些可见的偏差,人们总是会认为它们掩盖着一种语言事实,这种语言事实是这些可见的偏差的秘密源头和取之不尽、用之不竭的中心。不存在没有谵妄的疯癫。

只是到了1830年左右,人们才发现了道德上的疯癫:一种完全表现在动作和行为中的无话语的疯癫,一种无声地投注于具有可塑性的身体的疯癫。

但这一观点持续的时间很短,因为50年后,精神分析学发现,任何疯癫都在言说。

一个人疯了,因为他在说话——所有的文化(包括我们自己的文化)都是在语言空间中认出疯癫的。认为疯癫的动作、疯癫的行为只是第二位的观点,是由这样一种观点引申而来的,这种观点认为:语言自身是有界限的,言语是具有绝对区分的。

并且就语言界限所特有的越界这一思想而言,这种语言自身的越界,就是疯癫。

然而,任何社会都有疯子。

也许,说到底,语言和性,两者情况相同:正如没有允许所有性行为的社会,因此也没有不存在性越界的社会,同样,也没有允许任何言语的语言。

没有一种文化能让全部可能的语言成为可能。我显然不是指属于语言代码本身的那些不可能性:在任何社会中,无论什么社会,都有一定数量的,或者说不确定数量的,从语法、语音和句法的角度讲完全正确但并不被接受的句子。这些句子被剥夺了构成任何言语的最根本的东西:表达自己、流传和被听到的权利。

这是我们都很熟悉的一种明显现象。然而我们可能从来没有深入思考过语言的各种禁令,没有思考过什么是语言的界限,以及对这一界限的越界。

当然,这些界限与实践方面的禁忌相关(没有权利做的事情,也没有权利说),但事情并没有这么简单。要让语言的界限与行为的否定性戒律相吻合,并不是那么容易的。

有一些人群在乱伦禁忌方面有着严格的规定,而在这些人群的史诗中,乱伦却是很重要的内容。

相反,自《刑法典》颁布以来,同性恋在法国是不被禁止的,而涉及男同性恋的语言禁忌却一直持续到左拉之后。

因此,有必要认真研究一下语言禁忌和对语言禁忌的越界,或者说,研究一下人们强加给言语本身的那些限制方式。[**在页边**:这个问题被思想自由这另一个问题掩盖了。]

  1.有批评性的限制,它针对人们所说的话的意义或形式。这时,人们会参照语法规则或逻辑规则,参照意义和形式的秩序。

  2.有严格意义上的禁止,它对说出的某个词或某个意思进行惩罚。语言禁忌和审查。

  3.最后还有第三种形式的限制,它更不起眼,但更广泛,更难以察觉,更悄无声息,因为它更普遍,更直接,更不容易用话语来解释理由。

  这种限制就是排斥,就是固执的、几近无声的不承认,是用一个字宣布无效。这里受到质疑的,不是所指,不是能指,也不是能指和所指的关系,而是它们作为意义或符号存在这个事实本身。仿佛这根本就不是语言,而是一个空壳,一种没有语言的言语,词语的空洞形式。

  这是对无意义(non-sens)的排斥。

然而,文学恰恰与我刚提到的这三种形式的限制有关。我请你们暂且把这一点作为一个事实来接受,作为一个我们不会去寻求解释的事实(也许我们永远找不到解释)来接受。

  文学总是处在这些限制的边缘,且总是正在完成僭越这些限制的动作。然而,奇怪的是,虽说对禁忌、审查、形态规则或语义规律的越界在特定的历史时期都有一种明显可见的功能,但文学与无意义的关系却神秘难解得多。

  这有两个原因。[**福柯先是这样写的**:因为这是一种模仿关系。通过一种非常奇怪的重复或镜子现象,文学模仿无意义,接纳无意义,承担无意义,仿佛它可以在无意义中发现文学的一个秘密,仿佛在无意义中有着某种与文学存在本身有关的东西。另一个原因是,这种与无意义的关系……]

  第一个原因是,在文学中(至少在西方),与无意义的关系是恒定的。奇怪的是,有一些文学没有爱情,还有一些文学没有劳动,还有一些文学没有历史或战争,另一些文学没有贫穷、欲望和丑陋,却没有任何文学没有疯癫(和死亡)。

疯癫和死亡似乎与一般意义上的文学的最本质的东西紧密相连。

当然,这种联系在历史的长河中并不总是以同样的方式出现。它甚至每时每刻都在发生变化,却从未消失。文学中疯癫的这种多变的、可弯曲的顽固性甚至发展到了悖论的地步。

例如,在16世纪和17世纪上半叶,关于疯癫的医学知识以及疯子的社会地位丝毫没有改变。事实上,疯癫带来的问题从来没有像在那个时期一样少。

然而,在那个时期,语言中的疯癫的存在却从未如此强烈;文学或许从未如此深刻地感受到它与疯癫(莎士比亚、塞万提斯)的关系,仿佛疯癫与文学的联系是一种根本的、独立的联系,它不取决于知识、技术和社会的历史。

请你们明白我的意思:如果说在某个特定时期,在文学中,疯癫具有这样的而非那样的面孔,那是由于一些与历史厚度有关的原因。

但一般意义上的文学与一般意义上的疯癫的联系则是恒定不变的,这种恒定性在整个西方历史中却从来(或几乎从来)没有被讨论过,这大概是一个神秘难解的显见事实。

[**文稿在此中断。稿纸结尾处被划掉**:

这个难解之谜和这个显见事实,我们或许只能通过几个具体的例子来阐明和说清。

我想举两个例子,一个是当代文学的例子,我们知道,当代文学在所有疯癫现象面前是非常警惕的;另一个是17世纪文学的例子,是与笛卡尔在《沉思录》开头就决定排除疯癫的可能性的做法发生在同一个时期的一种文学经验。

在第一个(最近的)案例中,疯癫就是文学经验的主体本身:这就是阿尔托,对他来说,任何语言方面的尝试都与他的疯癫直接相通。

在另一个案例中(我将从它开始),疯癫以一种最外在的方式被表现为一种怪事、一个奇葩、一个事实……]

## [一]巴洛克戏剧中的疯癫

我们很好奇地发现，17世纪上半叶戏剧中的疯癫场景和拉辛戏剧中的供认（aveu）场景一样频繁和必要。拉辛戏剧中的供认，以仪式性的、礼仪的方式命名真相，从而启动悲剧机制。相反，巴洛克式的疯癫，则通过引发一个错误的、幻觉的、误认的奇幻世界，来统领整个戏剧运动（如果我们更仔细地观察就会发现，古典悲剧中的供认不过是巴洛克戏剧中的疯癫的颠倒而已，两者处于同一个点位，并且往往有相同的戏剧效果）。

但是巴洛克戏剧中的疯癫是怎样运作的呢？

1. 疯癫导向一个死亡的世界，或者一个几近死亡的世界。

其中一种最常见的情形是：主人公得知一个使他难以承受的消息；他感觉自己快要死了；他在舞台上晕倒；但他很快又站起来，却发生了双重改变：

——一方面，他疯了；

——另一个方面，或者更确切地说，与此同时，他的疯癫在于他以为自己死了。

这就是罗特鲁的《疑病症患者》第一场所发生的事情①，该戏的其余部分都笼罩在死亡的阴影下。因为，为了制服主人公的谵妄，或者为了让主人公听到自己，其他人必须假装以为自己已经死了。

---

① 罗特鲁：《疑病症患者，或死亡恋人》，前引书。

95　　所以,整个戏剧舞台都充斥着坟墓、骷髅、地狱,直到主人公康复。①

你们看到,《安德洛玛克》《米特里达特》《费德尔》《阿塔莉》②的悲剧空间所赖以界定的那种死亡迫近,与巴洛克戏剧中的这种疯癫在结构上是相同的。

96　　你们也看到,相对于中世纪戏剧所表现的耶稣受难,这种巴洛克戏剧的疯癫起到了类似的作用:基督的死亡和下地狱、他在地狱里宣布的审判、他的复活。

从形式的角度来看,巴洛克戏剧中的疯癫恰恰介于基督受难(la Passion chrétienne)和悲剧的激情(la passion tragique)之间。

巴洛克戏剧的疯癫是基督受难的结构等价物:死亡的力量降临到人身上。

2. 疯癫导向一种复杂的面具游戏。事实上,巴洛克时期的疯癫,就是幻觉的力量:

——疯子让他周围的人都戴上他自己的谵妄面具。

卡丹纽③(这是皮舒根据塞万提斯的一个片段改编的剧本)以为自己被卢辛达抛弃了,他逃进森林,那里的树木、岩

---

① **在页边**:它从外部描画出空间
　　　悲剧的空间
② 参见拉辛:《作品全集》(*Œuvres complètes*),第一卷,"七星文库",巴黎,Gallimard,2004:《安德洛玛克》(*Andromaque*),第 193—256 页;《米特里达特》(*Mithridate*),第 627—686 页;《费德尔和希波吕特斯》(*Phèdre et Hippolyte*),第 815—876 页;《阿塔莉》(*Athalie*),第 1007—1084 页。
③ 皮舒:《卡丹纽的疯癫》,前引书。

石,甚至那个来照料他的理发师,都以他心上人的样子出现在他面前。

——此外,任何想跟他的疯癫作对的人都会立刻被认为是疯子。罗特鲁的疑病症患者看到情妇的父亲时,把他当死人对待;而后者想说服疑病症患者相信自己是活着的人时,克罗利丹却把他当成一个死人——一个疯了的死人。

——而且疯子本人出现在其他人眼前时也是戴着面具的。因为其他人不愿相信他疯了,指责他出于诡计、恶意或利益,故意戴上一副伪装疯癫的面具。疯子被当作一个假装疯子的理智之人,而他实际上是一个自以为理智的疯子。

由此导致了一连串纠缠不清的错误、误认、替身,这些人都互相以为自己是别人(在某一个剧本中,有一对双胞胎)。

然而,所有这些脆弱(且难以置信)的架构都具有这样一种特性:它们通过情节的游戏相互抵消,却又仅仅由于错误的不断增加而突然在真相中得到解决。

这里我们再次看到,古典戏剧里的那种逐步走向最终的真相陈述的连续表白就仿佛[是]巴洛克戏剧中的这种激增的疯癫面具的翻转的映象。

3.疯癫能确保不可能的交流,能跨越通常无法跨越的界限。疯癫是不可能的相遇,是不可能性的所在之处。

在疯癫中,梦与醒交流(没有人知道谁活着,谁死了,谁醒着,谁睡着,谁在讲道理,谁在胡言乱语):

人物之间都彼此混淆。

他们把自己当成一些和自己不一样的别人。

他们做一些跟平时不一样的事情,等等。

因此在这种戏剧中,有两种特别重要的情景:

1)打乱身份、年龄和性别的变装者;

2)把人变成野兽、让人犯下暴行的兽性。

在《伊斯兰悲剧》①(1612年的一部佚名剧作)中,我们看到一位苏丹娜因为自己儿子被谋杀而疯了,她在舞台上杀死凶手,然后(仍然在舞台上)将其切成小块吃掉。

后来的古典戏剧赋予话语的那种非真实的暴力(梦、威胁、叙事、回忆),在巴洛克戏剧舞台上都由疯癫保证了其看得见的在场。

4.这就引出了巴洛克戏剧中疯癫的第四大功能。

当主人公在舞台上变成疯子,当这个混乱的、变装的、无序的、虚假死亡和几近复活的世界建立之时,就形成了一种戏中戏,一个比第一层戏更梦幻、更奇幻的第二层戏,其功能是让这戏看起来像是一个具有逼真性和现实性的地方。

然而,这个戏内的、谵妄的第二层戏,在它的奇幻外表下,不过是第一层戏的放大的真相的样板。在疯癫的小舞台上发生的事情,其作用是说出真相,给那个在戏剧的大舞台上既没能找到表述方式,也没能找到解决办法的事情一个结局。

于是,从这个疯癫小宇宙迸发出来的真相之光,以一种幸运或残忍的方式照亮戏剧的大宇宙。

---

① 佚名:《伊斯兰悲剧》(*La tragédie mahométiste*),鲁昂,Abraham Couturier,1612。

因此,疯癫具有戏剧的自我再现功能:再现戏剧中的戏剧之疯癫。这是二重化的戏剧:小舞台展示看不见的真相,展示可以辨认的难以置信的事情;大舞台则围绕着这个戏中戏,通过疯癫所特有的游戏,在它的戏剧真相中自我再现。

后来的古典戏剧只保留了这种二重化的一个很单薄的结构。在拉辛的戏剧中没有戏中戏。悲剧必须在某个节日的一天时间内展开和结束(戏剧规则或许并不是这一天时间的结果,而是**节日**的结果:婚礼、宗教仪式、加冕、缔结契约或条约)。

拉辛戏剧中的仪式(总是在话语中被提到,却从不被展示,总是受到悲剧的阻碍),这种空洞的节日形式,正是疯癫的结构本身,它让戏剧中生出戏剧,让辩论的真实时间中生出再现的形象时间。

拉辛戏剧的节日和巴洛克戏剧的疯癫都在戏剧舞台上再现戏剧的戏剧性。

我之所以用了这么长时间来强调巴洛克戏剧中的疯癫,是由于两个原因:

——我首先想说明,疯子并不是戏剧历史上某个特定时期中与其他人物(如冒充好汉者或无辜者)平行的一个人物,疯癫其实是戏剧本身的一种功能,这种功能以不同的投入方式出现在没有疯子人物的戏剧中(《安德洛玛克》中的俄瑞斯忒斯是最后一个疯癫人物)。

——我还想说明,这种疯癫有一个奇怪的功能:它起着语言的镜子的作用。它使语言二重化,它重复语言。戏剧中的疯子,这个极端的、难以置信的人物,他其实就是戏剧本身,是在其诞生中、在其真相中自我陈述的戏剧。

（因此,在戏剧疯子那里,不存在任何心理学、病理学或医学上的真相:戏剧疯子的区别性特征都是戏剧的特征。我的意思是说,就其存在和激情的根本而言,就其戏剧存在的根本而言,戏剧疯子本身就是戏剧。）

## ［二］ 戏剧及其二重身

我现在想把自己置身于离上述时段很远的另一个时段。在这个时段,疯癫不再以任何方式被再现,而是从内部被经历,在语言层面被体验,或者更确切地说,在语言之前被体验,这时,语言从内部被侵蚀,只能在破败的状态中走向光明。

我想谈论的当然是阿尔托。对他来讲,疯癫不是一种极其微妙的二重化再现,而是与最原初的思想结为一体的东西,是与身体结为一体的东西。

事实上,我之所以选择阿尔托（我本来也可以选择鲁塞尔或布里塞①）,当然是因为戏剧问题对他而言也是核心问题。

尽管他处在一种与我们刚才谈论的那种关系正相反的关系

---

① 关于让-皮埃尔·布里塞,参见福柯《青蛙的周期》(«Le cycle des grenouilles», 1962)和《七谈第七天使》(«Sept propos sur le septième ange», 1970, 分别收入《言与文（第一卷, 1954—1975）》,前引书,第 9 篇和第 73 篇,第 231—233 页和第 881—893 页。另参见福柯《疯癫的语言:疯癫中的语言》,1963 年 2 月 4 日在法国国家广播电视三台播放的广播节目（本系列的第五期和最后一期）,后收入《伟大的陌生者——关于文学》,前引书,第 51—70 页。

中;我的意思是说,对他来讲,戏剧事业(戏剧及其二重身)就处在他所遭受的邪恶中(处在那种被他自己叫作疯癫的空虚之中);而不是疯癫从内部凿开戏剧,不是疯癫使戏剧二重化。

1. 这里我就不再回顾关于他写信给里维埃这件尽人皆知的事了。① 里维埃说他拒绝接受阿尔托的诗作,是因为某种不协调,因为某种几乎是文体上的形式分歧。阿尔托回答说,这不是完美不完美的问题,而是一种内在侵蚀,一种侵蚀着他思想的恶,或者相反,是一种把思想从他那里夺走的恶,以至于他被剥夺了构成他存在之核心的东西。

这种内在的空虚,什么都不能把它消除,甚至语言也不能。而在语言中,文学尤其不能把它消除,以至于阿尔托写出的全部词语都在言说这空虚,指向这空虚,都产生于但又陷入这空虚,它们只有在丧失自己的运动中才能逃脱这空虚。

2. 然而,这种永远不能消除的空虚,这种使整个语言都处在微不足道的悬置状态的空虚,也被感觉是来自这个世界的:它是事物之空、制度之空、文化之空,是在任何记忆之外写下的所有词语之空,是一片荒漠。

但奇怪的是,这片无法改变的荒漠,阿尔托以二重的方式在戏剧中体验到了它。在戏剧中,胜过在其他任何地方,那虚空是空的;对他来讲,当代戏剧仿佛是空虚达到极致的那个反常之

---

① 阿尔托:《阿尔托与雅克·里维埃的通信》(«Correspondance avec Jacques Rivière»),收入阿尔托《作品集》(Œuvres),巴黎,Gallimard,2004,第69—83页。另参见福柯《疯癫的语言:疯子的沉默》,前引广播节目。

点——绝对的荒芜。尽管如此,也许正因为如此,戏剧恰恰是人们试图摆脱这种空虚的最佳的、最急切的表达方式。戏剧既是空虚的顶峰,也是空虚的歧点,如同最凹陷之处也是呼唤最迫切之点。

"在所有人类价值的混乱、**缺失**和扭曲中,[……]戏剧的概念可能是受损最严重的。"后面还写道:"戏剧是世界上最不可能挽救的东西。"①

然而,几个月之后,他写道:"在我们生活的这个恐慌的时代,在这个充满亵渎和无休止的背弃的磷光现象的时代,[……]我竟想到我可以做一种戏剧,我至少可以开始这样一种尝试,让普遍受到蔑视的戏剧价值获得新生。"②

那么,对于阿尔托来说,在这种极端的空虚中,在这种思想和语言的空虚中,回归的可能性是什么?面对吞噬着词语和世界的邪恶,戏剧这种"完全建立在虚幻力量上的艺术"③,能做什么?

事实上,阿尔托在戏剧里找到的,或他试图在戏剧里寻找的,并不是用来填补虚空的东西,他要做的是遍历整个虚空,直到它的极限,他要掘进到虚空的最深处,在那里找到一个处在原生状态的肯定。

残酷戏剧的第一种重要技巧:把言语还给声音,把声音还给身体,把身体还给动作,或还给肌肉,甚至骨骼本身。语言的幻觉

---

① 阿尔托:《阿尔弗雷德·雅里戏剧》(«Le théâtre Alfred Jarry»),收入阿尔托《作品集》,前引书,第 227 页。
② 同上。
③ 同上。

力量以一种全面的、系统的、暴力的方式重新跌回身体中最显眼的地方。把言语从词语的美妙仙境带回一种喘息和死神之舞中。

存在的不是文本的意义和精神,而是"文本的陈述所引起的空气流动,仅此而已"①。要"在人的身体的新的舞动中,击溃这个不过是凝固的虚无的微生物世界。残酷戏剧要让眼皮和肘部、膝关节、股骨、脚趾一起成双成对地跳舞,并且让人们看到这些"②。

第二种技巧:布景、道具、物品中不应有任何暗示的或象征的东西。舞台上的任何东西都必须是它本身。没有任何奇幻,只有细致入微的现实,使得台上台下进入一种绝对直接的空间交流。

但是,相反,戏剧的排演、演员的动作、他们在舞台上的移动、他们在舞台空间中停下和跳起的那些点位则必须是象征性的:讲一种不经过词语的无声语言。讲一种不同的、直接的、暴力的语言;一种既是占卜的又是预言的语言,它即刻揭示了"生命的必然性和梦的神秘相遇"③。

换句话说,用一种相反的结构来替代通常的戏剧结构(虚构布景中的真实动作和话语):在一个无情的真实空间中,展开一些说着另一种语言的动作和运动。

用施加于真实对象上的象征性行动的魔力来替代真实言语

---

① 阿尔托:《阿尔弗雷德·雅里戏剧》,前引文章,第 230 页。
② 阿尔托:《残酷戏剧》(« Le théâtre de la cruauté »),收入《为了结束神的审判》(*Pour en finir avec le jugement de dieu*),巴黎,Gallimard,2014,第 168 页。
③ 阿尔托:《失败戏剧宣言》(« Manifeste pour un théâtre avorté »),收入阿尔托《作品集》,前引书,第 233 页。

的幻觉力量。

3. 由此,人们通常理解的再现/表演(représentation)就消失了,取而代之的是,每天晚上都冒出一场绝对危险的行动,演员和观众都在其中遭遇强烈的危害,他们被悬在头上的这一行动的命定性所捕获。

"每演一场戏,我们都在玩一局严肃的游戏。[……]我们不是对着观众的精神或感觉说话,而是对着他们的整个存在说话。对着他们的存在,也对着我们的存在。我们在舞台上展示的节目里扮演我们的人生。[……]从此,[观众]去剧院就像去看外科医生或牙医。"①

4. 由此我们可以发现,戏剧的核心、戏剧的发源地(真正意义上的光源 foyer)、游戏开始并不断热闹起来的那个地方,不是台上,而是台下。台下,那封闭着观众的台下或许才是那些致命光线的交汇点。这些光线,为了能对观众形成绝对威胁,必须来自四面八方,就像一个统治着他们的王冠。

真正的戏剧或许是这样的:观众处在中心,[表演]②围绕在观众周围,他们在一个长廊里,前后接续的场景在长廊里同时展开,因为目光可以在任意方向,但始终在有意义的方向环视这些场景。

表演也不受任何时间法则的束缚,它高于一切目光,于是它

---

① 阿尔托:《阿尔弗雷德·雅里戏剧》,前引文章,第 228 页。
② 猜测;福柯先是写"戏剧",然后又把这个词划掉,换成"观众"。根据后文,福柯似乎是想说"表演"。

便会获得它真正的幻觉力量,它会统治周围的一切,超越观众注定要面对的这个中心之空。

阿尔托不断体验着这种吞噬着他的空虚。戏剧只是赋予其空虚一个特有的、协调的空间的一种手段。这个空间既是绝对危险的,又是绝对仪式性的。它不是一个需要填补的空虚,而是一个始终需要重新开启的空虚。

1937 年,在《存在的新启示》①中,他说:

> 我感到空虚已经有很长时间了,但我拒绝把我抛入空虚。[……]
> 我直到现在还感到痛苦的是,我拒绝了空虚。
> 那个已经存在于我身上的空虚。②

奇怪的是,阿尔托曾经最为关注的这种戏剧,他(在疯癫的全部过程中,为了战胜疯癫而)建造的这种反抗疯癫的戏剧,其结构

---

① 阿尔托:《存在的新启示》(«Les Nouvelles Révélations de l'Être»),收入阿尔托《作品集》,前引书,第 787—788 页。

② **福柯在页面底部补充道:**
1)这是其疯癫的形象
2)但同时这也是一种(不可能的)戏剧
 ——不是因为他是疯子
 ——而是因为要再现的是文学的本质:
   ——一种比词语更危险的原初语言
   ——一种神奇的力量
   ——神圣的和宗教的力量。

却与巴洛克戏剧完全相反。

例如,你们看一下这个观众处于中心的长廊戏剧,它是 17 世纪最常见的戏中戏的负面形象。

阿尔托通过这种威胁使观众的存在本身受到牵累。这种威胁与巴洛克戏剧在疯癫的插曲内部上演畸形人、吵闹者时所画出的那个保护环正相反。

巴洛克戏剧中的幻觉、人物混淆、面具、仅用词语即可驱散的身体,正是阿尔托试图使之成为唯一的戏剧之真的这些真实的、无可否认的、敏锐的身体的反面。

仿佛巴洛克戏剧和阿尔托戏剧是一条神秘的线,一面看不见的镜子的两边的两个对称的、相反的形象。

这条线是什么呢?

你们还记得,在前古典戏剧中,疯癫的作用是显示戏剧的戏剧性,展示戏剧的幻觉力量;也就是说,既拆除戏剧,又复制戏剧。

在阿尔托那里,戏剧是为他的邪恶提供空间,是以反转的方式复制邪恶;是要给他那中心坍塌的灵魂一个身体(或者更确切地说,成千上万的身体),是要在这个空间的极限之处跳舞,跳他的受迫害之舞。因此,这项事业绝不是为了驱除他的疯癫,不是为了让他走出疯癫,而是为了让他自己维持在疯癫中,靠他自己的力量维持疯癫。

# [三]

但你们会问我:这样奇怪的对比对我们有什么用呢? 关于疯

癫和一般意义上的文学,我们知道了更多的东西吗?① 即使巴洛克戏剧的疯癫和阿尔托的戏剧经验之间确实有某种相似之处,甚至在最坏的情况下,我们假设两者之间确实有您所说的这种亲缘关系,可我们在什么方面更接近于发现文学和疯癫的共同归属呢?②

如果你们愿意,让我们快速回到语言禁忌问题上吧。

你们知道,很长一段时间以来,人们区分了语言(所有说同一种语言的人都必须遵守的语言代码:词汇、语音和语法规则等)和言语,即一个人在某一时刻实际说出的话(它或多或少地遵循代码,至少足以让说同一种语言的人或理解同一种语言的人所理解)。

——那么,社会所拒绝的就可以是对语言的越界:语言代码允许说的东西,却被另一种代码(宗教、政治、家庭、伦理

---

① 指前一页页面底部增加的一段话:

首先是出于反心理学主义。

理智的人们对疯癫一无所知,对那个把他的疯癫的根本变成了一种戏剧理论的疯子也一无所知,他们会看到,疯癫的运作方式和语言的运作方式类似。

也就是说,疯癫不是一个无关紧要的、多变的文化主题,不是一个被移植到文学作品中的个体经验,而是语言相对于自身的一种自主的、恒定的功能,

——如同批评

——如同死亡

这个功能是心理学无法阐明的(鲁塞尔)。

② 文学和疯癫的这种共同归属是福柯著作中反复出现的主题。关于这个主题,参见福柯《疯癫,作品的缺席》,前引文章,第440—448页。

代码)视为禁忌。我们可以把越过这种禁忌的人称为"巫师",他说出不该说的话(《天主经》中的巴力西卜)或颠倒句子成分的顺序(倒着读弥撒)。

——但社会也拒绝对语言意义的改变,也就是说,在某种程度上,社会反对词语说出与词语含义不同的其他含义。总之,社会反对作为代码的语言受到侵犯。这种语义上的违规,就是异端(我称之为"异端",是出于约定俗成,因为也可能会涉及世俗社会和非宗教的越界)。

——最后还有第三种类型的越界(通过自我包含的方式):这种越界在于,语言(或代码)被拉入言语中,在言语中冒险(人们假定,现在,在言语支配一切的时候,言语掌握着代码的全部规则),而作为交换,言语应该等值于一种语言。

言语让语言经受的这种颠倒和极端危险,我们在什么时候会遇到它?在三种情况下会遇到:

——第一种是纯粹的情况:密教;在一句说出的话中藏着它自己的代码(但这个代码在别处,被别人掌握着);

——另外两种情况(并不总是容易与第一种情况区别开来)是疯癫和文学。从弗洛伊德开始我们就知道,疯癫是掌握着自己密码的言语。

至于文学,我们并不是要说,语言的规则在文学中不起作用,语言的规则在文学中或许比在任何其他地方都更起作用(如果是一位优秀作家);而是要说,从文学开始的那一刻起(对作家和读者而言),危险就在那里了,或者至少可以说,语言被牵连和被吞噬到书写之言语中的风险就在那里了；无论文学此后是发生变形（如龙沙或夏多布里昂）还是始终如一（如伏尔泰、纪德或加缪），它都穿越了同样的风险。

这就为你们解释了为什么文学与密教是近亲（文学隐藏在密教之下，让人以为它遵循另一个外在的和隐匿的代码，而这个代码其实就在那里，在文学自身，具有不可察觉的可见性）。这也解释了为什么文学似乎经常越过语言的禁忌（施展不可言说之巫术——不可言喻或不可命名之巫术），为什么文学经常接近于异端（想象层面的幻想之异端，或概念层面的思想之异端）。

但文学的本质既不在密教中，也不在异端中。文学的本质最接近疯癫，它就在言语置语言于极端危险之境的行动中。

文学之所以经常需要表现疯癫（从荷马和大埃阿斯①的沉醉开始，文学就从未停止过表现疯癫），那是因为文学在疯癫中找到了自己的映象、化身、形象。也就是说，文学找到了自己的密钥。

虽然文学把自己的代码放在言语中，虽然文学不提供自己的代码，它却让人们能看见文学是什么。文学明确地说，当它在疯癫（文学的这个非自愿的化身）中再现自己的时候，文学的密码就在其自身。这就是为什么巴洛克戏剧中的疯癫始终在表现戏剧的戏剧性；这就是为什么阿尔托在谈论他的戏剧时，称它为"戏剧及其二重身"。

然而，区别，不可忘记的区别在于，在巴洛克时期，人们正

---

① 大埃阿斯的疯癫这段故事不是荷马讲述的，而是索福克勒斯讲述的。参见索福克勒斯《大埃阿斯》，前引书，第 429—436 页。

在建构一种文学,那时的疯癫还只是一个隐隐约约的单薄形象,仅在展示戏剧中的戏剧、语言中的语言的那个时刻才出现,然后很快就消失了,让古典文学的那种平静而流畅的语言继续占主导。

对阿尔托来说,幻觉戏剧不是内在于戏剧中的一个形象,而是戏剧的开启、是张开的巨口、是深渊。它不是在文学言语内部以反讽的方式展示文学的本来面目,而是要通过暴力将文学带回文学的本来面目,带回文学最赤裸的存在,带回远在文学之下的、远非文学的那个东西,带回疯癫的纯呼喊,这呼喊是文学的最高化身。

我们可以看到,为什么疯癫会对文学产生人所共知的诱惑力,为什么文学总是从疯癫中认出镜子的主题。

这是因为,疯癫的确是文学的镜子,是向文学反射其自身形象的虚构空间。

——既然文学通过把自己主动[建构]①为语言的规则来再现文学本身,那么疯癫就是文学的形象:这是[智慧的]②疯癫,它展示戏剧的戏剧性、文学的文学性;

——既然文学把自己体验为一种绝对的危难,语言在其中有丧生的风险,那么疯癫仍然是文学的形象:这疯癫把言语之下的呼喊展示出来,让言语脱离一切意义。

疯癫的确是文学的游戏空间,是文学要遍历的区域。对于这个区域,只有这个挥之不去又微不足道的二重身在界定着它的每

---

① 猜测;字迹难辨。

② 猜测;单词难以辨认。

一端。这个二重身以最残酷的方式掌握着文学的虚构之真。①

---

① 在第 57 号档案盒的第 1 号案卷中,有一页单独的稿纸,似乎是为这次讲座撰写的另一个结语:

对文学而言,表现疯癫,或者从一种疯癫体验出发建构自身,这归根结底就是展示文学本来的面目,就是用一个形象来言说文学自身的真相。不足为奇,在文学中,疯癫总是围绕着镜子的主题来组织。疯癫被认为能在它的虚构空间中给出世界的真相;事实上,疯癫非常晦涩地说出了某种与文学存在有关的东西。

但是,当然,疯癫并不总是以同样的方式说出这些:

——在巴洛克时期,疯癫以游戏的方式折射出一种正在构建为作品的语言。它是一个转瞬即逝的瘦削形象,它展示戏剧的戏剧性,展示语言的语言。

——在阿尔托的时代,在我们的时代,疯癫以暴力的方式把文学带回这个简单的真相,带回文学存在的这块岩石(在这里,文学发现了它的本来面目),带回这种吞噬和掏空文学的运动(当文学发现自己纯粹是、仅仅是一种语言时,文学就被吞噬和掏空)。

但在这两种形式下(一种是增加再现的虚幻力量,另一种是继续危险的、独一无二的、无限重复的节日),疯癫或许都在界定着文学的游戏空间,界定着文学要不断走完的距离,界定着文学要超越的那些边界。在那些边界之外,在深渊里,仿佛在一面镜子的最近又最远的深处,文学看到一个陌生形象显露出来,那就是文学本身。在每一个这样的极点上,在这些边境区域,在这里,尽头也是开端;在这里,白日到来之时也是黑夜降临之时;在这里,文学被这个挥之不去、微不足道的化身纠缠着。这个化身以残酷的方式,掌握和劫取了文学的虚构真实、文学的真实虚构。

# 文学与疯癫
## [雷蒙·鲁塞尔作品中的疯癫]①

La littérature et la folie
[ *La folie dans l'œuvre de Raymond Roussel* ]

① 法国国家图书馆,福柯档案,编号 NAF 28730,第 57 号档案盒,第 1,3,6 和 7 号案卷。

## [一]

不存在没有疯癫的社会。没有哪种文化不在它的边缘为那些被称为"疯子"的人留出位置。

世界上没有一个社会不存在这样一个奇怪的类别,没有一种语言不拥有一个指称这个类别的词。在一个社会里,疯子不是可以避开的,不像肺结核病人或癌症患者那样;这些病人现在既存在着,又随时会消失,一旦人们找到了治疗这些疾病的合适药物。

疯子的存在则属于另一种性质。

—— 首先是因为,在疯癫这个类别中,不仅有精神病患者(医学含义上的),也有一些并没有生病的人,还有一些事物:一些被称为"疯癫"的艺术作品、句子、书、各种生产制作的产品。

是语言滥用吗?大概不是。但或许因为疯癫是一种多少有点秘密的、多少有点明显的分类原则和组织原则;是社会在这两个存在领域之间自发进行的二元分配规则:理性和非理性。

——然后还必须记住,这种分配在不同的社会中是不一样的。也许除了在这里或在美拉尼西亚社会(sociétés mélanésiennes)中被认作疯子的一小群人之外,疯癫的定义是极为多变的。人种学家经常注意到,他们所选择的作为信息提供者的土著人,那些在他们看来最有能力就他们所属的群体说出理智之言的人,恰恰被他们的群体认为是偏离常规的和不理智的人。

在时间流逝的过程中,在同一个社会,人们可以观察到非常大的变化。在西方基督教社会,某些宗教活动或准宗教活动,如魔法或巫术,长期以来都属于被禁止的领域。它们只是在近期才进入不理智的领域。

这可能是因为,疯癫不是一种自然现象——不是地球上所有人都会一致面临的一种病理风险。疯癫是在任何人类文化中都能找到的一种普遍的划分功能,但它在一种文化或另一种文化中的作用方式是不同的。每一种社会形式、每一种文明都有自己的划分法则和标准。在一个社会的整体层面上,疯癫不是一种偶然现象,而是一个分配事实。

这一显见性被掩盖了,因为我们现在认为疯癫和疾病在结构上是相同的。

但并非处处都是这样,也并非从来都是这样。

直到1780年前后,疯癫在西欧有两种截然不同的社会功能和两个截然不同的经验领域。

——一个涉及精神疾病,包含一系列法律和医疗措施。

——另一个涉及这样一类人,他们被指认为精神失常者、失去理智者、精神错乱者。他们没有得到任何医学治疗,也没有涉及他们的严格的法律措施。他们被关进一些在我们看来完全是专横无理的,但在当时却符合一些完全明确的要求的环境里。

然而,18世纪末发生的事情是,在西方思想中,疯癫的划分和精神疾病的定义之间出现了叠合和混淆。人们认为可以将非理性的范畴与病理学的范畴进行严格的对准。人们提出了一个在我们看来仍然是不证自明的公理：**以前那些时代的疯子或精神失常者只不过是一些病人，但那时人们还没有能力把他们认作病人**。人们这样想，当时的医学太不发达了，还无法要求把这些人并入医学领域。但那时人们希望，以后的任何疯癫体验都将能在疾病的范畴内得到化解。

但他们其实没有考虑到某些社会功能的自主性，这些社会功能完全可以接受一种关于生命、身体和疾病的实证知识，却从来不会把自己完全简化为这种实证知识。

请看一下在死亡这件事情上发生了些什么。死亡是最具强制性的生物学事实。然而，在任何社会中，一个人的死亡总会引发一种与单纯的死亡观察完全不同的特定功能。这种功能出现在围绕死亡的仪式中，这种仪式通常只在生物死亡很久之后才宣布社会死亡（丧事），但有时也会在去世之前（在疾病、定罪甚至衰老的情况下）宣布社会死亡。今天，尽管医学是对死亡做出科学定义（死亡时刻，死亡原因）的机制，但围绕死亡、歌颂死亡、圣化死亡的那种社会功能远未消失。

疯癫的情况也一样：尽管医学试图将疯癫经验并入精神疾病，但疯癫经验仍然是偏离行为病理学的。

因此才会有这些重叠、这些过失、这些边缘而又顽固的现象，它们表明，疯癫无法简化为精神医学。很难说某些罪行偏常或性偏常是不是疾病。人们对疯子的态度模棱两可（疯子既被认为处于危险中，也被认为是危险的）。并且，对疯癫和文学之间关系的体验是非常奇特的（应该说疯癫与艺术的关系；但对于一次座谈来讲,这个话题太大了)。

## 二

疯癫和文学的关系其实并不是从19世纪才开始的。我们甚至可以说,疯癫和文学的关系是恒定的——恒定得令人惊奇。有过一些没有战争的文学、没有爱情的文学;但不论在一个时期,还是在另一个时期,都不曾有过不涉及死亡和疯癫的文学。

自大埃阿斯①的愤怒以来,疯癫一直存在于西方文学中,但会有一些特别重要的时期、一些高峰时期。疯癫可能从来没有像今天这样和像整个16世纪那样经常被表现:我想到的当然是伊拉斯谟,是塞万提斯,但也想到伊丽莎白时代的戏剧和我们可以称之为巴洛克戏剧的法国17世纪初的戏剧。

但在我看来,当代的疯癫经验的性质与这一悠久的传统有很大的不同。

我想通过几个例子,对过去和现在的这些疯癫经验做一个简短的描述(同时我也一直牢记,无论过去还是现在,这里都不涉及对精神病患者的现实主义的医学描述)。

[A.] 在16世纪,疯子是一个把自己当成别人的人:
——他活着,却以为自己死了(参看罗特鲁的《疑病症患者》②)。

---

① 参见索福克勒斯《大埃阿斯》,前引书,第429—436页。
② 罗特鲁:《疑病症患者,或死亡恋人》,前引书。

——他很富有,却以为自己是个穷人;他是可怜的骑士,却以为自己是大侠(堂吉诃德)。

　　——他被人爱,却以为自己被人恨;或者他又老又丑,却以为自己被爱着。

反过来,他把这些人当作那些人。在《卡丹纽的疯癫》①中,卡丹纽把每个人(甚至他避难的森林里的树,甚至理发师)都当成了卢辛达。

因此,疯子是最伟大的令人惊讶的变形工具。他组织了一场同与异的大游戏。由于这些疯癫的片段通常总是和伪装、变装、误会之类的波折组合在一起,我们可以想象这一切会产生多么难以理清的纠缠。

但这个极其复杂的游戏只引出一个结果:让一个更深的、更隐蔽的真相浮现出来——一个前所未知的真相。疯癫使人看到看不见的东西。疯子把一些人当作另一些人,把自己当作别人,但反常的是,他却能让真相赤裸地显露出来。② 堂吉诃德把16世纪西班牙那个拥挤不堪的、贫困的、贪婪的、往往怪诞不经的小世界显露出来,同时他也揭露了这同一个西班牙为之欣喜若狂的那些骑士小说的谎言现实。同样,哈姆雷特,从他的忧郁深处,让看不见的真相显露出来:他父亲的被害,最初只是被他作为一个戏剧虚构来描绘,但它逐渐变成了这出戏本身的真相。

于是,疯癫具有了双重作用:它展示事物和人的真相,它揭发,它揭露;与此同时,它又构成文学的一个形象,是某种内在于

---

① 皮舒:《卡丹纽的疯癫》,前引书。
② **在页边**:疯子就像真实的一样。

文学的二重身。《堂吉诃德》①是一部通过疯癫来表现其他小说的小说;《哈姆雷特》②是表现另一个剧本的剧本。文学仿佛借助疯癫的游戏,自我分身,自我反射;疯癫仿佛在文学面前放了一面镜子,文学在镜子中照见自己。疯癫的作用不仅在于通过诡计来展示事物的真相,而且在于说出文学、戏剧和小说的真相(以谎言的真实和真实的谎言的含混作用来彰显这种真相)。③

B.然而,自19世纪以来,疯癫在文学中的作用似乎完全不同,不再是一种表现和形象的作用:人们不再为了表现文学而表现疯癫,而是在疯癫之中体验什么是文学。

疯癫变成了作者本人的主体经验:仿佛疯癫和写作从一开始就属于对方。我想到的当然是那些曾在精神疾病中有过文学经验的作者,如奈瓦尔或阿尔托,但我也想到这样一些人,他们有过一些医学上无法定性的经验(是不是病?),但这些经验对他们而言,相当于对疯癫和语言的双重经验(如写作《疯子回忆录》时期的福楼拜④,图尔农[Tournon]时期正在写作《依纪杜尔》⑤的马

---

① 塞万提斯:《堂吉诃德》,前引书。
② 莎士比亚:《丹麦王子哈姆雷特的悲剧》,前引书。
③ **在页边**:内在于语言的镜子。就像那些表现镜子的画作。
④ 福楼拜:《疯子回忆录》(*Mémoires d'un fou*,又译《狂人回忆录》),收入福楼拜《青年时期作品集》(*Oeuvres de jeunesse*),第一卷,巴黎,Louis Conard,1910,第483—542页。
⑤ 马拉美:《依纪杜尔,或埃洛希姆之子的疯癫》(*Igitur, ou la folie d'Elbehnon*),收入马拉美《作品全集》(*Œuvres compliètes*),"七星文库",巴黎,Gallimard,1961,第433—451页。

拉美,当时他可能正经历着人们所说的抑郁症发作);我想到所有那些在他们的语言视野中召唤着令人憧憬的疯癫之火的人,比如超现实主义者;还有那些借助毒品,人为地、精心地筹划这种疯癫之火的人,比如米修。

这可能是一种非常复杂的体验,写作、疯癫和精神疾病相互交织和纠缠在一起。有人立刻会问:阿尔托发病之前几乎只写过一些少年诗作,对于像他这样的人,疯癫体验难道是成为作家所必需的吗?毕竟精神病患者有很多,但是他们并没写出任何有价值的东西。因此必须已经是大作家,才能同时是疯子和大作家。

事实上,这些没完没了的争论可能没有多大意义:它们不比那些关于天才诞生条件的争论的意义更多或更少(也就是说,总体上意义很小)。

然而,在当今这种写作与疯癫的联系中,有一些谜一般的东西,它或许提出了这样一个问题:在今天,文学是什么?

我想举一个非常单纯因而也就非常复杂的例子。当然不是为了解决问题,而是为了尝试衡量一下问题的规模。

这可能是一个比较罕见的案例,创作、疯癫经验和精神疾病正好叠加在一起,形成了一个独一无二的形象。

这个案例就是鲁塞尔①,一个在他那个时代只有超现实主义

---

① 鲁塞尔的形象对福柯思考的重要性是众所周知的。具体参见福柯《雷蒙·鲁塞尔》,前引书。另参见:《鲁塞尔作品中的说与看》(«Dire et voir chez Raymond Roussel»,1962,这是 1963 年版第一章的初稿);《为什么要重版鲁塞尔的作品?——我们现代文学的先驱》(«Pourquoi réédite-t-on l'œuvre de Raymond Roussel? Un précurseur de notre littérature moderne»,1964),收入

者才知道的作家(他生活在1877至1933年间)。但从那个时代起,他的重要性和地位一直在不断上升。通过新小说,通过罗伯-格里耶①的作品,人们发现,鲁塞尔的那种语言体验已经是当代文学的体验了。

从17或18岁开始,鲁塞尔就是一个严格意义上的病人。并且皮埃尔·雅内②也是把他当病人来归类和治疗的。③他表现出的症状可以被认为是强迫性症状(雅内称之为精神衰弱症[psychasthénie];从弗洛伊德开始这类症状被称为神经官能症[névrose];按照现在的说法,所有处在神经官能症和精神分裂症[schizophrénie]之间的形式,可能都属于"神经分裂症"[schizonévrose]。当

---

《言与文(第一卷,1954—1975)》,前引书,第10篇和第26篇,第233—243,449—452页;以及很久之后的《一种激情的考古》(«Archéologie d'une passion», 1983),收入《言与文(第二卷,1976—1988)》,前引书,第343篇,第1418—1427页。还有一些关于鲁塞尔的广播节目:《雷蒙·鲁塞尔》(«Raymond Roussel»),1962年11月21日在法国国家广播电视三台播出的节目;以及仍然是在法国国家广播电视三台播出的与罗歇·弗里尼(1963年6月11日)和罗歇·格勒尼耶(1963年6月27日)的两期访谈节目。

① 关于罗伯-格里耶,参见福柯《距离,面貌,起源》(«Distance, aspect, origine», 1963),收入《言与文(第一卷,1954—1975)》,前引书,第17篇,第300—313页。福柯在文中特别评论了《嫉妒》(La jalousie, 1957)和《密室》(La chambre secrète, 1959)。

② 皮埃尔·雅内(Pierre Janet, 1859—1947),法国心理学家、精神病学家。——译注

③ 皮埃尔·雅内在《从焦虑到狂喜》(De l'angoisse à l'extase,巴黎,Librairie Felix Alcan,1926)第一卷第116—119页中借马夏尔(Martial)这个名字讲述了鲁塞尔的案例。

代精神病学不论是在强迫性行为方面,还是在歇斯底里迹象方面,都非常关注这些介于两者之间的形式)。

——他在十七八岁的时候,有过一次眩光经历,感觉有一道奇异的光从

[⋯⋯]①

一个纪念品笔杆的透镜里嵌着一张小照片。

——他作品的另一部分也有同样的强迫症特点,甚至更奇怪。他随机选择一些现成的句子("J'ai du bon tabac")②,从中提取一些近似的音,以这些音为基础,组成一系列单词,作为一个新故事的主线。这是对语言中的偶然性的一种处理方式:让句子服从于音素的爆炸,声音的骰子一旦落下,如此形成的形象就用来建起一座新的语言大厦。③

然而,他作品的这两个方面恰恰涵盖了现代文学的那些最重要的经验:

——把偶然引入文学语言;幻想不再是从想象的那些老旧常数中诞生的,而是从语言的裂缝、洞开和撞击中诞生的。

——构建一种语言,这种语言不再是一种发明,不再是

---

① 有一页手稿没有找到。

② "J'ai du bon tabac"(我有好烟)是法国18世纪流传下来的一首民歌的首句。——译注

③ 福柯此处是指鲁塞尔写作时用到的手法。鲁塞尔在《我的几本书是怎样写成的》(*Comment j'ai écrit certains de mes livres*,巴黎,Jean-Jacques Pauvert,1963,第11—25页)中描述了这些手法。参见福柯《雷蒙·鲁塞尔》,前引书,第21—64页。福柯后来在《七谈第七天使》(前引文章,第881—893页)中讨论布里塞(并略微论及鲁塞尔和沃尔夫森)时再次回到写作手法这个主题。

一个主体性的原初表达,而是[作为]一种已经说过的语言的重复(有着系统变化的重复):认为文学不是用思想、感情或印象写成的,而是用语言写成的,是用语言的内在法则写成的。文学只存在于语言的某种游戏空间中。

——发现了与事物之间的奇异关系;文学的目的不是彰显事物或祛魅事物,不是让事物震颤或歌唱,而首先是说出事物——把事物引入语言,把语言引入事物,构成一个为事物和词语所共有的空间或肌理。

——还发现了一种完全白色透明的文字。文学不是由词语的内在美或华丽构成,而是由语言存在本身的变异构成的。文学不是对词汇或句法的选择;文学是语言与自身、语言与事物的关系的某种存在方式。①

---

① **在一页单独的手稿上,福柯写道:**

然而,所有这些之所以支配着当代文学,仅仅是因为这些都是当代文学从下面发出的闪光;我的意思是说,鲁塞尔的经验是面对词语的绝对而原初的力量时的惊讶;这是一种既令人熟悉又令人不解的力量,它使词语能够命名事物并使事物显现,它使词语的游戏和词语的碎片能产生不可能的东西;它使这个如此实用的、完全是用于交流的工具,竟能通过对其存在的篡改,变成一个笔直的、不及物的、无用的形象,这个形象被人们叫作文学。

鲁塞尔的疯癫把处在乳胶状态的文学形象呈现给我们;它以最原始的方式讲述文学可以怎样诞生;它是词语的最早力量的镜像再现。

我关于鲁塞尔的谈论也适用于阿尔托。

只不过,阿尔托的经验并不是对语言初始力量的经验,而是对语言崩溃的经验。

里维埃在阿尔托的早期诗歌中注意到的这些崩溃、无能和中心塌陷,阿尔托本人并不能填补它们。阿尔托的语言就是他的语言崩溃本身,而他悖谬地[想]让人们在他的戏剧中看到的,正是他在作品中遍历的这种空虚。

所有这些都是超现实主义者以及莱里斯①、布托尔②和罗伯-格里耶等人在鲁塞尔的作品中实实在在发现的,以至于罗伯-格里耶为了致敬鲁塞尔,曾想把《窥视者》③取名为"视"④。

这时就提出了一个纯粹的问题:

——一个直到 17 岁之前还只写一些小曲的人,他病了,成了医学意义上的病人。他在与自己的疯癫的直接关系中开始写作,写了一系列作品,这些作品甚至不像奈瓦尔或阿尔托那样是在与疯癫抗争,而是安详地用语言把强迫症的经典大结构翻译了出来。

——于是,他在现代文学基本要素存在之前(1897 至 1914 年间)就发明了这些要素,以至于布勒东⑤、莱里斯、罗伯-格里耶、布托尔等人都陆续发现,鲁塞尔是他们自己的"发现者"。

## 三

毫无疑问,这种现象从未发生过。无论如何,它以最明晰的方式开启了当代文学与疯癫之间的关系问题。

---

① 莱里斯:《鲁塞尔和他的伙伴们》(*Roussel & Co.*),巴黎,Fayard,1998。

② 布托尔:《论现代人》(*Essai sur les modernes*),巴黎,Minuit,1957,第 199—221 页。

③ 罗伯-格里耶:《窥视者》(*Le voyeur*),巴黎,Minuit,1955。

④ 《视》(*La vue*)是鲁塞尔 20 岁时写下的一首 5586 行长诗。——译注

⑤ 布勒东:《黑色幽默选集》(*Anthologie de l'humour noir*),巴黎,Le livre de poche,2013,第 289—303 页。

我们找不到遁词,我们不能说我们面对的是一个疯了的作家,因为对他而言,疯癫经验和文学经验是一回事;也不能说他是一个通过疯癫而进入一种已然存在的审美体验的人。必须承认,他是一个严格意义上的精神病患者;他在疾病所提供的空间里,发现了某种语言经验,而文学只是在事后才在这种语言经验中认出了自己。

然而,如果稍微仔细地观察鲁塞尔的作品,我们就会发现这是一种既晦涩难懂又非常清晰的文学。

非常清晰,因为它说出的话没有任何含糊不清、混乱或影射的地方,所有的词都是日常使用的,句法也很清楚。

但又晦涩难懂,因为人们马上就会提出这个问题:为什么会这样?为什么要这样没完没了地描述?为什么要用语言游戏来建筑这些幻想的、荒诞的故事?

这部作品如此晦涩难懂,以至于布勒东和超现实主义者认为它是深奥的,蕴含一种神秘含义。

事实上,鲁塞尔的作品确实隐藏着某种东西,但它所隐藏的东西,也是它展示最多的东西,即语言。他每一篇文本的秘密都是对语言的特性和可能性的探索。也就是说,鲁塞尔在文学之下,为语言做清点(清点语言的命名能力、描述能力、改造能力、任意构造能力)。

或许是从马拉美开始,尤其是从超现实主义者和当代作者开始,20世纪的文学正在发现:文学是由语言构成的,文学并不是用一种多少有点改变的语言去说一些多少有点新鲜的事情,文学目前的作用是深化、揭示、改变文学与语言的关系以及文学作为语言的存在。

借用语言学家的词汇,我们可以说,当代文学不再是一种内含于既成语言的言语行为,而是一种损害、质疑、包裹着构成它的那种语言的言语。文学是一种包含它自己的语言的言语。

然而我们知道,从弗洛伊德开始,疯癫恰恰就是这样一种言语,它并不是荒谬无意义的,而是本身自带密码的言语,因此我们只能根据它说出的话来破解它。疯癫不遵循任何一种语言(因此它是荒谬无意义的),但疯癫说出的话中包含着它自身的代码(因此它是有意义的)。

那么我们可以理解,在今天,疯癫与文学之间的这种令人迷惑不解的汇通是怎样形成的。它们是两种相近的、很可能是相邻的语言经验,仿佛是各自相互映照的形象,以至于它们之间的这面镜子的不真实空间每时每刻都在同时打开和消除一段距离和一种认同。

在古典文学中,疯癫只是一种被表现的内容。在文学作品内部,疯癫是作品的一个小形象(当然是频繁出现的形象,但从来都不是必不可少的),它使作品二重化,以显示作品的力量,同时又拆除作品的威望。疯癫揭露作品,重复作品,彰显作品的悖谬真相(就像在绘画中有一面镜子映照出绘画本身①)。

---

① 人们当然会想到马奈的画作《福利·贝热尔的吧台》(*Un bar aux Folies Bergère*,又名《女神游乐厅的吧台》),在这幅画中也含有一个被画作呈现出来的镜像反射。福柯1971年在突尼斯举办的一场演讲中讨论过这幅画。后来,他计划写一本关于马奈的书《黑色与彩色》(*Le noir et la couleur*),法国国家图书馆的档案部保存着这本书的一些痕迹。关于马奈,参见福柯《马奈的绘画(附:米歇尔·福柯,一种目光)》(*La peinture de Manet, suivi de Michel Foucault, un regard*),赛松主编,巴黎,Seuil,2004。福柯在他的《思想日记》(*Journal intellectuel*,

在当代文学中,疯癫和文学仍然处于一种镜像状态,仍然是彼此的二重身。但这次它们不再安置于一种既定语言之中(文学不再使用这种它安置其中的语言,疯癫不再安置于文学中);疯癫和文学现在都处在语言之外,是两种奇特的、边缘的、越界的经验,它们在自己的空间里掌管着自己的规则、自己的密码和自己的语言。

我刚才一开始就说过,不存在没有疯癫的社会。我们还可以说,还应该说,没有一个社会允许什么都说。语言就像行为,它不是一个一切都被允许的无限开放的领域。

但是一个社会强加给语言的限制是多种多样的。

——有一些限制来自语言本身(语言的结构和规则)。如果你违反了这些限制,你不会受到惩罚,但你就不会被理解。

——有一些限制涉及某些词,这些词在语法上是说得通的,但它们携带着某种宗教的、性的、道德的和魔法的超负荷,以至于它们不能被使用(单词禁忌或短语禁忌)。否则你会受到各种[惩罚]①。

---

收藏于法国国家图书馆)中也提到了凡·艾克的《阿尔诺芬尼夫妇像》(*Epoux Arnolfini*)和安格尔的《德豪森维尔子爵夫人》(*Vicomtesse d'Haussonville*)。因此,我们处在委拉斯开兹的《宫娥》(*Les Ménines*)的相反配置(configuration)中。福柯在1966年的《词与物》一书开头对委拉斯开兹的《宫娥》进行过精辟的分析,这幅画把来自画框**之外**的东西(国王夫妇)的镜像反射置于画面的中心。

① 猜测;单词难以辨认。

——有些事情从语法上说是[正确的]①,使用的词是被允许的,但词的意义不被允许。这就是那些审查现象,它们以各种各样的制度形式存在于所有文化中。

——最后,有一些言语行为虽然很少受到文化的谴责,但也很难被文化所容忍。这些行为包括使用一种或多或少(形式、词汇和意义上)正确的语言,但它只是表面上服从于大家的语言;事实上,这种语言自身包含着自己的代码和语言,因此它只对理解它的人开放。

对这种语言,一个社会从来不会完全接受。当然,在今天,它至少不会受惩罚;但它会被边缘化,被打上偏离常规的标记。②

---

① 猜测;单词缺失。
② **此处夹着下面这页手稿:**

然而,这类语言只有两种:疯癫和文学(而不是密教,后者遵循另一个代码)。

文学,每当它质疑自己、拷问自己是什么时,就会把疯癫作为自己的形象、化身和类比。

——戏剧和小说曾经是文艺复兴和巴洛克时代的伟大虚构语言。当戏剧和小说在16世纪末开始拷问虚构的力量时,这种虚构语言就是在疯癫这种包含自己的代码、言说其真相的言语中表现自己,在疯癫中仿拟自己。不是文学仿拟疯癫,而是疯癫仿拟文学。

——如今,文学再次质疑自己,但不再是作为真相,而是作为语言。文学在一种自我包裹的语言经验中开始自我拷问和自我批判。

疯癫,以其嘲讽,成为文学的批判意识。

[这不同于]哲学(笛卡尔和尼采)。

如果我们想到弗洛伊德之后的精神疾病又一次变成了疯癫,那么我们就会明白,文学的批判意识现在已经变得非常[接近]疯子的抒情意识。不再是疯癫形象可以作为文学形象的反射,而是疯癫经验本身可以言说和陈述文学存在本身。

从文学不再服从于修辞、形象或思想的代码之日起,它就变成了它自己的语言(这发生在19世纪末,大约从马拉美开始);从疯癫显示为一种语言内在于言语的奇特的言语现象之日起,疯癫和文学的某种[共同]①经验就正在形成。

疯癫和文学成为两个孪生形象,至少是在那种使它们诞生的经验的层面上——语言的层面上,那种语言丢失在使这两个孪生形象浮现出来的言语中。

但是,或许有一天,文学将再度蜕变,把疯癫经验留在原处,彻底抛它而去,除非——谁能说得准呢——文学的命运就是永远在疯癫中拥有自己的形象和化身。

---

① 猜测;单词难以辨认。

# 现象学经验
## ——巴塔耶的经验①

L'expérience phénoménologique
 – l'expérience chez Bataille

① 法国国家图书馆,福柯档案,编号 NAF 28730,第 54 号档案盒,第 9 号案卷。

对现象学而言,哲学经验是一种在必然的可能性领域里的缓慢行进——这种方法步骤始终要求有一个决定,根据这一决定,它非常严格地受到所有可能的变化必然展开的引导;这一行程一开始就处在一种本质的必然性的星座的影响之下,这种必然性比这一行程稍微先行一步,但会不停地走在它的前面,直到把它引向其终点。巴塔耶的经验只是追随了布朗肖的愿望——让经验本身成为权威,从而颠倒了哲学行程的**意义/方向**(*sens*)和走向,把群星和天空都卷入其步伐的绝对主动性中。这种经验找回了自己的自由,但这样说还不够,还应该说,经验把它的自由之剑的剑身翻转了过来:不再自由地运用必然性,或幸福地接受权威——而是以权威的原初姿态,让自己成为权威,成为**创造**自己的权威,它建立于自身,沉思于自身,在自身的扩展中运用自身。这是一种经验自由,它不再画出一条用于分割的直线,而是举起权杖,圈定、召集、统治。它不再是一种苦于和解的精神,不再是一种忠实倾听自己的意识,也不再是一个始终与最原始的自己相错位的主体;而是通过**它所证明的权威和构成它的证明的权威**去驱散所有的起源神话学、所有的异化之鬼魂——经验自由与所有遗忘自我的意识形式决裂,它抹除了所有的奴隶意识的面孔。它使所有召回或释放的努力都立刻徒劳无效,因为它没有失去它自己的任何东西,它没有任何先于它的祖国,任何天空都没有决定它出生的命运:在它发挥主动性的那一刻,它担负起它的全部主权。它所建立的,不是一种实践,不是一种行动,不是一种任务,而是一种统治。

但统治本身也是一场与可能性的游戏;如果统治的自由运动不能以一种平行的忠实沿着必然性之路前进,它难道不会在命运的十字路口与必然性之路相遇吗?主权难道不会在事件中与忠实所追求的任务相遇吗?说到底,主权难道不是一种暂时与命运分开的忠实吗?确实如此,但这只适用于那些沉睡的主权,那些——像孩子游戏一样——在可能性的花园里行使的主权:法官的主权、政客的主权、那些鉴察人心和肺腑的人的主权、哲学家的主权。他们即使遍历所有的可能性,可能性的可能性依然存在——这就是所有这些人的失败之处,这就是他们的苦恼之处:法官战胜不了死亡,政客战胜不了历史,教士战胜不了生命,哲学家战胜不了哲学。为了让正义存活,必须在复仇中杀死正义,让它每天都丧生在血泊之中;为了让政治存活,必须在历史的终结中扼杀政治;为了让心灵的宗教存活,必须在宽恕中杀死心灵的宗教;为了让哲学存活,必须使哲学变得不可能,并允诺它将在一种本体论中终结。这里就是一个**决定**因素,它表明**决定性**以**决定性**的方式落空了。因为,经验,及其权威的分量,并不在于遍历所有的可能性,而在于跨越可能性的领域,**切切实实地**抵达不可能性的那条不可能抵达的界限。现象学,在它穿越可能性之旅的尽头,遇到了 Urgegebene①,在这个点上,诸多可能性的可能性坠落在一个仍未言明的本体论的厚度上。巴塔耶的经验转瞬之间划

---

① Urgegebene,德语,意为"原初的给予",海德格尔后期思想的一个核心术语。——译注

过可能性,他那高于可能性的主权就在于,他一举抵达了可能性的极限,并从此开始守夜,像天边的黎明一样,不断地把黑夜推到可能性的外部边界。而它所遇到的,它所照亮的,恰恰不是已经升起的存在之白昼,而是存在的缺席——或者更确切地说,是一种可能性在其中窒息的缺席;也就是说,在那里,存在**是不可能的**,黑夜让至高无上的不可能性统治一切,把作为存在的绝对在场的不可能存在之谜带到它的厚度的最深处。经验的目光正应该一直向着这种没有白昼希望的深度开启。

发现那些只在沉默中存在的事情:色情、淫秽、《今夜罗伯特》①中的克洛索夫斯基——那些只以缄默不语的状态存在着的事情,却被言语亵渎、强暴,恰恰被言语变成了淫秽、色情的东西。性经验因沉默而获得其神圣的分量,这神圣性却时刻遭到言语的亵渎。但是,言语"致力于"说出存在;而存在,在它被说出的仪式中,获得真相的神圣。色情的真相一出生就已经是被亵渎了的真相:色情语言的丑闻中的决定性因素就在于,它指认出隐藏在任何真相中的亵渎性的东西;难以忍受的不适——不是羞耻,而是话语卡在喉咙处的那种窒息感,难以忍受的不适在于慢速度地看着这个唯一可以产生真相的神圣性被盗走、被移位。这就是为什么色情语言和色情文学是一种如此奢华的虚幻,因为作为最"真实"的语言,它们第一个开口讲话:它们要迎战的并不是人们不习惯说出的东西,而是那种出于本性(我其实应该说,出于本性的根本缺席)而将神圣的被盗和语言的窃取显露在光天化日之下的东西。并不是道德在谴责色情词汇中的那些不应该说出的东西,而

---

① 克洛索夫斯基:《今夜罗伯特》(*Roberte ce soir*),巴黎,Minuit,1953。

是一种忽略了廉耻的无节制的沉默；存在安息在这沉默中，强烈拒绝一切指认、一切意义、一切语言，它在言语的绝对黑夜中诞生。

色情主义构成本体论的外部边缘：这是一堵垂直的墙，在这堵墙里，存在笔直地冲向自身，瞬间从**逻各斯**的恐惧中解放出来。色情文学用荒诞来证明一种本体论的原始不可能性，它忠实地构成这种本体论的讽刺画像：通过无休止的重复，色情文学模仿存在的不可能性，即存在不可能在**逻各斯**空间中显示它全部的在场；通过以惊人的方式穷尽词语，给词语放血，并每天重新补给词语，色情文学以模仿的方式让人看到，归根结底，这些词语中没有任何一个能带走那个被觊觎的沉默之核。

这里有某种像巴门尼德之路的"存在者存在"一样简单、一样基础的东西；但是存在的同义反复用它的直接循环囊括了足够多的语言，足以产生哲学，也足以在它的宗教空间里铺展开所有可以表达的仪式，所有存在的赞歌。"存在者存在——不存在者不存在"之所以引人沉默，那是因为它坚决要求沉思默想，它指出沉默是**思想**本体论的第二场域；思想的劳作只是恩典的虚假劳作——是赋予语言的沉默厚爱。① 甚至在巴门尼德之前，同样的

---

① 福柯对巴门尼德的引用以及他对其评论的语调让人想到海德格尔，后者在1942至1943年间开设的课程正是专讲巴门尼德的。虽然海德格尔的课程要等多年后才面世（海德格尔：《巴门尼德》[*Parménide*, 1982]，法译本译者Th.Piel，巴黎，Gallimard，2011），福柯在这里完全可以参考《存在与时间》(*Etre et temps*) 中已经提到的巴门尼德著作中存在问题的一些段落，或者也完全可以参考一些呈现巴门尼德思想重要性的研究成果，例如可参见阿方

决定,通过没有断裂的存在之域,通过思想,绝对地选择了语言的立场,以使巴门尼德能在他的诗中思考存在。回到做出这个决定的时刻,看到那座让存在潜入语言之夜的山脊重新出现在自我旁边,看到山脊的边缘限制着,但只是从我们这一侧(我们的思想和我们的语言这一侧)限制着**另一侧**的无限开放的空间。在那个空间里,本体论的可能性是不可能的——要做到这些,对我们来说,具体而言,就只能是认真对待色情,就只能是摊开双手,让黑夜布满我们被刺破的眼睛,像盲人一样在这片有存在默默显现的荒原里前行。

对于所有这些红色和昏暗的神秘形式,这一选择给了它们最终的重量,给了它们不可抗拒的平衡力量,甚至不平衡力量。当然,我们的思想没能在这些神秘形式中认出自己,这些形式仿佛构成了西方思想的一道黑夜的边缘。这边缘暗藏于我们文化的深处,它不断地指认,不断地**出卖**一种把自己掩饰起来的选择。以往的那些人都出卖——他们几乎都是魔法师,就像如今这些认真对待色情的人(有些人是同性恋)所做的一样。他们出卖,因为他们谴责,他们揭露,他们在过于松散的词语之网里滑动,让一些

---

斯·德·瓦伦士的《海德格尔与形而上学问题》(«Heidegger et le problème de la métaphysique»),载《鲁汶哲学评论》(*Revue philosophique de Louvain*),1954,第33期,第110—119页,其中对巴门尼德的征引占据了中心位置;还可参见海德格尔本人的《摩伊赖(巴门尼德,八,34—41)》(«Moïra [ Parménide, VIII, 34-41]»),收入《随笔和讲座》(*Essais et conférences*),巴黎,Gallimard,1958。福柯阅读海德格尔的精深程度在20世纪50年代的笔记中有所显露,这些笔记保存在法国国家图书馆的福柯档案中。

有时是无边无际的黑夜语言显露出来,并把它们引到光天化日之下。我们站在我们思想的高度,大声喊叫:这不是真的。恰恰如此:[不]①是真的。黑暗存在的绝对重量。

就在这里,在这起始之处,哲学终结了,或者不如说,哲学彻底倚靠在自己的不可能性上,将这个退无可退的空荡荡的空间留在身后——本体论恰恰为哲学画出了可能向着本原退却的最后一条线,但也专断地画出了哲学的可能性和不可能性之间的分割线。

---

① 猜测;字迹难以辨认。

# 文学分析新方法[①]

Les nouvelles méthodes d'analyse littéraire

① 法国国家图书馆,福柯档案,编号 NAF 28730,第 54 号档案盒,第 1 号案卷。这次讲座所讨论的部分主题还可以在福柯的《文学与语言》(1964,收入《伟大的陌生者——关于文学》,前引书,第 75—144 页)一文中读到,尽管谈论的方式不同。

从表面上看,批评从未占据过今天这样大的位置,从未覆盖过这么多的印刷品。

然而,与此同时,人类的一个物种正在消失:**批评人**(*homo criticus*)。我的意思是说,这样一类人正在消失,他们首次出现在18世纪末和19世纪初,他们那时具体的、确定的、顽固的职能就是做批评——谈论和评判别人的书,把这些书相互比较,推荐或者谴责这些书。这是一种不值一提或令人恐怖的角色,随你们怎么说吧,但毕竟是威严的角色,担任这个角色的曾经有圣-伯夫,后来还有萨西、布鲁内蒂埃、蒂博代①。——这种角色现在已经没有人担任了。不是因为没有候选人了,纯粹是因为角色本身已经不存在了。

我们可以用一句话来描述这种情况:批评行为正在激增,同时这些行为的主体却正在消失。仿佛这些行为是在某种匿名状态下从语言中自动产生的。一种没有自身机体的一般功能。

---

① 圣-伯夫(Charles-Augustin Saint-Beuve, 1804—1869),19世纪文学批评的奠基人之一,强调作品和作者之间的联系;萨西(Samuel Silvestre de Sacy, 1904—1975)编辑了一些法国文学经典文本,并任《法兰西信使》(*Mercure de France*)主编;布鲁内蒂埃(Ferdinand Brunetière, 1849—1906)主要关注文学体裁及其演变;蒂博代(Albert Thibaudet, 1874—1936)从事文学和哲学政治思想史研究,也是《新法兰西杂志》(*NRF*)的文学评论家。

这个时代真正的批评家,并不是那些被指派在报纸和杂志上写笔记或评论的某某人。真正的批评家是萨特(以前)或布朗肖(今天)——批评行动属于其哲学行为或文学行为的那些人。不过,更准确地说,目前,真正的批评家就是文本本身(罗伯-格里耶的小说、贝克特的戏剧或布朗肖的文本)。

批评已经成为语言相对于自身的一种恒定功能。批评是语言在它的每个点之间自发地、不断地编织着的那张网。它不再是一个决策机构,而是一种共存的形式。

那么你们会说:我们不过是回到了17世纪的情景嘛,那时还没有从事批评的职能人员,那时的任何作品都要(或多或少以直线的或对角线的方式)面对先于它或伴随它的所有作品说话。比如伏尔泰要面对莱布尼茨,狄德罗要面对笛卡尔派,卢梭要面对爱尔维修,等等。

事实上,今天的批评活动有其独特的形式,既不能与18世纪的自发而恒久的批评相混淆,也不能与19世纪的庄严制度相混淆。

不过,为了定义今天的批评是什么,我们也许必须迅速拷问一下,20世纪初直到20世纪40年代左右的批评曾经是什么。

  1.首先,那时的批评是评判性的,它对作品的质量、价值和重要性做出判断。它与某种趣味相关。当然,它有时也承认,甚至经常承认,这种趣味是独特的、相对的,是会过时的,或者是与时代不相符的(代表着上一代人的规范)。然而,这种主观的[价值]①承认仍然只是某种形式的肯定。这就是

---

① 猜测;单词缺失。

批评的专制性。

2.那时的批评既是恐怖主义的,又是谨慎的:

——恐怖主义的,因为它承认作品和作者之间有直接联系,有毫不含糊的相似之处。左拉先生是一个肮脏的人,既然他讲的东西不干净。我有点夸张,但并没有太夸张。

——谨慎的,因为它从不去考察作品的背面,不去寻找某种可能隐藏在那里的东西。不去考察作品隐含的真相。对它而言,作品(和作者)都完全包含在人们对作品的阅读中。

3.那时是等级消费一统天下。

那时的批评没有在写作行为的层面上与作品交流,没有把自己当作一种伴随着作品或追随着作品的写作。

它是一种阅读行为,是一种伴随着公众消费或领先于公众消费的作品消费。它不是一种二次写作,而是阅读的"预演"。

这种阅读预演更多地具有等级意义,而非时间意义。它假设广义上的读者可能会受骗上当,他们的阅读很幼稚,没有设防。为了在读者和作品之间充当中介和防御,就必须有一种特权的阅读——批评的阅读。

人们也许会提供这样一个简单的历史解释。在我看来,尽管这个解释很简单,而且是历史的,但它可能并不太准确。

——只要资产阶级(在 17 世纪和 18 世纪)把持着自己的语言,批评就会在作品本身的引导下,反对思想、事物和制度。

——但是,当语言的劳作是在那些能够阅读它的人之外进行的时候,对作品与阅读之间关系的批评就成为必要;这是一种调节作品消费的批评。

这就是 19 世纪的批评,也是直到 20 世纪中叶的批评。

然而近年来发生的一些事情不仅彻底改变了批评的风格,也改变了批评的存在本身。

这些事情,我将随机地、毫无顺序地给你们列举一下,因为我们或许还离得太近,不能对它们做最后的系统整理:

1.在任何批评性过滤之外,我首先想到的是一种以深奥或至少是难懂著称的文学的突然出现。口袋书是这种突然出现的文学的标志,也是其渠道。

一些曾经通过批评只惠及少数读者的书,现在的印数却达到了几万册、几十万册,仿佛文学消费已经成为一种社会现象,要从经济上,也许是政治上,而不是美学上进行调节。

2.与此同时,批评失去了它以前的中介者使命所必需的透明度,它增加厚度,往往变成一种极其复杂的话语,往往比它所评论或解释的作品本身还难懂得多。

(说到底,没有什么比鲁塞尔的作品更简单、更透明的了……)

这种复杂性常常表现在批评家的这种奇怪要求上:"我假设你在读我关于这部作品的评论之前已经读过这部作品。"这听起来没什么,但当你想到批评曾经是怎样时,这样的句子就很奇怪了。它是傲慢的,因为它似乎把被评论的作品变成了一个简单的、略微有点必不可少的引子,为了引出这个重要而庄严的东西,这个准确意义上的语言正殿——批评。

3.这种奇怪的自负以两种同时存在但有点相互矛盾的希求为借口：

——希求自己是一部作品。这种奢望可能并不总是有根据的，但它有其无可争议的榜样。布朗肖的《文学空间》①或许就是我们能够想象的最漂亮、最具原创性、最不无关紧要的书之一。

——希求自己是一种实证的和科学的语言。莫隆对精神分析学的使用②以及其他人对语言学的使用之所以是正当的，是因为它们都涉及一些已确立的、被承认的、被宣布有效的科学。

4.当然，既想成为作品，又想发展成一种科学话语，这两种希求有点相互矛盾，甚至是完全矛盾的。但让我们抹去这两种希求，看看它们都假定了什么。它们假定，当批评在谈论一种第一语言时，它并非注定纯粹只是一种阅读，并非注定只是一种为语言当代表的语言，代表一些来自外部的诉求，无论是公众的、[意义]③的、历史的、真实的、现实的、政治的诉求——谁知道呢？

可以说，在一般意义的语言的内部，有两个层次：第一语言的层次；然后是一些与第一语言相关，并且只跟第一语言相关，但本

---

① 布朗肖：《文学空间》(*L'esapce littéraire*)，巴黎，Gallimard，1955年。

② 指莫隆的《个人神话中无法摆脱的隐喻——心理批评导论》(*Des métaphores obsédantes au mythe personnel. Introduction à la psychocritique*)，巴黎，José Corti，1963。

③ 猜测；单词难以辨认。

身也是语言的语言,即一些第二语言(discours seconds)。

我想对[批评]的几个特点做一概括。批评是对另一种语言的分析,但这种分析何以[会]具有一种实在的第一语言的那些特点呢?让我们从逻辑学家那里借用一个术语:批评可以是一种元语言吗?(元语言是指任何以某一给定语言为对象的语言,它试图分析这个作为对象的语言的能指或所指。①

例如:

法语语法,就是法语的一种元语言。

根据一种推理的逻辑符号所做的分析,就是元语言。

但你指出 liège 这个词在法语里有两个意思,你做的这个简单评注也是元语言。)

批评可以作为一种元语言来组织吗?它能分析一种文学语言吗?

把批评建构为文学分析,这很可能是基于两个发现——我的意思是说基于两个简单但决定性的更新。

第一个发现:作品更多地属于空间,而不属于时间。无论如何,对于一部语言作品来说,时间不是一种令人满意的解码方式。

然而时间却一直是传统批评的导线,引导着它对时代决定因素的分析,对连续状态的研究,或对生平节点的考证。所有这些思考中都活跃着一个深刻的生物隐喻,我应该说是植物隐喻。

---

① **在页边**:元语言有两个意思:一是谈论语言,二是让语言与它自身发生关系。相反,批评的问题是要弄清它是否能成为一种元语言。

现在人们承认,作品与它自身同时,与它自身的每个点同时发生。更重要的是,作品这个词不仅指一本书的统一性,也指带有作者名字的语言织布。这块织布是不均质的(因为它可以包括任何书籍——散文、诗歌——[也]①可以包括语言的任何层级:公共文本、信件、报纸、片段);但它的一致性原则在于它是某个人的语言。

然而,这种同时性规则并不排斥对时间的考虑;我们将看到,时间被看作一种空间现象:移位、展开、错位,简而言之就是运动。时间作为作品的一个形象,在作品的基本空间中就位。语言的时间,简单地讲,就是语言的空间移动性。

1.作品的这种空间,在它最简单的形式下,仿佛隐含着一座建筑;作品的每一个元素(以及作者的所有特定文本的所有元素)都必然纳入其中。

比如让·鲁塞就是从这个角度对高乃依的戏剧进行分析的。② 所有的剧本都有同样的肋骨:一个环形肋。

——在《宫殿游廊》③中,两个年轻人相爱,分开,相遇,再次分开,**再次重逢**。

---

① 猜测;单词缺失。
② 让·鲁塞:《形式与意义——从高乃依到克洛岱尔的文学结构》(*Forme et signification. Essai sur les structures littéraires de Corneille à Claudel*),巴黎,José Corti,1962。
③ 高乃依:《宫殿游廊,或对手女友》(*La galerie du Palais, ou l'amie rivale*),收入高乃依《作品全集》(*Œuvres complètes*),第一卷,"七星文库",巴黎,Gallimard,1980,第299—381页。

《熙德》①也有相同的构型。

——在《波吕厄克特》②中可以再次看到一个类似的形象,但严重失衡,或更确切地说,以另一种方式重新平衡:

——波吕厄克特爱波利娜,但为了上帝,他跟她分手。

波利娜爱塞韦尔(Sévère),但她离开塞韦尔,去找波吕厄克特。

——每一步都把波利厄克特引向上帝,使他远离波利娜;每一步都使波利娜离开塞韦尔,把她引向波吕厄克特。

环状构型还有一个垂直轴作为补充(这个轴具有双极性:向上-上帝-,向下-塞韦尔-),它使作品整体上具有一种卷须形状,一种螺旋桨动力(这种形状在巴洛克雕塑的上升式帷幔中很常见)。

这样的分析都挺好,很难反驳。它们很可能是对作品空间性这个基本问题的最佳导引(还应提到巴尔特对拉辛戏剧中的房间的分析③),但也只是一个导引,因为它们要破解的是一个秘密建筑:

---

① 高乃依:《熙德》(*Cid*),收入高乃依《作品全集》,第一卷,前引书,第689—777页。

② 高乃依:《殉道者波吕厄克特》(*Polyeucte martyr*),收入高乃依《作品全集》,第一卷,前引书,第971—1050页。

③ 巴尔特:《论拉辛》(*Sur Racine*),巴黎,Seuil,1963,第1—20页。

——一个地下建筑,因为它在地表下层为那些看得见的石头布局奠定基础;

——一个超建筑,因为它适用于任何给定作者的全部作品。

2.但我们究竟是从哪里得到这种"元建筑"的呢？它属于什么空间？它不属于文章的结构空间,因为看得出来,它比文章结构更基础,

——就高乃依而言,它比五幕剧的结构更基础;

——就拉辛而言,它比地点的同一律更基础。

这些形式与一些外部规则相适应,但这并不意味着它们是这些外部规则的结果;这不过是一种贴切的表达而已。

可以确定的是,存在着一些文化空间。

例如,15世纪以来的球体:

——地球是圆形的,是天球的内在缩影。

——人本身就是一个微观宇宙,一个小球体;人们可以根据黄金分割数把人体嵌入一个圆形,这就是证明。

——所以这些球体是互为形象的:它们是反射和镜子(你们注意到,那个时代的镜子[通常]是[球形的]①——那个时代的画作和窗户则是长方形的)。

——这些球体-反射是一些脆弱的、变形的、随时会破裂的、虚幻的肥皂泡,稍微吹一下就会变形,就会在一种不易察觉的重力作用下被拉长。

---

① 猜测;单词缺失。

——所以就会有弯曲、环形、破裂,以及体现着巴洛克美学中的彩虹色形式特征的运动。

我们可以对现代世界中的线条进行同样类型的分析。透明线条可以让我们看到几个东西在深处重叠,却不可越过、不可打碎:马拉美、普鲁斯特、鲁塞尔、费伊①。玻璃窗文化。

但是这样的分析只能远远地接近作品特有的空间性——我是说每个语言为自己留出的那个空间。因为这里涉及的是所有人的空间,也是科学的空间、绘画的空间,等等。

至于我们所说的马拉美**语言**或卢梭**语言**②,这种**语言**所特有的空间是什么呢?它从哪里来,它天然的位置在哪里?或许就在它诞生于斯的那个语言破裂点上?在词语最初的涌现中——或者,如果你们愿意,在某个存在与世界的接触面上。

比如,卢梭的语言诞生于一个破裂点,对他来说,这个破裂点就是一次不实的指控。由于这个假话,整个世界都失去

---

① 马拉美、普鲁斯特和鲁塞尔是福柯经常引用的作者,而费伊的名字却很少出现。但这个名字可以预料地已经出现在《距离,面貌,起源》(前引文章)中,与当时《如是》(*Tel Quel*)杂志周围的作家和批评家相关联(索莱尔斯、罗伯-格里耶、蒂博多、普莱内)。

② 关于卢梭,参见福柯为卢梭的《卢梭评判让-雅克:对话录》(*Rousseau juge de Jean-Jacques. Dialogues*)所写的"导言",巴黎,Armand Colin, 1962,第VII—XXIV 页。后收入《言与文(第 卷,1954—1975)》,前引书,第 7 篇,第 200—216 页。

了它原初的透明;从这个假话中诞生了一个澄明世界的伟大乌托邦,在那里,词语可以像目光一样相互交流①。②

再比如,马拉美的语言诞生于一个存在与一个冰冷的、无法穿透的、纯粹的、封闭的、不可打破的平面的接触点:一种存在与贞洁的本质的接触。③

你们会说,这些心理学,所有这些,说到底,不还是像历史分析那样,与一个生平事件及其连锁反应相关联吗?

事实上,如果分析使用的是心理学概念(比如补偿、投射、梦的象征,即莫隆目前在其心理批评中所做的),那么它就是心理学

---

① 参见斯塔罗宾斯基:《让-雅克·卢梭——透明与障碍》(*Jean-Jacques Rousseau, La transparence et l'obstacle*),巴黎,Plon,1958。

② **在页边**:与心理学的争论:

——把精神分析当作对空间的分析方法来应用。

——这在我看来有两个弊端:

α.维持了作品-作者的含混不清,

β.重新引入了时间:生平。

——主题学批评是一种对个体空间性的分析,它处在任何心理学之外,也不回归时间,让-皮埃尔·理查尔≠韦伯(指让-保罗·韦伯[Jean-Paul Weber],他著有《诗歌作品的起源》[*Genèse de l'œuvre poétique*,巴黎,Gallimard,1961]和《主题领域》[*Domaines thématiques*,巴黎,Gallimard,1963])。

③ **在这里插入的一张纸上,福柯增加了第三点:**

3.还有一个更内在、更秘密的空间,那就是语言和词语本身的空间。

——马拉美

——翅膀和扇子

——洞穴和钻石

[——]坟墓这个词

分析。但不论是理查尔①,还是斯塔罗宾斯基,他们都没有使用这样一些概念。语言在历史中的连接点使他们能够打开一个有其自身法则的空间——主题学(thématique)法则,而非心理学法则。在这些法则中,首先有:

——语义一致域的出现(马拉美的贞洁域由白、雪、冷、冰川、镜子、翅膀等词语组成)。

——主题在不同的"拓扑"层面上的同构性。涉及光滑身体的裸露性时,可以找到贞洁的主题;涉及天真无邪或涉及让听者难以进入的语言时,也可以找到贞洁的主题。

——心理二重性。主题不是作者的一个偏好或一种乡愁,也不是一种厌恶。主题处在整个作品中,无所谓更多或者更少。它有时增值,有时贬值。在马拉美那里,花的凋落既是枯萎的标志("一大堆败坏的玫瑰,罪恶就是它们的芳香"②),也是至福的形象("每句话像花雨一样倾泻下来。踮起脚,站立起来,微微张开双臂,迎接它,触摸它,啊,幸福!用人的双手!"③)。

——所以才会特别重视复杂的平衡形式,才会有一些具有多种潜在性的形象,它们把主题的命运曲线用一个缩写词

---

① 让-皮埃尔·理查尔:《马拉美的想象世界》(*L'univers imaginaire de Mallarmé*),巴黎,Seuil,1962。福柯专为此书写过一篇书评,《让-皮埃尔·理查尔的〈马拉美〉》,载《年鉴——经济·社会·文明》(*Annales. Economies, Sociétés, Civilisations*),1964 年第 5 期,第 996—1004 页。后收入《言与文(第一卷,1954—1975)》,前引书,第 28 篇文章,第 455—465 页。

② 马拉美:《文学交响曲》,见马拉美《作品全集》,前引书,第 263 页。

③ 马拉美:《那罗和达摩衍蒂》(« Nala ct Damayanti »),见马拉美《作品全集》,前引书,第 631 页。

连接起来。

  例如,扇子可以打开和折叠,但当它打开时,它隐藏;当它折叠时,它揭示。①

因此,发现作品是一个语言空间,这使我们面对一种非常特殊的空间性,它不像我们刚才提到的线条、螺旋和球体那样具有那么明显的几何形特点,那些形状仍然接近于看得见的作品建筑。而这里的空间是邻近、品质、混合、收缩或口子扩大的空间,数学界最近曾尝试将这些特质形式化。

我之所以提到数学,并不是说我们有一天可以把它应用于文学材料,而只是为了表明,当理查尔谈论这些品质和经验时,当他分析这个展开和折叠的世界、分析这些扇动和凋落的形式时,他参照的并不是如人们会匆忙说出的心理学,而确确实实是一些基本空间的很难把握的属性。

体现当今文学分析特点的第二个重要发现是一个更简单、更基础,但因此也更接近基本公理的发现,这就是:说到底,文学是由语言构成的。

你们会说,太无礼了,这不是明摆的事情吗?可我会跟你们说,几个世纪以来,人们一直认为文学是由情感、思想和人物构成的。甚至有人认为它是由文体构成的,是由被遵守或被违反的语法规则构成的,由粗俗、精美和精练的词语构成的,是由漂亮的或

---

① 参见福柯的书评《让-皮埃尔·理查尔的〈马拉美〉》,前引文章,第462页:"扇子遮住脸,却露出了它所折叠的秘密,因此它隐匿的能力就在于它必然要显露;反过来,当扇子的珍珠绲边合起来时,它藏起了画在扇面上的谜,却把原本要遮住的那张可以辨认的脸留在了光线下。"

笨拙的、肮脏的或天真的形象构成的。人们甚至还想象,文学是跟现实相关的。但是,文学与语言相关——与语言本身,与一般意义的语言相关——这一点却从未有人想到过。

当然,人们以前也知道文学是由单词和语法构成的——西班牙语语法、法语语法、德语语法,等等。但任何言语(无论是文学的还是日常的言语)都或多或少地、比较自由地使用这些单词或这种语法。而作为文学的文学与语言有着怎样的关系呢?

(人们现在才刚刚开始的)对作为语言的文学所进行的这种研究应该包括几个层次:

1. 认真对待这样一个事实:文学与符号相关。当然人们都知道文学有一个意义,这甚至是人们一直以来的关注点。

但是,若要有意义,就要有符号(语言学家说,若要有所指,就要有能指)。

然而,在任何文化中,都有一系列符号,有些是语言的,有些不是语言的。有礼貌规则,有着装,有性举止。列维-斯特劳斯证明了,在原始社会,妇女不仅是欲望(因此是价值)的对象,而且是符号。①

因此,要理解一般意义的文学以及某个特定时期的某部文学作品,就必须对一个社会在某一特定时期所使用的各种符号系统(语言的或非语言的)做总体的研究。文学的研究必须在一种总体符号学的范围内进行。

事实上,针对当代社会,人们几乎还没有开始过这样的

---

① 参见列维-斯特劳斯:《亲属关系的基本结构》,前引书;《结构人类学》(*Anthropologie structurale*),巴黎,Plon,1958。

研究。但杜梅齐尔证明了罗马人的历史叙事或斯堪的纳维亚的萨迦是一些符号系统,这些符号系统与其他印欧文化中的礼仪(例如伊朗人的礼仪)一类的非语言意指系统同构。①

但是我们在消费文学。

2.但很明显,在这些各自不同的符号集合中,文学有其特殊的结构。文学本身有某种东西在示意说它是文学。

α.雅各布森②:对符号特性的系统使用。③

β.巴尔特在《写作的零度》④中对这些可以称之为写作的符号进行了分析(《杜歇老爹报》⑤的民众书写和

---

① 参见杜梅齐尔在《贺拉斯和库里阿斯家族》(*Horace et les Curiaces*,巴黎,Gallimard,1942)中对贺拉斯和库里阿斯人的故事与爱尔兰的库·丘林(Cüchulainn)传说所做的比较分析。福柯在一篇未发表的文章《结构主义与历史》中对这项研究做了评论,见法国国家图书馆,福柯档案,编号 NAF 28/30,第 70 号档案盒,第 2 号案卷。

② 雅各布森:《普通语言学论集》(*Essais de linguistique générale*),第一卷和第二卷,巴黎,Minuit,1963。1964 年,福柯在布鲁塞尔圣路易斯大学所做的两场题为《文学与语言》的讲座中已经提到雅各布森。讲稿收入福柯《伟大的陌生者——关于文学》,前引书,第 110 页。

③ **在页边**:佩吉

　　　　鲁塞尔

④ 巴尔特:《写作的零度》(*Le degré zéro de l'écriture*),巴黎,Seuil,1953。1965 年,此书与《符号学原理》(*Eléments de Sémiologie*)合在一起,由 Gonthier 出版社再版。

⑤《杜歇老爹报》(*Le Père Duchêne*)是法国大革命期间面向城市贫民的激进派报纸,1790 年由雅克-勒内·埃贝尔(Jacques-René Hébert)在巴黎创办。——译注

革命书写;夏多布里昂笔下的那些庄严的、仪式化的、经常出现在有关形状或颜色的形容词中的符号——这些词语既让人看到事物,同时又让人看到它们的命名行为属于文学)。

γ.也有这样一些符号,文学通过它们再现文学自身。作品总是被作品自身所讲述。

——人们以为最近才发现文学在讲述它自身(参看普鲁斯特)。

——但这其实只是一系列二重身的可能形式之一,这些二重身在整个文学中早已存在,并可能以这样或那样的方式隐藏于任何一部作品:①

——《一千零一夜》②中看得见的替身。

——普鲁斯特作品③中,被替身者不存在。

——《修女》④中不可见的替身者。

δ.最后,文学也是这样一种语言,它在言语中表意整

---

① 有关文学中的这些二重身,福柯在《无限的语言》(«Le langage à l'infini», 1963)中更详细地提到的个案有《一千零一夜》(Mille et une nuit)和《修女》(La religieuse),收入《言与文(第一卷,1954—1975)》,前引书,第14篇,第281—282页;他在《文学与语言》中提到的个案是《追忆逝水年华》(À la recherche du temps perdu),前引文章,第91—92页。

② 《一千零一夜》,三卷本,法译本译者 J.E.Bencheick 和 A. Miquel,"七星文库",巴黎,Gallimard,2005—2006。

③ 普鲁斯特:《追忆逝水年华》,三卷本,"七星文库",巴黎,Gallimard,1954。

④ 狄德罗:《修女》,收入狄德罗《作品集》,前引书,第235—393页。

个语言系统。

当一个人拿起一支笔和一片纸,不是为了说点什么,而是为了说他在说,或者为了在所指的悬置中说他在说(不是为了逃脱现实,不是为了保持自我封闭,而是为了把自己作为文学引入现实),在这种时候,言语所启用和表明的,言语所收归己有的,言语所指涉的(但仿佛是在言语内部指涉),便是整个语言。

文学不是一种处在语言地平线上的言语;或者,如果你们愿意,文学不是一种指向稳定的、可靠的和已知的代码的信息;文学是一种把代码收归己有的信息(这个信息并不告诉你它是否遵守代码,也不告诉你它会在多大程度上遵守代码)。文学是一种整个语言都在其中冒险的言语。

当然,文学作品从来不会完全改变它所属的那个语言。一部作品的重要性也不应按照实际发生的变化数量来衡量(欧仁·苏在小说和文学中引入了俚语,他并没有成就什么重要作品①)。但重要的是这种让语言就地陷入危险的现象;是这种撤退和吸收的运动,它使语言进入某个作品的空间,或者使这个作品的空间覆盖语言。

一部作品,就是这样一种言语,在这里,言语所属的那个语言处于危险之中。

文学是语言的某种使用方式,这种方式使得言语任

---

① 欧仁·苏:《巴黎的秘密》(*Les mystères de Paris*),巴黎,Gallimard,2009。

何时候都有可能成为它自己的语言。

想弄清一部作品究竟怎样在它说出的言语中危及它所属的那个语言,这或许并不容易。直到现在我们还没有任何一种可以用来分析这种关系的方法。

为了从历史的角度定位这个问题,我们大致可以说,古典时代的作品虽然貌似非常温顺地纳入一种业已形成的、人所公认的语言中,却通过使用修辞的方式质疑了语言。修辞使语言服从于一个第一言语(圣书或真言),而这个第一言语必须在作品这个第二言语中被还原出来。理想形式的作品只是绝对的圣言的重复和替身。

到了18世纪末,一种新的关系出现了:这是由萨德(后来又由马拉美)所定义的关系,即一本大写的书,它必须摧毁所有其他的书。这本迟到的大写之书,接过所有其他的书,并击败它们。任何书都隐约地希求成为所有其他书的终结。这就是图书馆空间,书架上每一本倚靠着其他书的书,都趋向于使其他书变得毫无用处。①

然后,在20世纪,出现了一种从语言本身出发而构成的文学,仿佛语言就是文学的材料,是文学的主题,仿佛语言与文学空间本身相吻合了。这就是乔伊斯和蓬热的重要性之所在。

但以上只是大致如此的历史概略,还必须对每一部具体的作品做详细的分析。

对于文学中语言和言语的这种奇特关系,我只想从中得出一两个结论:

---

① 参见福柯:《无限的语言》,前引文章,第288—289页。

——清晰的作品有可能不被理解。

——(就像雅各布森所做的那样)从语言特性的角度来[分析]①文学,这种方法具有先天不足,恰恰因为文学不是从语言的内部被把握的,正相反,是语言本身被启用到了文学言语中。

——评论对于任何作品都具有总体的必要性:或许是因为语言不会溢出文学,但文学时刻都会让整个语言冒险,任何作品都会引发一系列第二语言,这些语言的喃喃低语永远不会消失,这是它们的权利。这种并非最重要的却又不可避免的喃喃低语,我们的喃喃低语,就是批评。

把大钟和雪花的比喻颠倒过来。

批评发现作品是空间,也发现作品是语言。这两个看法没有什么不兼容的。它们也没有什么不同的,如果我们愿意洗耳恭听。

那些有关语言的分析总是充满着奇特的、深刻的空间隐喻(语言链、纵聚合、横组合、网)。

深奥难解的空间。

也许,最令人困惑的(对于我们通常的思维路径而言,最令人狼狈的)发现就是:语言(语言或言语)不是时间,而是空间。

自18世纪(开始语言研究)以来,语言一直被认为负载着历史,是一种厚重的、分层的、缓慢移动的时间形式。这一观点从未受到质疑:在黑格尔、马克思、胡塞尔那里,甚至在海德格尔那里,人们都立即会发现同一个观点。只有柏格森不同(所以才有了

---

① 猜测;单词缺失。

《材料与记忆》①,但他对这一发现置之不理,他创造了一种关于不可言说的哲学。

然而,从经验的角度,人们知道,语言就是空间(索绪尔②、神经学家等);但从哲学的角度,这一发现一直缺少成果。海德格尔也许瞥见了如果语言不是时间那么应该怎样思考语言存在的第一缕曙光。在缺乏这种语言本体论的情况下,任何批评可以是生动的、有趣的,但其实是没有根基的。这种批评问我们:如果语言不是时间,那么语言的存在是什么?而我们不知道该怎样回答。

逻辑上的元语言拷问哲学:如果真理不再是经验,也不再是整体性,那么真理是什么?同样,批评上的元语言拷问哲学:如果语言作品不再是记忆,也不再是意义,如果语言作品只是语言的深度空间中的一个形象,那么语言作品是什么?

---

① 柏格森:《材料与记忆——论身体与精神的关系》(*Matière et mémoire. Essai sur la relation du corps à l'esprit*, 1939),见柏格森《作品集》(*Œuvres*),巴黎,PUF,1963,第 160—379 页。

② 福柯很少参照索绪尔。此处的参照可能见证了他对梅洛-庞蒂课程的记忆。后者于 1949 年在索邦大学开设过有关《普通语言学教程》(*Cours de linguistique générale*)作者的课程——福柯后来说他听过这门课。参见福柯《结构主义与后结构主义》(«Structuralisme et post-structuralisme», 1983),收入《言与文(第二卷,1976—1988)》,前引书,第 330 篇,第 1253—1254 页:"你们知道,梅洛-庞蒂晚年曾致力于这方面的研究;我清楚地记得梅洛-庞蒂开始讲索绪尔的那些课,那时索绪尔虽然已经去世约 50 年了,却还完全不为人知,我不是说法国的语文学家和语言学家不知道他,而是说受过教育的公众不知道他。在那时,语言问题出现了,人们看到,现象学,如同结构分析一样,无法解释由一种语言结构所能产生的意义效果,在这种语言结构中,没有现象学意义上的主体作为意义给予者出场。"

# 文学分析[①]

L'analyse littéraire

① 法国国家图书馆,福柯档案,编号 NAF 28730,第 54 号档案盒,第 1 号案卷。

我之所以选择"分析"这个有点学究、有点学生腔的词,是为了避免"批评"(critique)这个词。不是因为批评这个词已经过时了,而可能是因为这个词的问题太多,它不断地经历一些变化,目前的"分析"或许只是它的诸多变化之一。

让我们从一些简单的观察开始:

——批评制度的厚度:19世纪发现了"批评人"的存在;完全致力于批评的期刊的存在;某些期刊的批评结构,如《新法兰西杂志》(NRF);某些非职业批评家的作家的批评活动(莱里斯评论布托尔①)。

——但在固化和增厚的同时,批评的第二位特征也在强化:批评曾经具有的那种活泼、清新,那种"第一位"的特点(如在狄德罗或雨果那里,或在超现实主义者那里)不断地被抹去,变成一种第二语言。批评不再是透过别人的语言去寻找一种第一语言,而是让自己的语言去听从另一个人的语言的安排。

这里也许有我们文化的一个基本特征:在我们的文化中,语言可以从自身扩展开来,不仅向广度扩展,而且向深度扩展,语言在层层分级中自我叠加、自我纠正、自我判断、自我建立——总

---

① 参见莱里斯:《米歇尔·布托尔的神话现实主义》(«Le réalisme mythologique de Michel Butor»),载《批评》,第129期,1958,第99—119页。20世纪60年代初,福柯与《批评》杂志编辑部的关系很近,他于1963年进入其编委会。

之,自我批评。

我不是想发表正式演讲,而是想跟你们分享一个从哲学角度接触文学批评的人的一些思考,他对文学世界所特有的这些语言结构不免感到惊讶:

——这是一种很天真的惊讶,因为这个人来自一个简单得多的世界。

——但他可能有权利表达这种惊讶,因为批评求助于哲学。

一

但我想强调近年来批评呈现出的一些特点。

我们可以说,直到20世纪初,批评的情况还是相对简单的。

1.那时的批评是判断性的:它对所谈论的作品做出一种品味的、鉴赏的、质量和价值的判断。

2.它承认作品和作者之间有一种直接的统一性:对作者的判断立即适用于对作品的判断。从这个意义上说,它完全是一种心理批评和道德批评。人被自己的一言一行所定义。那时的批评是恐怖主义的,又是谨慎的:

——因为它不允许与被说出或被表现出的东西拉开任何距离,①

——因为它拒绝探险:拒绝在阴影区域探索。

那时的批评在作品中看到的是共同经验的场域。

---

① **在页边**:人们称之为"敏感性"。

3.但是,如果说那时的批评让作品和作者这个领域保持完整,它却在读者的世界里引入了一种深深的断裂:

——因为那时的批评家是绝对享有特权的读者,他有自己的判断,并能表达其判断,

——而其他读者则是二级读者(只能透过一种第一位的阅读去阅读)。

也就是说,在一个既幼稚又等级化的阅读世界里,批评有其意义。幼稚的,是因为读者可能会受骗,可能会误判,可能会不把注意力集中在需要的地方;等级化的,是因为一些人有能力阅读,其他人则没有。

我们可以看到,那时的批评如何与消费和捍卫相关。

我认为在此做一种历史分析是不容置疑的:

——只要资产阶级(在 17 和 18 世纪)把持着自己的语言,批评的主要内容就是反对思想、事物和制度。

——到了 19 世纪,诞生了一种让资产阶级无法在其中认出自己的语言,此时,针对语言和阅读关系的批评、针对消费本身的批评就变得必要。

从某种意义上说,这是一种文学上的马尔萨斯主义。

而到了 20 世纪,批评的意义发生了变化,批评涉及的主要是写作本身,是语言的起源,而不是阅读和消费。

——可以说,这种变化是由文学造成的——因为从马拉美、瓦莱里和普鲁斯特开始,批评总是包含着对自己的可能性条件的反思:

——从某种意义上可以说,文学本身形成了自己的

批评,使得批评者变成无用的人。

——但与此同时,文学使批评者的目光转向了品味判断以外的东西;它迫使批评拷问语言的起源点和可能性。由此产生了一些后果:

a.批评不再是评判性的:文本是一个事实,或者更准确地说,是一种可能性,要拷问的是这种可能性。

b.批评将自己置于作品的起源,也就将自己置于文学创造活动的中心,从而找回了它自19世纪以来失去的那种清新和第一位特性。

——而这种变化在目前的文学社会学中表现了出来:

a.评判性的、为消费者服务的批评(日报或周刊上的批评)与试图将自己置于作品层面的分析性批评(期刊等的批评)截然分开:两种批评之间没有任何交汇点。

b.一部作品无论多么难懂,多么深奥,它总是声称能够面向全部读者。在作品自己的眼中,它有一种直接的显而易见的性质,使批评变得无用。况且,批评往往比作品还要"难懂"。批评使作品变得"深奥"。

c.口袋书可以让作品本身进入一种未经过滤的消费,它把作品原封不动地强加给消费者;并且,批评者像谈论一种社会学现象一样谈论作品,对作品本身却保持沉默。

## 二

总体上讲,我们可以说,这种分析是把作品,把所有这些构成我们文明一部分的语言沉淀,当作一种以冷静而客观的态度加以考察的文化事实,就像对待任何一种历史现象那样。

——因此,至少在方法上,好文学和坏文学,大文学和小文学,两者之间没有区别。任何语言事实都属于分析范围。

(极限情况下,这是一门关于我们这个世界中流传着的所有书籍的一般科学:符号学。)

——一种对文学历史性的新感觉:

——从一个意义上讲,人们让文学摆脱了趣味或美的永恒判断,把文学置于它最纯粹的历史性中。

——从另一个意义上讲,人们在时代的全部产品中考察文学,将文学置于其共时性的厚度中。没有演变。

——一种对作者个体性的新漠视。

a.作者从未如此在场(拉辛出生在冉森教派的环境中;洛特雷阿蒙的攻击性;马拉美作品中的白色、光滑而寒冷的贞洁)。

b.但作者并不充当作品的转移形象,不是作品的人格化,不是作品的替身(就像以前人们把左拉等同于阴沟清理工①);作者只是一个一致性的点,是要分析的地方。不是作品变成了自己的责任人,而是作品变得既具有可

---

① 《泰蕾丝·拉甘》(*Thérèse Raquin*,1867)的出版早于并预告了卢贡-马卡尔家族系列。《泰蕾丝·拉甘》出版后,左拉确实遭到了猛烈的攻击,人们把他看作阴沟清理工和色情作家。一年后,他在该书第二版序言中回应了这些指控:"我只是感到惊讶,我的同行们竟把我说成一个文学上的阴沟清理工[……]"(左拉:《泰蕾丝·拉甘》,第二版序言,巴黎,Garnier-Flammarion,1970,第61页)。但人们仍然不断地把这个形象赋予左拉,而且在《家常事》(*Pot-Bouille*,1882)出版和德雷福斯事件发生时,这个形象以更加激烈的方式再度出现。

能性,又具有命定性。

我们可以看到以下方法的重要性:

——马克思主义分析方法,

——语言学方法,

——艺术史。

——对作品本身的问题化。重要的不再是人物,不再是思想,也不再是形式。

问题在于,有一种可以视为作品的东西;也就是说,一种直立的、受过训练的语言,一种不同于日常语言、不同于对某人说话时的语言的语言。

问题在于,这种语言,这种终归还是要对公众说话的语言,它竟还保留着一个意义储备,并且它在每个时代都可以不断地被阅读。

总之,问题在于,文化中可能有这样一些不确定的意义储备,它们不能被归结为需求和消费,也不能被归结为具有历史确定性的流传;可能有这样一些无区别性的形象,它们具有完全可移动的、随时能被重新组合的特点。

对于这个问题,以前人们通过"美是永恒"这个说法来解决。但现在已经不可能了,因为人们考察的是作品,而不是这些思想的价值或这些形式的理由。

——由此得出最后一个重要特征:必须给那些沉睡在书写文本中的隐含意义一席之地:

——这些隐含意义并不是曾经存在于作者意图中的意义:马拉美并没有想过要写一首贞洁诗,波德莱尔也没有想过要写一首散发着浓郁芳香的诗。

——这些隐含意义甚至并不是存在于可见的形式中的意义。

　　这些隐含意义漂浮在语言边界的某个中性空间里，很难被纳入文本。

因此，相对于19世纪，批评的问题颠倒了过来：

　　——那时的批评想把一部作品纳入可能的读者世界。

　　——现在的批评想把可能的阅读建基于作品本身：建立在构成作品黑色的、壮观的总量的坚实[充实]①厚度上。

## 三

以下是这种方法的几个具体例子，以及它必然会带来的一些问题。

1.形式分析。

这种分析基于这样的观点：作品有一个隐含的建筑结构——一种自生的肋骨，这种结构

　　——不是写作提纲；

　　——不是人物的戏剧运动；

　　——[也]②不是强拍或弱拍的美学平衡和音乐平衡，不是节奏。

　　——这些形式可以在作品的直接可读性中找到——在

---

① 猜测；单词难以辨认。

② 单词缺失。

它们的主题和构成中找到。

参见乔治·普莱对圆形的研究①:自从地球是圆形以来,巴洛克诗歌和思想就一直被球体的形象所萦绕:

——这个形象是微观宇宙,

——因此是反射,

——由此产生肥皂泡(脆弱的、虚幻的),

——由此想到脆弱性、瞬间破裂,

——由此产生弯曲性。

——这些形式可能会隐藏在作品更深的层次中:它们需要被破解:

——让·鲁塞②所分析的《波吕厄克特》③。

——《宫殿游廊》④:两个年轻人相爱,分开,相遇,再次分开,再次相遇。

——《熙德》⑤中的相同结构。

在《波吕厄克特》中可以再次看到一个类似的形象,但其平衡完全被打破:

——波吕厄克特爱波利娜,但为了上帝而与她分离。

——波利娜爱塞韦尔,但为了波吕厄克特而与他分手。

---

① 乔治·普莱:《圆的变形》(*Les métamorphoses du cercle*),巴黎,Plon,1961。
② 让·鲁塞:《形式与意义——从高乃依到克洛岱尔的文学结构》,巴黎,José Corti,1962,前引书。
③ 高乃依:《殉道者波吕厄克特》,前引书。
④ 高乃依:《宫殿游廊,或对手女友》,前引书。
⑤ 高乃依:《熙德》,前引书。

以上构型由一个第三项补充（或者更确切地说，由两个第三项补充，一个在顶部，一个在底部）。他们互相追逐，直到最终在高处重逢。

每一步都把波吕厄克特引向上帝，使他远离波利娜；每一步都使波利娜离开塞韦尔，把她引向波吕厄克特。

环状和圆形。

螺旋桨运动（在巴洛克雕塑中也可以找到）。

2. 主题分析。

认为形式（这种线性的、抽象的肋骨）与作品的感性内容是分不开的，形式与内容实为一体，形式从内部激发内容，或者更确切地说，形式不是别的，就是内容本身的活生生的在场。

两种哲学经验的重要性：

a. 现象学经验：并不是先有感性这种原材料，然后再有判断来激发感性；感性已经是定向的：感性就是空间性和时间性的身体本身。我们从逐渐变老的事物获得时间，我们从远景、从天边的云雾获得空间。感觉是与存在同时的。

b. 巴什拉尔的分析：这是某种被修正了的精神分析。

对弗洛伊德而言，想象的扭曲具有无限的灵活性：一切都可以发挥作用。

对巴什拉尔而言，存在一种想象力所特有的可塑性，它有自己的规律。爪子属于某种进攻类型：瞬间、流血、闪电、吸盘。[①]

---

[①] 巴什拉尔：《洛特雷阿蒙》（*Lautréamont*），第二章"洛特雷阿蒙的动物图谱"，巴黎，José Corti，1939，第 29—78 页。

理查尔把这种方法应用于马拉美：①怎样识别一个主题并加以分析呢？以马拉美作品中的贞洁主题为例。

a.根据频率(吉罗②)：但主题溢出了指称它的那些词语(白、雪、冰川、翅膀)，因为它建立的从属关系虽然语义上是清楚的，但原则上讲并不能通过词语来表达。而且这些词语并不总是具有相同的含义(冷[它的意思是]死亡，还是贞洁？)。

b.根据主题的拓扑学性质：

——一个主题的重要性表现在它处于多个拓扑层次上：

——赤裸：色情、形而上学、诗学(赤裸状态的语言)。

——贞洁：纯真、身体、语言与倾听者的关系。

——功能等值法则：

——事物的贞洁，就是它们的白色。

——这种贞洁的抵抗性和羞耻感，就是寒冷(这寒冷是冰，是保护着水的流动性的这层薄而易碎的冰壳；这寒冷也是冬日的天空，是湛蓝而遥远的、清晰而深沉的天空，在那里，一些形状以不可企及的精确度被描画出来)，也是玻璃窗外边的天空。

c.根据主题的心理二重性：问题不在于弄清楚马拉美有什么想法或感觉，他是赞成还是反对。主题之所以能证明它

---

① 理查尔：《马拉美的想象世界》，前引书。
② 吉罗：《词汇的统计学特点——方法初探》(*Les caractères statistiques du vocabulaire. Essai de méthodologie*)，巴黎，PUF，1954。

的恒定性、一致性、顽固性,之所以被有力地强加到作品中,强加给作品,强加到作者那里,强加给作者,恰恰是因为主题时而被赋予正面价值,时而又被赋予负面价值。

例如凋谢、堕落、跌落的翅膀:

"一大堆败坏的玫瑰,罪恶就是它们的芳香。"① 但是:

"每句话像花雨一样倾泻下来。踮起脚,站立起来,微微张开双臂,迎接它,触摸它,啊,幸福!用人的双手!"②

d.根据它们的平衡:因此就会特别看重复杂的形式或具有多种潜在性的形象,这些形式用同一个规则把主题展开的整个曲线连接起来:

——扇子打开,又折叠,但当它打开时,它隐藏;当它折叠时,它揭示。③

——舞蹈演员,在远处的舞台上,绽放成一个不真实的圆;但走到近处看她时,这个圆又闭合了。

——书也是这样。

e.根据时间的演进。分析虽然具有共时性结构,但我们可以看到它如何允许进行一种时间类型的分析。

——马拉美最早的几首诗:贞洁的白色是保证世界的完好无损的一种方式;一种接近自我、没有距离的完整——事物之间的沟通:

---

① 马拉美:《文学交响曲》,前引文章,第 263 页。
② 马拉美:《那罗和达摩衍蒂》,前引文章,第 631 页。
③ 见上文第 165 页,注释①。

> 云啊,你是天空之海的泡沫吗
> 翻起清纯浪花的天空之海?
> 你是白色的羽毛吗?
> 微风掠过蓝天时
> 从天使的翅膀落下的羽毛?①

——然后,在《窗》②这首诗中,我们看到了对蓝天的另一种体验,那是难以接近的、寒冷的、充满敌意的蓝天,在那里,一切交流都变成堕落、凋谢。在《叹息》中,蓝天

> 让昏黄的太阳在死水上
> 拖出一道长长的光线,
> 枯叶,如濒死的野兽一般,
> 随风盘旋,挖出一条寒冷的沟渠。③

## 四

那么,问题就是要弄清,这样的分析最终是以什么为基础?

---

① 马拉美:《云》(«Le nuage»),见蒙多(H. Mondor)《中学生马拉美,青年时期的 40 首未刊诗稿》(*Mallarmé lycéen, avec quarante poèmes de jeunesse inédits*),巴黎,Gallimard,1954,第 176 页。

② 马拉美:《窗》(«Les fenêtres»),见马拉美《作品全集》,前引书,第 32—33 页。

③ 马拉美:《叹息》(«Soupir»),见马拉美《作品全集》,前引书,第 39 页。

——很明显,就一个较长的时段而言,一种泛化的美学可以很好地解释某些形式:巴洛克式的扭曲。

——但一部作品的个体性方面的变化,只可能是泛化的美学所无法解释的。

把作品作为作品来分析,在其内部结构中进行分析,这不仅不回避作品的个体性,而且把作品的个体性暴露在充分的、神秘莫测的光线下。

那么,作品中隐含的**无意识**的,因此并**不指向**作者意图、不指向作者明确想做什么的那个个体性,其身份是什么呢?

很明显,这里不可以求助于精神分析,因为这里要解释的是作品本身,是作品的内部动态,而不是一个心理事实(或作为作品的表达)。

1.存在主义分析。

萨特:《波德莱尔》①《圣热内》②。

斯塔罗宾斯基:《透明与障碍》③。

他们的观点是:作品与生活属于一个共同的结构,必须把它们视为一个共同的文本、一个单一的脉络

——这个文本表面上看是一种命运,

——但从深处看它是一种规划。

例如卢梭,自从他因一个谎言、一个诽谤而失去了世界的透

---

① 萨特:《波德莱尔》(*Baudelaire*),巴黎,Gallimard,1947。

② 萨特:《圣热内,喜剧演员和殉道者》(*Saint Genet, comédien et martyr*),巴黎,Gallimard,1952。

③ 斯塔罗宾斯基:《让-雅克·卢梭——透明与障碍》,前引书。

明性:

——他一生都在努力回到这种透明性([即]目光对纯真无邪的归属)。

——但他的作品也属于同一种的努力:

——无论是以政治规划的形式,

——以浪漫幻想的形式,

——以谵妄的形式,

——以辩解的形式,

——还是以[推理]①的形式。

2.历史分析。

一个作者的作品和生活(所构成的整体)不是一个单一的图式,而属于一些更大的整体,必须被重新放入这些更大的整体中。

因为一部作品所提供的阅读可能性存在于它的客观意义中(而不只存在于作者的规划中)。然而,赋予作品一种客观意义的东西,是它所处的那个历史整体:

——笛卡尔是信神的,但他的理性主义是无神论的。②

——加尔文主义者的恩典观(世俗生活内的苦修)不同

---

① 猜测;单词难以辨认。

② 可能是指格鲁的《笛卡尔,以理性的秩序》(*Descartes selon l'ordre des raisons*),两卷本,巴黎,Aubier,1953。格鲁的解读与阿尔基耶的研究正相反,在后者的研究中,笛卡尔的"姿势"主导着他对其思想的阐释。人们也会想到戈德曼《隐蔽的上帝,帕斯卡尔〈思想录〉和拉辛戏剧中的悲剧观》(*Le Dieu caché. Étude sur la vision tragique dans les «Pensées» de Pascal et le théâtre de Racine*),巴黎,Gallimard,1955,第22—23页。

于冉森教派(拒绝一切世俗生活)。

因此,必须单独找出来的,是一种具体的整体性,思想在这种具体的整体性中获得其意义(即使这意义对作者来说是模糊的)。

因此就有这样的想法:

——把行为与思想相符的那些[人]①集合在一起。

——这些人有一个共同的意识形态(共同的"世界观")。

——对这样的分析而言,阶级的概念太宽泛了。

戈德曼:拉辛的悲剧观。②

——官吏们(他们支持国王)。

——专员们(他们由国王任命,此时国王亲近大贵族)。

因此就有了冉森主义:

——尘世无可救药:权力是邪恶的。

——人在尘世上无法拯救自己。

——上帝不在尘世;它只通过目光干预世界。

因此就有两种态度:

——断然拒绝(巴克斯,圣-西朗)。

——与尘世同在(阿尔诺)。

拉辛

生活在尘世:拒绝的戏剧;

进入某种隐退:上帝干预尘世的戏剧(与阿尔诺相会,阿尔诺本人则亲近国王)。

---

① 单词缺失。
② 戈德曼:《隐蔽的上帝,帕斯卡尔〈思想录〉和拉辛戏剧中的悲剧观》,前引书。

在这两者之间,是冲突的戏剧:《费德尔》①。

3.这些分析的第三个可能的基础目前或许正在形成。

这个基础就是对文学作为语言事实的考察;文学是某种既发生在语言内又摆脱语言,既寓居在语言中又打乱语言的东西。

这个简单的想法。

不断地被文学彰显出来:文学是对语言的特殊使用,它把整个语言都拿来冒险。

这就是巴尔特想要做的事情。在《写作的零度》②中,他试图定义文学用以自指的那个符号区域。

在他看来,存在着某种既不是语言(语言是任何说话者的共同视野)也不是风格(风格随作家的变化而变化,随文本的变化而变化)的东西,它是一个书面文本借以自称为文学的那些符号的总和(参见埃贝尔和《杜歇老爹报》)。

对这些符号的研究,就像其他任何有关符号的研究一样,属于索绪尔首次定义的符号学方法。

——这种方法允许进行一种历时的、时间的、历史的分析:

夏多布里昂:为了被看见的符号。表演。

相反,格诺、加缪和塞林纳,他们是不存在之符

---

① 拉辛:《费德尔和希波吕特》,前引书。
② 巴尔特:《写作的零度》,前引书。

号(不是说这些符号[不]①存在)。

和一种对整体和系统的共时分析。

——这种方法也允许把文学与社会某一特定时期中流通的所有符号联系在一起。

说到底,文学和语言都不过是众多符号中的符号而已。

说到底,服装、饮食都是符号;而且不只在富裕社会中如此。

列维-斯特劳斯:妇女不仅仅是消费资料;她们依据某些结构在流通,这些结构赋予她们意义。她们是一些社会符号。②

能否把文学纳入某种适合于一个社会的普通符号学?在这种普通符号学里,人们拷问的不是文学的意义(思想、美),而是文学的能指的结构。

——就我们的社会而言,人们可能会遇到一个奇怪的悖论:

——在原始社会中,妇女是符号,但也是符号的创造者(所以会有**二重化**)。

——在我们的社会中,文学是符号的一种使用方式,它自我意指,自我指涉;它静止在这种如同其徽章的二重化中。

文学是自我意指的语言,它感觉到它的符号性质,贪婪地探索它自己的同义重复。

---

① 单词缺失。
② 列维-斯特劳斯:《亲属关系的基本结构》,前引书。

——在这种情况下,我们可以清楚地看到新小说的文学形式主义[中]①的历史内容是什么:

——不是对某种焦虑的表达。

——但或许是在文学内部对它的自我参照姿态的澄清。

今天的文学之所以是文学,不是因为它是形式的、抽象的、没有内容的;文学从来没有像现在这样接近它的内容,从来没有像现在这样把语言意指为能指。

文学正在变成一个充实的形式。

这是由于一种或许可以追溯到塞万提斯的历史成熟。

——然而,当文学在二重化中自我指称,当这种二重化或许同人类第一语言所产生的那种二重化一样重要时,文学便触到了一个极限:

——文学在其存在的显现中消失。

——一种令人晕眩的内容在等待着文学。

因此,不应把文学当作一种处在文化中心的活动来拷问,仿佛文学是对文化的内容(或价值)的表达(或伪装,或捍卫,或攻击);而应把文学当作一种极限体验,它是文化不可避免地要借以定义自己的那些极限体验之一。不存在没有疯癫的文化,不存在没有性禁忌的文化,不存在不触及语言极限、不使用一些自我焚毁的符号的文化,这些符号让某种东西从它们的焚烧轨迹中诞生出来,这个东西就是文学。

---

① 单词缺失。

# 结构主义与文学分析
## ——1967年2月4日突尼斯塔哈尔·哈达德俱乐部讲座[①]

Structuralisme et analyse littéraire

*Conférence prononcée au Club Tahar Haddad*

*à Tunis le 4 février 1967*

① 这次讲座的部分录音稿(不含讲座后的讨论)发表于《突尼斯手册》,第 39 卷,第 149—150 号,1989,第 21—41 页。关于这次讲座,参见多米尼克·塞格拉《福柯在突尼斯:关于两次讲座》,前引文章。

女士们,先生们:

我想我们聚在这里主要是为了讨论,就是说我应该完全不说话;但我假定,为了你们能行使你们的提问权,即审视权和批评权,我必须把自己暴露在你们的打击面前;所以我就先说几句,也没有什么顺序,希望你们由此出发,有机会表达你们自己。

其实,我选的这个题目,由于我事先并不知道我面对的听众是谁——幸好不知道,因为如果我事先知道听众是谁,我想我可能就不讲了。因为,一方面,听众中有一些是很令人惶恐的人,是我的同事,他们对这个问题知道得比我多;另一方面,还有好多大学生,他们已经认识我,见过我的表演,所以这一切对我来说显然有点令人惶恐和不安——所以,由于我不太知道我将面对的听众是谁,我就想,我可以谈谈结构主义和文学分析的关系这个问题。

结构主义和文学分析的关系这个问题,你们可想而知,我显然没有任何能力去谈论。事实上,我选择这个题目,很大程度上是因为它目前是一个产生诸多误解的巢穴。你们都知道所谓的"新批评"①之争,因为你们至少都听说过关于此事的一些反响。我认为在这场争论之下,隐藏着一些定义极为模糊的概念;我想

---

① 详见雷蒙·皮卡尔的抨击性文章《新批评或新欺骗》(*Nouvelle critique ou nouvelle imposture*,巴黎,J.-J.Pauvet,1965)和罗兰·巴尔特的回答《批评与真实》(*Critique et vérité*,巴黎,Seuil,1966)。

让应该成为这次会议主要内容的东西,即刚才说的那场争论,稍稍朝着寻求定义的方向展开。

我想大致可以这样说:一直拖到现在的这场争论(不仅在法国,在别的国家也拖了好几年了),表面上看,人们觉得,这场争论把一些东西和人对立起来,把科学式的批评与印象式的批评对立起来。人们也觉得,这场争论把内容和意义的支持者与纯形式的支持者对立起来。人们还觉得,这场争论把历史学家与那些只对作品的系统和共时性感兴趣的人对立起来。人们觉得,说到底,这是某些个人之间的冲突,甚至是某些社会群体之间的冲突,因为一边是老旧的法国大学的支持者,另一边是某种必然处在大学之外的知识创新的支持者。

我不确定这样描述争论的方式是否绝对准确。在这场关于新批评的争论中,最落伍的人不一定是大学内部的人,而大学虽然不是总有很多理由为自己骄傲,却可以骄傲地说,某些支持旧批评的人恰恰不是大学的一员。同样,像理查尔那样的分析①也并非完全忽视作品的意义,只谈作品的内容。当前文学分析的趋势并未拒绝历史,并非只谈纯系统和共时性。因此我不认为所有这些形容词、所有这些限定词能使我们准确地定位这场争论。

为了尝试更好地把握争论,我想引入一个现在大家都很熟悉的概念。初看起来,这个概念带来的困难肯定会远远多于它所能解决的困难。这个概念就是结构主义。大体上我们可以说,目前

---

① 例如福柯1964年在《让-皮埃尔·理查尔的〈马拉美〉》(前引文章)一文中提到的两项研究:《马拉美的想象世界》(前引书)和《关于现代诗歌的十一项研究》(*Onze études sur la poésie moderne*,巴黎,Seuil,1964)。

的争论围绕着人们称之为结构主义方法的可能性、权利和能产性而展开。事实上,什么是结构主义?这很难下定义。我们想想看,说到底,人们用这个词所指称的是一些各不相同的分析、方法、著作、个人,例如杜梅齐尔的宗教史①、列维-斯特劳斯的神话分析②、巴尔特的拉辛悲剧分析③,还有目前美国的弗莱对文学作品的分析④,俄罗斯人普罗普对民间故事的分析⑤,以及格鲁对哲

---

① 在杜梅齐尔1967年以前出版的许多著述中,我们可以举的例子有《朱庇特、玛尔斯和基里努斯》(*Jupiter*, *Mars*, *Quirinus*,巴黎,Gallimard,1941—1948)第一卷至第四卷,以及《古罗马宗教》(*La religion romaine archaïque*)(巴黎,Payot,1966)。

② 列维-斯特劳斯:《神话学》(*Mythologiques*),第一卷《生食与熟食》(*Le cru et le cuit*)和第二卷《从蜂蜜到烟灰》(*Du miel aux cendres*)(巴黎,Plon,1964,1967)。第三卷《餐桌礼仪的起源》(*L'origine des manières de table*)和第四卷《裸人》(*L'homme nu*)直到1968年和1971年才出版。

③ 巴尔特:《论拉辛》,前引书。

④ 诺斯罗普·弗莱在那个时期已经出版了许多著作:他尤其在1957年因出版《批评的解剖——论文四篇》(*Anatomy of Criticism. Four Essays*,法译本稍后于1969年由Gallimard出版社出版,法文书名为*Anatomie de la critique. Quatre essais*)而为大家所了解;他发表了一系列有关文学家的文章(尤其是1963年出版的1947—1962年间论文集《身份的寓言——诗歌神话研究》[*Fables of Identities. Studies in Poetic Mythology*],其中一些论文涉及弥尔顿、莎士比亚、狄金森等),1963年出版了一本关于艾略特的论著,1965年出版了论莎士比亚戏剧和弥尔顿的两部著作。所有这些论著在1967年都还没有翻译成法文,这让人猜测,福柯可能是在突尼斯时在热拉尔·德勒达勒的书房里查阅了这些论著的英文原版。

⑤ 普罗普:《民间故事形态学》(*Morphologie du conte*,1928),法译本译者M.Derrida,C.Kahn,T.Todorov,巴黎,Seuil,1965。

学体系的分析①。所有这些都被置于结构主义的标签下,因此都失败了。想用一个如此模糊的概念来阐明所有这些问题,或许有点冒险。

然而,就是这个结构主义,我想在上边稍花点时间。结构主义当然不是一种哲学。它不是一种哲学,但它可以与一些完全不同的哲学联系起来。列维-斯特劳斯就明确地把他的结构方法与某种唯物主义类型的哲学联系起来。又如像格鲁这样的人则相反,我们大致可以说,他把自己的结构分析方法与某种唯心主义哲学联系起来。而像阿尔都塞这样的人,他在一种明确的马克思主义哲学内部,明确地使用结构分析的各种概念(concepts)。② 因此,我不认为我们可以在结构主义和哲学之间建立一个单义的、确定的联系。

你们会对我说,这是大家都知道的,大家都知道结构主义不是一种哲学,而是一种方法。正是在这里,我想提出一个反对意见。最终在我看来,我们不可以真的把结构主义定义为一种方法。首先,很难看出普罗普对民间故事的分析方法与格鲁对哲学体系的分析方法有什么相似之处,也很难看出美国的弗莱对文学体裁的分析与列维-斯特劳斯对神话的分析有什么相似之处。

其实在我看来,人们用结构主义这个词主要是指一些学科,

---

① 指格鲁的《笛卡尔,以理性的秩序》,前引书。
② 阿尔都塞:《保卫马克思》(Pour Marx),巴黎,Maspero,1965。另见他的两篇文章《从〈资本论〉到马克思的哲学》和《〈资本论〉的对象》,收入阿尔都塞、巴利巴尔、埃斯塔布莱、马舍雷和朗西埃等人所著《读〈资本论〉》(Lire Le Capital),巴黎,Maspero,1965,第一卷第9—89页和第二卷第7—185页。

甚至不是学科，而是一些关切，一些分析，它们说到底都有一个共同的对象。而我会以悖谬的方式，用对象的共同性来定义结构主义和不同的结构主义。我会说，结构主义，在目前，就是这样一些尝试，人们借助这些尝试来分析可以称之为大批量文献的东西，即人类在自己身后留下并且每天仍在自己周围不断构建着的日益增多的全部符号、痕迹或标记。这大批量的文献，大批量的痕迹、符号，它们以这种方式在世界历史中沉积下来、沉淀下来，被记录在已经构成并仍在不断构成的世界档案中。这大批量的文献是由什么组成的呢？当然，这些都是准确意义上的语言痕迹、书写痕迹，当然有文学，但总的来讲，也包括其他所有曾被书写、被印刷和被传播的东西；还包括所有被说出并以这样或那样的方式保存在人类记忆中的东西，要么是人类的心理记忆，要么是任何被录制下来的物质记忆；还包括人在自己周围留下的所有标记——艺术作品、建筑、城市，等等。所有这些使得人类制造的物品不仅遵循简单纯粹的生产法则，而且遵循着一些把它们建构为标记的系统。这些标记恰恰就是人类自己的创造的标记。

我认为目前人们正在发现的，就是这方面的自主性；通过这个方面，从这个方面，人们可以分析人类所能做的一切；这个方面不是指这些对象、事物、符号、标记等的经济生产的方面，而是指这些标记和符号相互之间赖以成为坚实的标记的方面。要找到**作为文献的文献**的规定系统。这种有关作为文献的文献的学科，我们可以借助词源——我并不太擅长——将它称为，我设想应该可以从希腊文的 deiknumi① 这个动词出发，找到一个类似于

---

① deiknumi 在希腊语中的意思是：指示，展示，让人看到，让人了解。

deixologie(指示学)①的什么东西,用它来指称一种研究作为文献的文献的一般学科,它其实就是结构主义目前正在建构的东西,即对文献本身的内部限制的分析。从这个角度出发,我想人们就可以理解结构主义这种看起来什么都搞一点的特点,因为结构主义的确样样都管:哲学、广告、电影、精神分析、艺术作品等。

第二点,我想,这就解释了,结构主义不可能不重视像语言学这样的东西,因为语言学恰恰处在人类在自己周围留下的所有这些文献的中心;说到底,语言是一般意义上的人类文献借以呈现出来的最一般形式。

第三点,我想,这也解释了,这种方法,或者说,结构主义的各种概念、结构描述[所引发的]②,与一些研究文献的学科之间产生的冲突,这些学科恰恰不把文献当作文献来研究,而是当作某种广义上的经济系统的产物。也就是说,面对沉淀在人类历史中的一切,人们最终可以采取两种基本态度:要么研究人类创造的各种不同对象得以生产的那一连串过程,我把对这些生产规律的研究称为经济学;要么可以尝试把这些定义着人类创造对象的全部残存、标记仅仅作为文献来研究。我认为,与经济学相对的,与生产的经济学分析相对的这第二种态度,就是我们可以称为"指示学"分析的特点,它分析同样的对象。

---

① 这明显是福柯自己生造的一个新词("我用一个随意的词 deixologie 来称呼它",见下文第 201 页),用来指称"有关文献本身的一般性学科"。关于这一点,可参见戴维·梅西《米歇尔·福柯》(Michel Foucault),法译本译者 P.-E.Dauzat,巴黎,Gallimard,1994,第 207 页。

② 猜测;单词缺失。

对这两种分析做出区分,这或许有点棘手,你们明白它为什么会引发种种问题。但是毕竟,我们眼前就有一个现成的样板。很简单,这个样板就是自然科学提供给我们的样板。30多年前我们就已经知道,19世纪采取的那种旧式分析,即能量过程的分析,现在已不足以充分解释物理、化学尤其是生物方面的某些现象;除了能量过程,还必须分析人们所说的信息过程。如今人们在做生物学研究时,不可能不考虑使全部生物现象成为可能的能量过程和信息过程之间的持续互动。能量过程和信息过程之间关系的定义显然带来许多问题,但人们之所以能分析这些关系,正是因为人们先区分了两个层面,能量层面和信息层面。

在我看来,所谓的人文现象方面的问题与此大致相同。就是说,人文现象也应在两个层面上进行分析:一个是人文现象的生产层面,即经济学层面;另一个是人文现象作为文献所遵循的文献规律本身的层面,即指示学(deixologique)层面。如果说将来有一天确实要尝试研究这两个层面之间的相互干扰的话,那么就必须首先把这两个层面区分清楚,然后才能对这种构成历史的材料和对象的相互影响进行定义。我认为,结构主义在方法论上的重要性、认识论上的重要性和哲学上的重要性,就在于此。它最初是一种方法,毫无疑问,正是作为方法,它朝向这个新对象、朝向这个新层面、朝向这个新的认识论领域取得了突破;这个新的认识论领域,我用 deixologie 这个随意的词把它称为指示学。正是从这种方法论的突破出发,这个新的对象正在构成;从这个新的对象构成的那一刻起,结构主义必定不能再被纯粹简单地定义为一种方法了。它变成一种纯粹简单的要求,要求走遍我们面对的这个新领域;这就使得,结构主义所抵达的地方也正是它必须作为方法而隐退和消失的地方;它在隐退之时反身自省,承认它所做的一切只是发现了一个对象。我们可以把结构主义的例子与18世纪末病理解剖学的例子进行比较。18世纪末的病理解剖学只是一些医生使用的医学方法,而且还引发了许多争议和难题。随后,病理解剖学分析最终发现了一个未曾料到的对象,即生理学;生理学后来作为一门独立的学科发展起来,继续把病理解剖学作为一种特殊方法来使用。① 这很可能就是结构主义即将发生的事情。

以上就是结构主义目前的大致情况,也是我想说的结构主义一词的一般意义。

那么准确意义上的文学分析跟这些有什么关系呢?如果我刚才跟你们说的都是正确的,你们就会看到,文学分析必然构成这些文献学科的一部分:它以一种特殊的方式研究这些被我们称为文学作品的文献。事实上,文学分析,以及文学的结构分析,一直以一种讽刺挖苦的态度对待我谈到的这些至今被归于结构主义名下的各个学科。的确,文学分析很早就加入了指示学学科的领域。为什么是这样?怎么会是这样?

我想可以用以下方式对这种情况做一简单概括。以前的文学分析其实主要具有一种建立交流的功能、一种中介功能,它是写作(准确意义的作品)与其消费(公众阅读)之间的中介。那时,文学分析基本上是一种介于写作和阅读之间的含混行为,它让一定数量的人能够阅读某一个人写出来的文本。文学分析的

---

① 福柯:《临床医学的诞生》(*Naissance de la clinique*, 1963),收入福柯《作品集》(*Œuvres*),第一卷,"七星文库",巴黎,Gallimard,2015,第 671—902 页。

这种中介功能可以从以下三个方面进行概括和描述。一方面，文学批评或文学分析的功能是在书面文本中挑选出哪些应该被阅读，哪些不值得被阅读。例如，文学批评一劳永逸地删除了诸如萨德或洛特雷阿蒙这样的作品。这是文学批评的第一个作用。它的第二个作用是评判作品，提前告诉潜在的读者这部作品是否有价值，以及它与其他作品相比有什么价值，即在一个尺度内给作品定位。第三，文学批评的作用是简化作品，或至少是简化作品的阅读程序，它必须给出一个作品本身的生产简图，解释作者如何写作，为什么写作，他的意图是什么，等等。这三个功能——挑选、判断、解释或澄清——使得文学分析在面对一部书面作品时处在某种理想读者的位置。从事这种文学分析的人实践着这种绝对的、居高临下的、理想的阅读，他写出的文章应该成为未来读者的中介，应该授权、支持、简化未来读者对第一文本的阅读。因此那时就是这样一个线性结构：(1)写作；(2)文学分析；(3)阅读。我想正是这种结构定义着那时人们所说的批评的作用。因为那时的文学分析就是批评，它是一种进行筛选的审查，是一种提出判断的美学，同时也是对作品生产历史的研究，它解释作品生产的各种原因，并把作品还原为这些原因。这就是为什么那时全部的文学分析从根本上讲就是一种批评。这也是为什么在所有我们称为西方类型的社会，有一类被称为批评家的奇怪而可怕的人物；这项发明大致可以追溯到圣-伯夫。这或许是一个令人忧伤的发明，但也没什么关系。

我认为，在20世纪，文学分析的立场发生了变化。我刚才给你们展示的那个线性模式被一个完全不同的构型所取代。我认为，文学分析现在已经摆脱了曾经定位它的那个从写作到消费的轴线。现在的文学分析不再是一种从写作到阅读的关系,而是变成了一种从写作到写作的关系。也就是说,文学分析现在主要是一种从被称为作品的给定语言出发去构建一种新语言的可能性;它是这样一种新语言,这种从第一语言获得的第二语言(second langage)可以谈论第一语言。你们看,批评的问题已经不同于以前了,不同于19世纪了,那时的问题是:一般读者,尤其是理想读者,能够如何、应该如何评判一部给定的作品?现在,批评的主题则是:应该对一部作品的语言进行怎样的改造,才能使改造后的语言谈论这部作品,并显露出涉及这部作品的东西?批评或文学分析既然发生了这样的变化,你们就明白现在的文学分析如何和为什么完全不再关心作品的生产,不再关心作品是如何产生的,而是关心作为文献的作品,即作为用这种被叫作语言的文献形式做成的作品;也就是说,文学分析现在是从根本上把作品当作语言来关注。正因为如此,文学分析,就像神话分析等一样,并同这些分析一起,将成为某种指示学。

其次,这就解释了为什么文学分析现在与语言问题紧密地联系在一起,因为它把一种给定的语言改造成一种可以谈论这种给定语言的新语言。这也向你们解释了文学分析如何和为什么与逻辑问题相关联,即主要是与陈述转换问题相关联。最后,你们看到文学分析如何和为什么不得不放弃曾经属于它的那种筛选、批评和评判的旧功能,因为它不再是写作和阅读之间的中介。从现在开始,文学分析将暂停对作品的任何评判,暂停针对读者的任何筛选功能;对文学分析而言,不再有神圣的作品,不再有立刻增值的作品。批评家曾经扮演的那个筛选和评判作品的角色,现在只不过是一个文学路政官的角色。与文学分析相比,报纸上能读到的那种批评只不过是一种狗尾续貂,皮埃尔-亨利·西蒙①的羽笔当然就插在这个狗尾的最尖处。

你们也看到,历史、历史分析,作为对作品生产的研究,为什么和怎么样不能再作为文学分析的重要主题和首要主题,因为文学分析急需弄清的不再是一部作品是如何产生的,而是一部作品如何能引发另一种语言,即分析的语言,作品在这种分析的语言中显现自己或显现[自己的]某些方面。

我想以上就解释了为什么会出现这种叫作文学分析的新学科,也解释了文学分析为什么与某些学科十分接近。这些学科看上去相距甚远,但它们之间的亲缘关系现在已经变得很清楚了,所有这些学科都是把文献作为文献来处理,无论是像精神分析那样处理纯粹的口述文献,还是像民间故事分析那样处理口头传统的文献,或者像社会学处理文献那样的文献分析。

以上大致就是我想说的简要内容,以便稍稍定位一下各种结构学科与文学分析的种种问题。下面将是可供争论的第三个方向:我想给你们定位一下——不过你们比我更清楚、更了解——我想定位一下作为文学分析的形式的结构主义在当前的趋势。

在文学分析中使用结构概念,这提出了一个相当奇怪的历史小

---

① 皮埃尔-亨利·西蒙(Pierre-Henri Simon, 1903—1972),作家,弗莱堡大学文学教授,后来成为《世界报》的文学评论家。主要著作有《20世纪法国文学史,1900—1950年》(*Histoire de la littérature française au XX$^e$ siècle. 1900–1950*, 巴黎, Armand Colin, 1956)和《法国文学的英雄领地,10—19世纪》(*Le domaine héroïque des lettres françaises. X$^e$ – XIX$^e$ siècles*, 巴黎, Armand Colin, 1963)。1966年11月入选法兰西学院院士。

问题。你们知道,文学领域的结构分析是很久以前发明的,距今已经半个世纪,是在俄国发明的。大约在 1915 年,一些主要受过语言学教育的俄国形式主义者开始把一些大致已经是结构概念的概念应用到文学分析中。后来,在布拉格,在捷克斯洛伐克、美国和英国,一些俄国形式主义者移民到那里,结构形式的文学分析也就在那里发展起来。最后,只是在 1940—1945 年战争之后,法国才开始出现了这么一个可以算是文学结构主义的东西,而且是以一种缩手缩脚的方式。然而,奇怪的是,在法国,文学领域的结构主义起初并不是从"何为语言"的思考发展出来的。也就是说,历史地讲,在法国新批评的形成过程中,语言学模式只起了很小的作用,几乎没有起到任何作用。事实上,很奇怪,法国新批评得以形成的那个突破点是精神分析,严格意义上的精神分析①,巴什拉尔的广义精神分析②和萨特的存在主义精神分析③。新批评正是从这些分析形式中形成的。只是在那之后,也就是最近不到十年、不

---

① 例如可参见拉普朗什:《荷尔德林与父亲的问题》(*Hölderlin et la question du père*),巴黎,PUF,1961,以及福柯关于此书的文章(《父亲之"不"》,前引文章)。

② 指巴什拉尔的著作《火的精神分析》(*La psychanalyse du feu*),巴黎,Gallimard,1938;《水与梦——论物质的想象》(*L'eau et les rêves. Essai sur l'imagination de la matière*),巴黎,Jose Corti,1941;《气和梦想——论运动的想象》(*L'air et les songes. Essai sur l'imagination du mouvement*),巴黎,Jose Corti,1943;《土与休憩的遐想》(*La terre et les rêveries du repos*),巴黎,Jose Corti,1946;《土与意志的梦想》(*La terre et les rêveries de la volonté*),巴黎,Jose Corti,1948。

③ 参见萨特:《存在与虚无》(*L'être et le néant*),巴黎,Gallimard,1943;《波德莱尔》,前引书;《圣热内,喜剧演员和殉道者》,前引书。

到七八年的时间,法国的文学分析才发现了语言学模式,并将其方法从信奉精神分析转为信奉语言学。当然,对精神分析的信奉并不十分严谨,与弗洛伊德理论本身的关系其实是相当随意的,但结构主义起初毕竟是在这个方向上产生的。新批评的结构主义产生于精神分析,这一点都不奇怪,原因很简单:精神分析也是一种文献研究,是对某个人在某个特定场景说出来的人类言语的研究,[①]你们知道,精神分析本身也是一种文献处理,所以它不可能不是结构主义的,至少因为它也是一门指示学(deixologique)类型的学科。所以毫不奇怪,在法国,文学分析汇入结构主义,不是经由语言学,而是经由精神分析。我想以上就是对新批评诞生的历史定位。②

新批评后来是如何发展的?朝着什么方向发展的呢?我想大概可以说,所有被叫作新批评的东西,其基本目的都是要确定一个特定文本(也就是一部文学作品)的以下特征:首先,可以根据哪些元素来划分一部特定作品;其次,这样确定后的元素之间的关系网络是什么?你们会对我说这都很简单,但这些其实都有问题。这些都有问题,是因为作品依据章节、段落、句子和词语来划分,而这样的划分并非文学分析所应建立的划分,文学分析要建立的划分是为了展示作品是怎样运作的。

与19世纪的旧模式相反,结构主义在文学分析中的第一原则认为,作品本质上不是时间的产物,作品在其诞生和当下存在的过程中,并不遵循一种线性的、年代的序列。作品被看作一个

---

① 单词缺失。
② 我们会注意到,整个这一段中令人吃惊地没有提到拉康。

所有元素都同时存在的空间片段。鉴于这种给定的同时性,由于整个作品都以这种方式并置,所以从这时起人们就可以将其划分成一些元素,并确定不同元素之间可能存在的功能关系。换句话说,引导我们的不是作品的历时性线索,而是作品本身的共时性。这并不意味着我们不知道作品实际上是在一个特定时刻、一个特定文化或一个特定个人那里出现的,但为了确定作品是如何运行的,就必须承认作品始终与它自身共时。

大体而言,到目前为止,文学分析以两种方式确定作品与自身的共时性:一是在想象的维度上,二是在语言的维度上。作品被空间化并与自身同时化的地方首先是想象;人们尝试构建,或者我们大致可以说,一些文学分析作品已经构建了一种想象的逻辑或一种想象的几何学。首先就是巴什拉尔的著作。他构建了一种文学想象的基础逻辑。他把一些品质彼此对立起来,这种对立无关作者心理,也无关读者心理。这些品质仿佛客观自在地存在着,处于事物的核心,它们的对立系统赋予作品以可能性和逻辑性。这大致就是想象逻辑的要略。想象的几何学的尝试,你们则可以在普莱的作品中找到。例如,在讨论圆形的时候,普莱做了一系列分析,他让我们看到,作品在其讲述的内容中、在其得以构成的法则中、在构成其各部分和各元素的法则中,如何遵循着一些几何形象,这些几何形象既被表现在作品中,又是作品的表现者。① 在这个路线上,继普莱之后,还有斯塔罗宾斯基,他考察了卢梭作品中的障碍和透明主题。他证明,在卢梭全部作品的主题中,你们会发现有一种不透明的奇怪的空间形象覆盖在事物表

---

① 普莱:《圆的变形》,前引书。

面，把人与事物阻隔开来；然后，你们会发现有一种对透明性的追求，这种透明性只能通过语言，并只应通过语言来获得，语言是使这层面纱（这道把人与事物阻隔开来的墙）"半透明化"的工具；语言是打磨这层面纱、使之透明的东西。① 因此，作品的主题被这个空间形象所激活，但同时作品恰恰就是这个空间形象，因为卢梭正是尝试通过他的作品，通过他写的这部文学作品，让世界在他面前变得透明；从他童年时代开始，从他童年时代遭受的不公待遇开始，这个世界对他而言就变得完全不透明，就已经失去了。因此，作品本身就是这种空间构型和空间动力，它被它言说的内容所表现。以上就是我们对想象逻辑和想象几何学的文学分析的定位。

　　第二个方向是最近才出现的，是从语言学模式出发对文学作品特点的分析。在法国，首次进行这种分析的是列维-斯特劳斯，他在分析波德莱尔的一首十四行诗时让人们看到，②《猫》这首诗完全受到波德莱尔可支配的语音可能性的控制；波德莱尔把这首诗建立在一个由法语特有的语音特点提供给他的冗余系统上。这项研究在好多年里一直鲜为人知，最终几乎被遗忘，但最近又被重新挖掘出来；巴尔特和热奈特近来的研究③完全属于这个方向，只不过他们试图用以定义作品的语言学图式不是语音学，而是句法和语义学。他们用以分析作品的指导思想主要是修辞学，

---

　　① 斯塔罗宾斯基：《让-雅克·卢梭——透明与障碍》，前引书。
　　② 雅各布森和列维-斯特劳斯：《波德莱尔的〈猫〉》（«"Les Chats" de Charles Baudelaire»），载《人》（*L'Homme*），第2卷，第1期，1962，第5—21页。
　　③ 热奈特：《辞格（一）》（*Figures I*），巴黎，Seuil，1966。

主要是修辞学图式。当然,这就假设文学作品本身只不过是一些语言结构的自我重叠,假设文学作品就是语言,是作品的结构和潜在性中显现出来的语言本身。

最后还有第三个方向,这次我还是只给你们一些提示,然后我就不讲了。这第三个方向目前几乎还处在未经勘探的状态,但我们可以想一想它是否[可行]①。你们知道,近年来那些思考语言问题的人们,一方面是语言学家,另一方面是逻辑学家,他们在研究陈述(énoncés)的时候发现,有一个或一系列至少和语言一样重要的成分,这个成分大致就是我们称为语言外在性(extralinguistique)②的东西。事实上,普列托③这样的语言学家和奥斯汀④这样的逻辑学家已经证明,一个陈述(un énoncé)的语言结构远不足以解释它的全部存在。尤其是普列托,他指出,由说话人情景本身构成的种种语境要素对于理解一些陈述(énoncés)的意思,对于理解很多陈述的意思,是绝对必要的。事实上任何陈述(énoncé)都是无声地建立在某种客观和真实的情景之上,如果语境不同,陈述肯定就不会是现在的形式。普列托举的一个基本例子是这

---

① 猜测;单词难以听清。

② 关于"语言外在性"(extralinguistique)这个概念,见本文集中的《语言外在性与文学》和《文学分析与结构主义》,见下文第249—273页和第275—301页。

③ 普列托:《信息与信号》(*Messages et signaux*),巴黎,PUF,1966。

④ 奥斯汀:《如何以言行事》(*How to Do Things with Words*),牛津,Clarendon Press,1962。该文的法文版《说就是做》(*Quand dire, c'est faire*)(译者 G. Lane)直到1967年讲座之后的1970年才在 Seuil 出版社出版,但福柯显然读过这本书的英文版。

样的:(1)当你桌上有一个红色本子,你想让某人拿起这个本子,你会对他说"拿起它"或"拿起这个本子";(2)当有两个本子,一个红色,一个绿色,你要让他拿走,你会说:"拿起红色的本子"或"拿起右边的本子"。你们可以看到,这两句话的含义完全相同(A 让 B 拿起桌上的本子),这完全相同的含义却会根据客观语境的不同(是第一个语境还是第二个语境)而产生两个完全不同的陈述。由此可见,陈述的确定、陈述形式的选择,都只可能依赖这个语境。

另一方面,现在我转过来谈谈逻辑学家的研究。奥斯汀已经证明,对陈述(énoncés)本身的分析不能独立于说话人在说话时实际完成的言语行为。例如,当有人说"会议开始"时,这句话完全不是在记述(constatation)。他并不是说会议开始了,因为那一刻会议还没有开始,他也不是在下命令,因为会议不会服从命令,不会因为接到命令而自动开启。那么这个陈述是什么呢?这是一个语法上看似记述但并非记述的语句,它的意思既不是记述,也不是肯定。这是奥斯汀称为"施为"(performation)的东西。不管他取什么名字,你可以看到,在这个简单的例子中,人们会发现,对一个陈述的描述绝不只是定义了这个语句的语言结构就完事了。

你们可以从这两个例子看出——这只是一些标识性的例子——在语言研究的内部,人们正在发现,对话语的分析不能再局限于语言学。话语不仅仅是语言内部的一个特殊情况,不是一种按照语言规则将语言本身给定的要素组合起来的方式;话语是一种必然会溢出语言的东西。因此,我们可以自问:文学分析(对文学作品这一独特话语的分析)是否应该把人们目前在语言分析中发现的所有这些语言外的要素全部考虑进来?我看到大致可以朝着三个方向发展。①

首先，我们可以沿着普列托所描述的路线，尝试确定文学的陈述(énoncés)中真正说出的是什么。事实上，当你打开一本小说时，它并没有语境。例如，乔伊斯在《尤利西斯》②开头时说——可惜人物的名字我想不起来了——他说："从楼梯上下来！"③这个用定冠词限定的"楼梯"并不在你旁边，不像你说或者我说"杯子"的时候，你很清楚就是这个杯子。当乔伊斯在他的小说中说"(这个)楼梯"时，没有人知道这个楼梯是什么，没有真实的语境。可是乔伊斯并没有说出一切，没有确切地解释这里应该放一个什么语境来填补这个定冠词给出的空提示。可以说，是作品本身在一个不存在的语境中，划分出哪些应该出现，哪些不需要出现。比如说，我们只需把巴尔扎克的某段描写与罗伯-格里耶的某段描写做一比较，就足以看出，在一些巴尔扎克类型的作品中，某些事情是必须被说出来的，这些事情可以说就是语境，是在作品内呈现出的语言外要素：事件的日期、事件所在的城市、人物的名字、人物的祖先、人物发生了什么、他的过往，等等。④ 而如果你

---

① 福柯接下来只展开了两个方向。可能是因为当他讲完第二个方向时，录音中断了。但第二个方向看来很简短；我们也可以猜想，福柯在预告三个要点时把内容搞混了。

② 乔伊斯：《尤利西斯》(*Ulysse*, 1922)，法译本译者 A. Morel，审阅者 V. Larbaud(1929 年版)，此后由 Gallimard 出版社再版。

③ 事实上，乔伊斯的原文是："上来，金赤，上来，可恶的耶稣会士。"(前引书，第 7 页)

④ 关于巴尔扎克，见本文集所收文稿《绝对之探求》，见下文第 331—354 页。

们找一本罗伯-格里耶的小说,当罗伯-格里耶在《迷宫》①开始时说"这里"时,这个"这里",你永远不知道它是什么,如果它是一个城市,你们永远不知道这个城市在哪个国家,不知道它是不是一个公寓,是不是一幅画,是不是一个真实空间、一个想象空间,等等。你们可以看到,语言外要素在文学作品陈述中的显露方式在不同时代和不同作家那里是迥然相异的。因此,沿着普列托的语言分析的方向,我们可以研究内在于文学作品的语言外语境的作用。

其次,我们也可以沿着逻辑学家,尤其是奥斯汀的路线,稍微研究一下陈述都是怎样被放置在文学作品的文本中的:在一个给定的句子中,实际完成的行为是什么?很显然,在一段描写中,在一段转述的对话中,在作者对自己笔下人物的反思中,在一段心理描写中[……]②[你们]在此看到的完全是作品的形式分析,但这种形式分析又完全不是在语言学方向上进行的,它是对作品的语言陈述中所具有的语言外在性的结构研究。

总之,我简要地给你们指出了这些可能的工作方向,主要是为了向你们说明,结构主义并不与任何教条立场联系在一起,并不与一种明确的既成方法联系在一起,结构主义其实更应该说是一个研究领域,一个很可能正在以相当不确定的方式开启的领域。无论如何,只要我们还没有把人类积淀在自己周围的数量庞大的全部文献浏览完毕(文学是其中的一部分),只要我们还没有穷尽全部可能的方法来说明这个作为文献的文献是什么,那么,

---

① 罗伯-格里耶:《在迷宫里》(*Dans le labyrinthe*),巴黎,Minuit,1959。
② 录音中断。

结构主义——如果结构主义确实就是文献之科学,你们看,结构主义的日子将会很美好。无论如何,我们绝对不应该把结构主义等同于一种哲学,甚至也不应等同于一种特定的方法。

以上大致就是我想给你们的提示——可惜我讲得有点长了——我只是想引出你们的问题,引出你们对我的反对意见。

  主持人①:我将做你们的翻译。我感谢米歇尔·福柯就文学作品的结构主义阐释所做的精彩而丰富的报告。我还要感谢他清楚地阐述了他的哲学立场。在此之后,我想我现在可以介绍他了。他的哲学是一种符号学结构主义,或者,至少就他目前的哲学而言,是一种结构主义的符号学。而他未来的哲学,如果我根据他对奥斯汀的参考来判断,很可能会是一种语言现象学。现在你们可以发言,但请你们简短一些,以便让每个人都能表达自己的观点。讨论可以集中在上边说的三点,但我想没有必要对问题进行排序,最好是自由讨论。谁要发言?

  第一位发言者:归根结底,您的结构主义方法的实质就是一种禁止。结构主义似乎就是从作品内部看待作为作品的作品。我说得不好,但我总归觉得在哪里有这样一个禁令。不过,您刚才说的最后几点让我觉得相

---

① 主持人是热拉尔·德勒达勒(Gérard Deledalle, 1921—2003),1963—1972年间任突尼斯大学哲学系主任,福柯在突尼斯期间曾用他的书房工作。

当激动人心；我觉得，根据您所说的，作品这个被分析的感知对象，在寻找它自身的缺席。可以设想，分析是在尝试勾勒出语言中的一个缺席，例如楼梯：什么楼梯？没有被说出的，最终可能是最重要的。那么在这时，您在多大程度上并没有超越结构主义本身，说不定又重新落入了也许是最传统的传统批评中呢？举个例子：对我来说，"文学结构"总是或多或少意味着某种命定性。当您说到空间化的作品，平面化的作品，也就是平摊在我们面前的一张图时，可能还是有这样一种命定性的想法。在这时，作品的另一边，或作品的缺席，会不会是——说到这儿，我想我极端传统，我会把任何作品都看作自传——作品的另一边会不会就是这种（无论是否实现了的）命定性呢？作家把它写入自己的作品，为了驱赶这个妖魔，或者为了拿它做什么都行。您这里难道不是在作品与时代、作家等文学之外的东西之间重新建立起传统的联系吗？是不是有一条连接线，不是您所说的被勾勒出来的实线，但至少有一条虚线呢？

**福柯**：您希望我现在回答呢，还是把问题集中起来？

主持人：谁还有类似的问题要提吗？有谁支持同样的观点吗？

或者可能是支持我的观点！但这显然是不会发生的。

主持人：我想还是对话更好些。

好的。您听我说，我刚才想说的是，文学作品的特性恰恰就是没有真正的语境。如果我刚才有时间，如果我不得不停在这些开场白中，我本来可以举一个非常典型的第一人称小说的例子。当您打开一本第一人称小说，当您读到"很久以来，我睡得很晚"①，您完全知道，这个"我"无论如何不能等同于，您不管怎样都没有权利一开始就把这个第一人称"我"等同于那个把自己名字写在小说首页上的、叫作马塞尔·普鲁斯特的那个人。从文学上讲，这个"我"只有在文本内部才有其意义，也就是说，才能找到它的指称成分，找到它的指涉对象；而这个说"很久以来，我睡得很晚"的"我"，只能由文本中将要出现的全部的"我"来确定，由文本中这个说"我"的人将要发生的全部事情来确定，由这些将逐渐填满"我"标出的这个空洞形式的全部定语、全部修饰语等来确定。

这也同样适用于小说中提到的事物。从某种意义上说，没有被说出的东西，确实是文本之外的东西，是文本的陈述之外的东西，但并不是作品之外的东西。换句话说，作品的语言外在性并不是作品之外。我认为，正是在这一点上，传统批评走错了路，或

---

① 普鲁斯特：《追忆逝水年华》，第一卷《在斯万家那边》(*Du côté de chez Swann*)，"七星文库"，巴黎，Gallimard，1964，第3页。我们会注意到，福柯的引用方式很奇怪，他引的第一句不准确，原文当然是："很长一段时间以来，我都睡得很早。"在《文学与语言》讲座第二场中有关于这句话（引用正确）的一段评论，前引文章，第113页。

者说,传统批评如果继续使用我刚才指出的那些图式,并说"这是我们的专属,我们早就做过了",那么它就走错了路,因为传统批评就是这样说的:"很久以来,我睡得很晚"——是谁睡得很晚?是普鲁斯特呀。的确,普鲁斯特完全是一个俄狄浦斯式的人,没有母亲的吻,他就睡不着觉。你们看,我们这就跑到作品之外了,我们用某种东西把这个被空指出来的"我"填满了,这个东西不仅是语言外的,而且是 *extraopus*(作品外的)。而我提示的方法则是要说明,作品不仅构成它的那些陈述,不仅构成它显现于其中的语言,而且也构成属于作品一部分但没有被说出的语言之外。明白了吗?

第一位发言者:您不认为"我"的游戏最终还会更复杂得多吗?您说的我完全听明白了,我完全同意您的观点,但我相信也会有某个时刻,包围着作品的这层薄膜也会与作品之外发生接触,比如,简单地说,作品之外的现实。只不过您的方法局限于、停止于这层薄膜,停止于软脑膜。

主持人:您或许能说一下您内心的想法吗?

第一位发言者:说到底,如果我没搞错的话,人们可能正在作品周围建立一层又一层的皮层。您说不应该溢出到普鲁斯特的生活中,我很清楚您说的意思。我们知道,《追忆逝水年华》中的"我"确实纯粹是一个文学内的"我",但我们也知道,在某种程度上,这个"我"与普鲁斯特在写他那个纯粹的文学之"我"时所感受到的他本人的生活之间,有一种持久的暧昧性。

我想这样回答:是的——这一点我没有提到,这绝对不应该,但我的时间有点紧——是的,我提到的那种对言语行为的分析显然必须把一些事情都考虑进来;当然,种种言语行为都可以在作品的文本内部相互定义,但实际上,仅仅是存在一本书这样一个事实,也就是说,某个人在一张纸上用语言写了点什么,然后这张纸被交付给一个印刷商,印刷商印出了两千、三千、十万、百万册,这些印刷品被人们阅读,等等,这些就已经包含了一种很奇特的语言行为形式。有很多文化从未见过,甚至从未想到过可以引入像这句话一样奇怪的语言行为,即在说"很久以来,我睡得很晚"时,说的并不是自己,但又说了自己一点点,等等。因此,我们必须在其形式存在,同时也在其历史存在中定义文学言语行为这个总体范畴。比如,就在文学内部,您在普鲁斯特作品中读到这句话"很久以来,我晚得很睡",然后当您看一出喜剧或任何一出戏时,您又看到一个人在说"很久以来,我睡得很晚",这两个句子之间是有区别的,不会是同样的言语行为。但这个行为却发生了。您明白我想说的吧?说"普鲁斯特,我不在乎他,他的生平不重要",这是一个方法论假设,它的主要目的是让言语行为的不同层面本身显露出来;我倒是希望,在极限情况下,当人们把所有这些言语行为都走过一遍,它们最终会把我们带到普鲁斯特这个人面前,即某一天拿起笔开始写作的普鲁斯特。但实际上,如果您从您读到的这个句子突然转向,突然跳向普鲁斯特这个人,您就会错过种种言语行为的整个积淀过程,错过那使得这个貌似如此简单,其实全然荒诞的句子——"很久以来,我睡得很晚"——成为可能的整个言语行为类型学和言语行为形态学。

> 第一位发言者:我其实主要是想强调一种辩证关系,比如,对于作家来说,最大的文学内在性和现实世界之间的辩证关系。我最终是强调行为,文学行为,而不是作品本身。

我完全同意您刚才使用的皮层的比喻,您说我只谈论皮层。但我呢,我想对您说:文学是洋葱。

> 第二位发言者:我想问您两个问题。首先,一个关于真理的问题:作品的这种形式主义解释,这种结构,以什么为担保?因为有时我们会觉得找到的是一些绝对不可靠的东西。另一个是关于作品价值的问题:您说您排除筛选,排除批评的批评性。但人们选择某些作品而不选择另一些作品,这毕竟是能说明问题的。例如选择拉辛或瓦莱里的作品。甚至在一部作品内部,人们是否会像您希望的那样,把不同价值的作品平摊开来,比如《德巴依特》①和《费德尔》②,或者在卢梭的作品中,《孤独漫步

---

① 拉辛:《德巴依特或兄弟仇隙》(*La Thébaide ou les frères ennemis*),见拉辛《作品全集》,第一卷,前引书,第 57—117 页。这是拉辛的第一部剧作。
② 拉辛:《费德尔和希波吕特》,前引书。

者的遐想》①和《卢梭评判让-雅克：对话录》②的那些有趣但反常的对话？那么，人们能回避价值这个问题吗？

关于最后一点，我想说：显然，表面上看，卢梭的《忏悔录》③很好，卢梭的《对话》则很疯癫，无法对它做分析。不过，我倒是试过了。我试着做了分析，并发表了④，这也许不值一提……但我想说的是，我们总可以做分析。其次，显然要进行一些选择，这些选择主要基于外部原因。巴尔特为什么选择拉辛？一般来说，与人们可能以为的相反，一部作品越是重要，越具有文学上的丰富性，它的结构分析就越不容易。此外，最好的证据就是，凡是这种分析屡试不爽、总能成功的时候，就是像普罗普或现在的符号学研究中心那样对民间故事、童话、侦探小说展开研究的时候。大众

---

① 卢梭：《孤独漫步者的遐想》（*Les rêveries du promeneur solitaire*），见卢梭《作品全集》（*Œuvres complètes*），第一卷，"七星文库"，巴黎，Gallimard，1959，第 993—1099 页。

② 卢梭：《卢梭评判让-雅克：对话录》，见卢梭《作品全集》，第一卷，前引书，第 657—992 页。

③ 卢梭：《忏悔录》（*Les confessions*），见卢梭《作品全集》，第一卷，前引书，第 1—656 页。

④ 福柯：《卢梭评判让-雅克：对话录》"导言"，前引文章。福柯还在法国文化电台的四次广播节目中介绍过卢梭的这本书：《举动》（«L'entreprise»，1964 年 2 月 29 日）、《阴谋》（«La machination»，1964 年 3 月 7 日）、《纯真》（«L'innocence»，1964 年 3 月 14 日）和《幸福之举》（«L'heureuse entreprise»，1964 年 3 月 21 日）。一年前，他在前引广播节目《疯癫的语言：迫害》中也提到过这本书。

传播研究中心①的研究者对詹姆斯·邦德小说的结构主义分析，每次都很灵验。相反，文学作品的结构化可能非常丰富，具有多元规定性，这时的分析就变得困难得多。因此，您看，有选择是肯定的，不选择就做不了任何事情，但选择通常并不是价值评估方面的选择。如果说这里有一个选择的话，我不隐瞒，是对便利的选择。

其次，是什么在担保这些分析的真理？我不想争论，但您是否认为，通过结构分析获得的真理担保不如传统批评分析的真理那么强大、那么确定？是什么允许人们说传统批评分析是真的？当您在福楼拜的某个生平事件与您在《情感教育》②中读到的东西之间建立一种心理关系或生平关系时，您就做出了一种判断。这种判断是观察性的判断，因此它属于真理检验范围；而真理检验这种东西嘛，哼……结构分析也遇到同样的问题。结构分析观察到一些同构性，观察到作品的某些元素之间存在一些关系，怎么确定这些关系是真的呢，或者说怎么确定我们有理由肯定地说这些关系确实存在呢？一般而言，只能通过一种比对法或多重规定法，就是说，您在元素 A 和元素 B 之间发现的这种关系，您又在元素 B 和元素 C 之间，或元素 C 和元素 D 之间发现了，这样您就在四个元素之间找到了同样的关系。一旦您在一定数量的元素之间发现的都是相同的关系，那么在前两个元素之间确实存在那种关系的可能性就会增加。换句话说，这是一种或然性递增的方

---

① 大众传播研究中心成立于 1960 年，创办者为乔治·弗里德曼、罗兰·巴尔特和埃德加·莫兰。

② 福楼拜：《情感教育》(*L'éducation sentimentale*)，见福楼拜《作品集》(*Œuvres*)，第二卷，"七星文库"，巴黎，Gallimard，1959，第 31—457 页。

法。在人们通常所做的历史类型的分析中,人们建立一种或然性,这种或然性却永远不会增加;被提出的那个命题的真理仅仅建立在最初设定的心理学理论的真理之上。人们设定,包法利夫人就是福楼拜,①或者弗雷德里克·莫罗就是福楼拜;人们设定,当某个人与一个女人有过某段艳遇时,这个人只可能对这段艳遇感到苦涩、懊悔、悲伤,等等;人们承认,一个作家,如果年轻时经历过悲伤,他就不可能不把悲伤写进他的作品,等等。正是这一系列的前提假设——其实非常值得怀疑的前提假设,充当了真理,构成了历史型判断的真理。

第三位发言者:我就语言的功能提出一点看法,尤其关于一部作品的语境与这部作品的语言现实之间的关系。比如我们可以以一篇抨击性文章和随便一首晦涩诗为例;我觉得,对抨击性文章和晦涩诗进行结构分析时,困难方面的区别,难道不在于语境效应吗?也就是说,如果晦涩诗在分析上呈现出更多的复杂性,那不是诗歌元素的语言结构本身造成的,而是语境本身造成的;在抨击性文章中,语言的一个基本元素,比如语言行动的一个基本元素,在一个直接语境中直接发生作用,而这里提出的问题就是要知道这里的立场是什么,困难是什么,

---

① 指福楼拜的名句"包法利夫人就是我"。这句话在福楼拜的著述中从来没有被真正证实过,但在批评界仍然广为流传。另见福楼拜《包法利夫人》(*Madame Bovary*),收入福楼拜《作品集》,第一卷,"七星文库",巴黎,Gallimard,1946,第325—645页。

用结构方法进行分析会遇到哪种类型的困难。您是否认为，对晦涩文本进行结构分析，会因为语境而变得更加困难，或者因为纯粹的语言原因而变得更加困难？

**您承认从结构的角度看，晦涩诗比抨击性文章更难吗？**

第三位发言者：我完全不知道。我假设，在一首晦涩诗中，语境能使结构分析变得完整，也就是普列托那种类型的分析。他不满足于只分析能指，而是考虑整体，同时分析作品的能指和作品的语境——就晦涩诗而言，我还是留在作品的唯一语境中。此外，这又带来了第二个问题，比如在分析文学类型的抨击性文章时，这个问题就会冒出来，因为在文学类型的抨击性文章中，语境变得既更加宽阔，也更加简单。当您发表一篇抨击性文章的时候，语境多半是宽阔而简单的。当您面对一首晦涩诗的时候，语境似乎更短缺、更封闭，可能分析起来就更困难。

的确，您用抨击性文章做例子，这是一个非常棘手的例子。

第三位发言者：这个例子很像侦探小说。

不完全是这样。因为就抨击性文章而言，您要处理的是与某个情景直接相关的一段语言、一些陈述，这个情景由其他人的文本来确定，也由历史情境、相关个人的社会阶级归属等因素来确定。因此，在抨击性文章中，您要处理的文本和科学文本、政治文本一样，不是文学文本。什么时候人们会说一篇抨击性文章是文学呢？我想，人们这样说的时候，恰恰是抨击性文章具有文学性的时候，即它此时所遵循的那些结构使得人们可以在其中找到一些与一部只言说自身的文学作品一样的图式、结构等。当然，这就提出了非文学话语应该如何分析这一非常棘手的问题。哲学话语：它是什么，它与语境有怎样的关系？从某种意义上说，哲学话语同文学文本一样纯，因为您可以翻开笛卡尔《沉思录》①的第一页，您会看到上边写着的"我"并不是笛卡尔的"我"……或者说"我"既是也不是笛卡尔的"我"。《沉思录》的"我"与笛卡尔这个人之间的关系肯定不同于《追忆逝水年华》的"我"与普鲁斯特这个人之间的关系。因此，哲学文本肯定属于一种不同类型的结构分析，政治文本也是如此。所以当您对我说抨击性文章和晦涩诗，我会这样回答您：如果抨击性文章可以被看作一部文学作品，那是因为它具有一些使它看上去像晦涩诗的结构。而且，如果我们能对它做同样的分析，我们就会知道它是一部文学作品。您看，证据是相互提供的。

我不知道我的回答是否让您满意，因为这就是目前提出的问

---

① 笛卡尔：《沉思录》(*Méditations*)，收入笛卡尔《作品和书信集》(*Œuvres et lettres*)，"七星文库"，巴黎，Gallimard，1937，第151—225页。在突尼斯的同一时期，福柯开设了一门关于笛卡尔的课程，主要涉及《方法论》(*Le discours de la méthode*)和《沉思录》。关于这一点，见布贝克-特里基(R.Boubaker-Triki)的《记米歇尔·福柯在突尼斯大学》(« Notes sur Michel Foucault à l'université de Tunis »)，载《笛卡尔街》(*Rue Descartes*)，第61期，2008，第111—113页。

题。说到底,在文学作品的领域,人们确实已经完成了一些有意义并富有成果的分析,至少,与20年、30年、40年前相比,这些分析在很大程度上更新了文学分析的对象。现在提出了其他话语类型的问题。我们大致可以说,格鲁对哲学文本的分析是一种结构主义的分析①,但这样说至少要符合一个条件,要能从一部哲学著作的逻辑框架识别出它的结构,而这并不是完全确定的事情。至于对其他文本的分析——严格意义上的科学文本、政治文本和意识形态文本的分析——您知道现在还处于初级阶段,一旦有人做此尝试,人们就会发出可怕的尖叫。这就是当今的任务。

第三位发言者:我还可以提出第二点看法,我想问您是否同意这种分析。目前的文学分析,或语言文本分析,似乎正在通过其必要的语境效应,重新引入意义,而此前,尤其是纯语言学的结构主义以来,意义一直被抛弃。就我而言,我觉得我们在此看到的,我不能说是倒退,因为方法不同,进步是有的,但当论及**波尔-罗亚尔语法**(*Grammaire de Port-Royal*)②及其继承者,就是经院语法,就会发现,大家都知道,在经院语法中,意义和形式通常是混在一起的,这可能是因为,在那种典型的18世纪的观念学家(如孔狄亚克等人)的分析中,在那个时期,这个问题还没有得到解决,但意义和形式之间的这

---

① 指格鲁的《笛卡尔,以理性的秩序》,前引书。
② 阿尔诺和朗斯洛:《普遍唯理语法》(*Grammaire générale et raisonnée*),巴黎,Pierre le Petit,1660。

种永久混合多多少少是一种未来分析的预兆或暂时的不充足形式。随后到来的就是这种客观性的必要浸泡。我在别处说过,哈里斯、叶尔姆斯列夫①等人的索绪尔方法指导下的语言学结构主义是与行为主义平行出现的;也就是说,它是语言学进步所必不可少的一场革命。但是现在,在某种程度上,我们是否正在看到意义的回归?而且不仅是在文学作品的结构分析者那里,也在语言学家那里,我们是否正在看到意义概念的强势回归?

我会这样回答:首先,我不认为我们可以说语言学曾经放弃过意义这个概念。语言学总是以这样或那样的方式处理意义问题。例如,在最严格的结构主义语言学中,当人们进行叶尔姆斯列夫所说的那种对比替换(commutation)检验②时,就会涉及意义,就必须知道那个词是什么意思;只有当形式,当一个新的音位产生了一个新词和新义时,人们才会说:这确实是一个音位。所以意义此时是在场的。其次,说到底,语言学最先是致力于音位学的任务,然后才转向其他领域,它现在则开始涉足语义学领域,即意义的结构化问题。语言学涉足这个问题已经有一段时间了,可以说它现在是按照它所面对的任务的顺序来处理这一问题的。最后,准确地讲,引入有关语境的思考或有关言说者在言说时完

---

① 美国语言学家哈里斯(Zellig S. Harris, 1909—1992)和丹麦语言学家叶尔姆斯列夫(Louis Hjelmslev, 1899—1965)是结构语言学的两个主要代表。

② 参见叶尔姆斯列夫:《语言》(*Le langage*, 1963),法译本译者 M. Olsen,巴黎,Minuit,1966,第 134—136 页。

成的行为的思考,这并不是对意义的思考,而是对(作为各种能指成分总和的)陈述(énoncé)在意义中的构成的思考。换句话说,成问题的始终是那个作为能指的能指。说话者和语境并不是陈述的意义。换句话说,它们是为了更好地定义陈述。再换句话说,人们肯定是正在从语言成分本身的分析转向对人们所说的陈述的分析。这很可能就是新近出现的分析的新颖之处,比如普列托的分析,或者奥斯汀的分析。

第三位发言者:我们是否可以制订以下这个计划:有"chose(东西)"这个能指,可以是口头的词或书写的词;第一步是这个能指的所指,然后,在您看来,意义便是真实之物的所指吗?并且,我们或许可以在两者之间,也就是在"chose(东西)"这个能指和意义之间,设置一个范围,这个范围可能恰恰包括您刚才提到的种种语境要素,从能指的一次方的所指,到二次方的所指,等等,直到某个程度,而结构分析的简单性或复杂性将取决于这个数。这里我们又看到了皮层,看到了洋葱;这里很可能就是洋葱,因为在系统的周围,我们会陆续看到一系列的膜。不过我还想说的是,曾经有过一种完全不求助于意义的语言分析尝试,那就是破译。曾经有人对一些完全未知的语言的破译进行过研究,在这些研究中,人们恰恰是通过纯正的语言结构主义的分析方法,成功地(我不说成功地理解了意义,但这正好确认了您刚才所说的),至少是成功地找回了能指,即在意义或含义取决于完全外在成分的情况下,成功地找回了能指。换句话说,人们借助结构主义的方法,在不了解一种语言的含义的情况下,成功地找回了这个语言的所有能指。但是,经典音位学起初确实是从意义出发去寻找音位的。

结构主义语言学的特点不是对意义的系统性悬置,而是对能指的拷问。很明显,在某一段时间,在某些情况下,人们不得不放弃意义,或者最好是放弃意义,但这并没有写入语言学的使命中或最终方法中。因此,引入一些诸如语境之类的思考,这完全不是倒退,相反,这是继续前进。换句话说,人们进行音位成分的分析时,可以不考虑语境。而一旦到达像陈述(énoncé)这样大的句段单元时,就不能不考虑语境,就必须引入语境了。我之所以谈到文学分析的这些新的可能性,是因为目前有这样一种趋势,大致以巴尔特等人为代表,他们说:既然音位学方法在音位层面成功了,那么同样的图式也应该转而用于文学作品本身。换句话说,他们从音位层面转向了话语的整体;我觉得,这样并没有抓住陈述所特有的现实。然而,有了普列托,有了奥斯汀,有了语言学家和逻辑学家,一整套陈述理论正在构建中。在我看来,文学分析不应该只是把特鲁别茨柯伊确立的方法①简单照搬到文本本身。当文学分析尝试确定什么是陈述时,它应该张开耳朵倾听人们目前正在做什么。②

---

① 特鲁别茨柯伊:《音位学原理》(*Principes de phonologie*,1939),法译本译者 J.Cantineau,巴黎,Klincksieck,1949。

② 陈述(énoncé)特征的界定(既不能简化为一个句子,也不能简化为一个命题)是 1969 年出版的《知识考古学》分析的核心问题。

# 结构主义与文学分析——1967年2月4日突尼斯塔哈尔·哈达德俱乐部讲座

**第四位发言者**：有一个东西困扰着我，让我不能理解。结构主义希望自己是普遍适用的。但在这里显露出来的三种尝试中，人们似乎只能强化对某个特定文化圈的文学层面的认识，即文学、神话或符号这样的特殊层面。然而，鉴于语境、鉴于历史的断续性等原因，人们无论用这三种方法的哪一种来研究任意一个文学对象，都不可能获得对从一个文化圈到另一个文化圈都相似的结构的认识（我不说完全相同的结构，因为文化都是不同的，但至少是相似的，因为人们也许能找到一定数量的对应）。您能否给我们提供一个解决目前研究中的这种矛盾的要素？

您听我说：我认为在这个领域有两个系列的研究，它们在某种意义上是密切相连的，并且它们提出的恰恰就是这个问题，这就是列维-斯特劳斯和杜梅齐尔的研究。杜梅齐尔对印欧神话进行了结构分析，这些结构分析只适用于印欧文明。而对于希腊，这样的研究就有问题，因为没能奏效。人们曾试着移植杜梅齐尔的分析，首先用于研究般都人（Bantous），后来又用于研究日本人，这引起了杜梅齐尔的强烈反应——不过您会说这不是最重要的。但不管怎样，这些尝试都失败了。相反，列维-斯特劳斯的神话分析是对南美神话的分析，这些神话的起源有时是相当不同的，但不管怎样，这些分析使他能够得出一些在任何文化中都可以找到的结构元素。南美神话所特有的特征，比如南美神话中的博罗罗（Bororo）神话，则是从一般模式转化而来的结果。换句话说，文化的差异化发生在转化过程的层面。

第四位发言者:恰恰由于每个特定文化圈都有自己特有的元素,那么,在这种时候,文学分析是否真的可以不需要一种仍会在这个层面遇到的、基于真实的分析呢?如果真的不需要,那就会得出一些空的结构。这就是问题所在。

一种结构总是空的。

第四位发言者:不,我恰恰不这么认为。例如,当您自己做一个分析的时候,您自己也提醒说,您的分析建立在一种被限定的、同时具有限定性的知识的基础上。也就是说,在您的目标中,同时还有一个宇宙起源论的目标,即使您在某个层面上切断这个目标。例如,您想想,博罗罗人,他们会怎样使用您的分析呢?不是说您去他们那里做分析,而是说您想怎样让他们自己使用您的分析方法,他们怎样能利用您的研究工具?

您听我说,我承认我不太明白问题的点在哪里。您问我博罗罗人会怎么做。我会说,一旦博罗罗人了解并采用了结构分析方法,他们就会把这种方法应用到他们自己和我们身上,他们没有理由不这样做。况且,列维-斯特劳斯总是向那些(据说)把找到的各种结构简略通报给他的所有信息提供者致敬。这里我想不通……我不明白您的问题是要反驳什么。

主持人:我不是要直接介入这个问题,但也就是说,如果结构主义不是一种方法,那就还是提出了一个难题,即内容的难题。在我看来,这个难题可以归结为这样一个问题:结构有内在性吗?我就是这么看这个难题的。

第五位发言者:我在想,这个难题是不是这样的:我们分析一个结构,一部文学作品的结构,但或许也有必要研究其他结构,并在不同的结构之间建立联系。我认为列维-斯特劳斯就是一个很精彩的例子,他研究卡杜维奥人(Caduveo)社会的结构和文身习俗的结构之间的呼应关系。① 我认为这就是问题的所在,即神话结构、文学作品结构、童话故事结构与其他结构之间的呼应关系问题,因为说到底,我认为结构主义研究的意义恰恰是把一些结构与另一些结构联系起来。最终,我们在想,结构主义方法最终想要做的或许就是以更严谨和更深入的方式,回答古典的文学分析给自己提出的一些问题。因为您刚才提到,在某一时刻,人们开始把精神分析应用于某些文学作品的解释,可以说人们是把一本书的结构和作者的人格结构置于平行关系中。此外,有人多次试图构建艺术社会学,把某些文学作品的结构与一种社会基础、社会基础结构相关联。但实际上,结构主义可能会使人们以更严谨的方式回答这样的问题,即一

---

① 列维-斯特劳斯:《结构人类学》,前引书,第275—281页。

个特定的社会是如何将其结构投射到某些神话创作或文学创作中的,不是吗?

我完全同意您的看法。结构分析最重要的一点是,它能让学科之间进行比较。在此之前,学科比较要么是交付给想象,比如在洪堡特的时代;要么是交付给纯粹的经验主义。像杜梅齐尔这样的人,他在分析印欧神话时,总是把神话结构与某种社会结构联系起来,这种社会结构是武士、魔术师-政治家和农耕者组成的三元社会结构。正是这些不同结构的对比确认了对每一种结构的分析,并有助于建立某种关系。同样,他还进行了从一种文化到另一种文化的分析,例如从斯堪的纳维亚神话到罗马宗教的组织。在不同的层面上,他发现了相同的结构。因此,我完全同意您的观点,即结构分析不一定局限在某一作品、某一文本或某一体制内部,结构分析是进行比较的奇妙工具。问题在于弄清这些比较分析是否必然引向某种因果性的确定。当人们说一部作品的结构与一个人的心态结构或生平结构有相似性,人们首先就赋予结构这个词一个模糊不清的含义;其次,人们建立了一个先定的因果性通道。我认为,当前结构分析的重要之处在于,一方面,结构工具本身显然是为人所知的,或者至少人们在使用这个工具之前会尝试弄明白什么是结构;另一方面,结构之间的同构并不一定意味着对某种因果性的确定。老实说,两种分析是不同的。当我试图区分经济学分析(对对象的生产的分析)和指示学(deixologique)分析(对对象的文献结构的分析)时,我想暗示的正是这个意思。这两种分析很可能在将来的某个时候必须相互关联,但就目前而言,这两种分析必须分开进行。

第五位发言者：当然，我们应该拒绝某种因果性，某种机械的、单向的因果性，比如在任何情况下都用社会经济结构来解释文学作品的结构。文学作品的结构和亲属关系的结构之间可能会存在一种对应关系，比如恩格斯在《家庭的起源》的开头几页，将俄瑞斯忒斯(*L'Orestie*)的结构与那个时代的亲属结构进行了比较。① 因此，当我们谈到结构之间的对应关系时，我们并没有把自己封闭在一种单一的、单调的、几乎是机械的因果性观念中。因果性可以是各种各样的；其实，必要时，我们或许可以采用一种福斯泰尔·德·库朗热②式的历史观，设想宗教的结构决定其他一切。在这方面，我们要拒绝一切教条主义。但是，如果结构的发现不能导致对不同结构的对比，不能导致在这些不同结构之间建立一种因果关系，那么结构主义会导致什么呢？

是的，在我看来这就是问题的核心。说到底，只要人们确信结构分析能够阐明因果性这个古老的问题，人们就会以为结构分

---

① 恩格斯：《第四版序言》(«Préface de la quatrième édition»)，见《家庭、私有制和国家的起源》(*L'origine de la famille, de la propriété privée et de l'Etat*)，法译本译者 J.Stern，布鲁塞尔，Triboro，2012，第 21—22 页。

② 努玛·丹尼斯·福斯泰尔·德·库朗热(Numa Denis Fustel de Coulanges，1830—1889)，研究古代和中世纪的史学家，著有《古代城邦》(*La cité antique*，1864)，巴黎，Flammarion，2009。

析是有点价值的。我之所以在演讲一开始就提出了一些可能听起来很难理解的看法,是因为在我看来那很重要。你们知道,我举的一个参照例子是当前生物学中,确切地说是胚胎学中正在发生的事情。以前人们总是在自问,有一个给定的胚胎,有两个或四个给定的小细胞,怎么就会产生了一个给定种类的个体呢?并且这一个体与它的同类和父母相差无几。人们寻找起决定作用的因素,也就是原因。最终人们从因果性和能量的角度提出了这个问题,但一无所获。现在人们知道,实际上是有一个信息过程,使得人们可以发现在细胞核的构成和机体内将产生的东西之间,有某种类似于同构的东西,就仿佛有一个信息被存入细胞核中,然后这个信息仿佛被听到了。现在,人们确信,事情就是这样发生的。人们对因果性一无所知,而是进入了信息过程。很奇怪,人们一直从能量方面寻找答案,从因果性线索中寻找答案,结果却发现了其他的东西,这个东西根本不是因果性问题的答案,而是信息过程。我认为,这一切目前正发生在人文科学中。以前人们脑子里总装着某种能量模式或因果模式,我称之为经济学模式。人类的作品是怎样生产出来的?人们找啊找,没有找到人,没有找到生产,没有找到因果性,没有找到因果渠道,找到的是我称之为指示学(deixologique)结构的东西,即文献结构,人们找到了结构和同构。其实,列维-斯特劳斯一直都在想,真见鬼,为什么会有神话;他所做的跟所有的人类学家一样。最后,他发现的是某种层状结构,各种神话就以这种方式相互呼应。但他仍然不知道为什么会有神话。从来没有人能像他一样如此深入地解释神话是怎样构成的,但他还是没能解释神话是怎样生产出来的。

第六位发言者：我的问题可能有点类似，是把我刚才提出的第一个问题倒转过来。我刚才尝试质疑您那个洋葱的边缘，但是在洋葱的中心，最终到底有什么呢？换句话说，在文学作品内部，就文学作品本身而言，除了结构，还有别的东西吗？我想您可能会回答：没有，只有结构，因为只有语言、音位、发音。换句话说，有没有一点实质的东西呢？这可不是一个因果性问题。

没有实质，没有因果性。注意，当我说：没有实质，没有因果性时，我们处在我所定义的知识型层面 [ 指示学 deixologie 层面 ]——很抱歉，我总是提到指示学（deixologie）这个词，我用这个词是为了避免考古学这个词。我在别处使用了考古学这个词，但这个词太过狭窄，最终也不太恰当，因为我认为绝对应该把结构分析方法与人们找到的新的对象区分开来。人们找到的新对象，结构分析方法让人们发现的新对象，比如病理解剖学让人们发现了生理学，这个新对象是一个不再包含实质、不再包含原因的对象。您明白吗？

第六位发言者：说得很在理。

不过，人们可能要花好多年的时间去遍历这个领域，然后，将来有一天，人们会发现另一个认识论层面，它可能会涵盖前两个层面，也可能会位于别处。这是一个认识论层面，所以我认为，结构主义的争论是一个糟糕的争论，因为有些人从方法的角度提出问题,而另一些人从认识论领域的角度去回答他们;反之亦然。

**第七位发言者**:是没有因果性,还是因果性太过复杂,人们无法发现?

没有。没有因果性。这个层面本身排除……

**第七位发言者**:各种结构一旦被揭示出来,人们将试图把它们置于相互呼应的关系中,使它们相互阐明[……]①那将得出某种完全无法辨认的东西。

**第八位发言者**:我不知道我是否和他们处在同一个区域,不过我将试着用另一种语言,也许能帮我们走出僵局。在这个意义上,我想问两个问题。您刚才说考古学,而我总是说地质学。这有点儿接近洋葱,总是有一些分层和事物。那么,当人们谈到新批评时,我在想,它是否呼应了一种新的敏感性,即当代的敏感性,它提出了一些不同于以往的要求。首先,传统批评的目的既然是传统的,既然是与新敏感性的要求不相符,那么新批评难道不就是对新敏感性的要求的一种探索吗?从这个意义上说,它确实是当代的。如果我再举一个例子,我会这么说:假设——抱歉,我现在离开地质学和考古

---

① 录音短暂中断。

学,进入音乐——假设在过去的几百年里,人们一直演奏一种只有三根弦的小提琴,然后,比如说,人们又增加了两三根,得到另一种音乐。那么,新批评是否就是这样一种批评,它采用的是一种比原来的乐器多了几根弦的乐器,是吗?这是一个问题。还有第二个问题。自柏格森以来,人们谈论系统的爆炸,谈论一种逻辑严密的、封闭的、完整的系统的不可能性,并抛出了一种开放哲学的概念。结构主义是否就是适合于这种开放哲学的一种语言呢?它旨在达到某种严密的或不严密的多元性。这是另一个问题。

我必须回答两个人。实际上至少有两个问题在某种程度上是重叠的。您问我,新批评是否与新敏感性相呼应,是否是新敏感性的产物;也就是说,您问我的问题涉及这个系统的因果性本身,涉及这些被称为结构主义的结构的因果性。那么,我们就又回到这个著名的因果性难题上了,我承认这是一个根本的难题。您对我说,您找不到因,您无法确定一个因果网,可能只是因为有太多的因果性。我的回答是:不,不是这样。各种系统,各种经济学的分析或能量的分析,是它们在找这种因果性。这种因果性非常复杂,甚至很有可能正是因为没有找到这种因果性,所以人们才被迫转向了新的研究。如果人们真的发现了能用来解释胚胎发育的因果系统,人们就不需要求助于生物化学信息分析这种新的认识论形式了。如果胚胎的发育就像细菌性疾病的存在一样容易解释的话……巴斯德,他那时面对一种疾病,他很幸运,他找到了原因:那是一种细菌;他便不需要做信息分析这玩意了。您明白吗？就生物化学而言，显然是由于因果性的失败才导致了认识论层面的移位。在人文生产领域，很可能也是由于因果性确认的失败，才导致转向了信息型的、指示学（deixologiqu）型的分析。但这个认识论层面的游戏规则本身就要求不再考虑因果性关系。这就使得，首先，在这个层面上，人们永远不会找到因果性，因为人们并不去找它，因为这个层面就是这样界定的，没有因果对象，因果性不可能是这个层面上的知识对象。其次，这并不妨碍能量层面或生产的分析层面完全可以继续存在，人们完全可以在这个层面上进行分析，在这个层面也许会发现因果性。人们或许可以借助另一个层面上的发现来发现因果性。再次，这两个层面之间的关系问题仍然存在。正如目前生物学家还在思考，细胞间交流的信息层面和能量层面，这两者是什么关系——然后，那是他们的问题——然后某一天，我们的问题将是：关于文献本身、关于结构本身研究的指示学（deixologique）层面与作品的生产层面，这两者的关系是什么？

第八位发言者：同意。

但是在结构的层面，仍然是永远找不到因果性。

第八位发言者：但只是在一个结构的层面上找不到。而当我们把不同的结构进行对照时……

绝对找不到。

第八位发言者：那么，在这种情况下，我们也就永远无法阐明生产过程。

第九位发言者：可以说这是为了规避因果性难题而采取的一种新语言。

**不是为了规避！**

第十位发言者：当您与自然科学领域做比较时，您比较的这个领域里的因果性没能被确定。但还有其他一些已经确定了因果性的领域。

恰恰是因为人们无法找到一个因果模式，这才导致了一种认识论的转变，这种转变原本是不需要的。巴斯德不需要信息论，他就在微生物中找到了疾病的原因。而当人们像寻找疾病的原因那样去寻找胚胎发育的原因时，原因却没有找到。认识论的转变总是在科学失败的情况下发生的。

第十一位发言者：您一直在谈结构和同构，谈结构的比较，但最终也许应该根据结构的对立面来定义结构。我认为与结构对立的东西——也许我错了——但在我看来，与结构对立的东西不是因果性，不是实质，而是时间。我们不是在柏拉图式的理念世界里游戏。例如，如果说俄瑞斯忒斯的家族、俄瑞斯忒斯的结构，接续了希腊家族，这一点是有意义的，一个不可逆转的意义。

您在您自己的书①中展示了一些相互接续的、很难想象会被推翻的结构。如果是这样,那么您如何理解这种结构分析中的时间呢?您怎样处理时间呢?

这是一个转换规则。一个 A 型结构可以转换为一个 B 型结构,但 B 型结构不能转换成 A 型结构,仅此而已。时间,就是结构的转换。萨特没有搞懂这一点;他以为,谈到转换,就会有切分。②可毕竟是一个世界啊!

第十二位发言者:如果我可以说两句的话,除了 B,可能会有 C 或 D,这并不重要。

不一定。

第十二位发言者:不,但会有这个可能的。在转换之外,A 和 B 之间没有关系。

是的,A 和 B 之间除了转换的关系,没有别的关系。同意。

第十三位发言者:为什么?

---

① 福柯:《词与物》,福柯《作品集》,第一卷,前引书,第 1033—1457 页。
② 指萨特与贝尔纳·潘戈的访谈《让-保罗·萨特的回答》,前引文章。另见福柯《福柯回应萨特》(« Foucault répond à Sartre »),收入《言与文(第一卷,1954—1975)》,前引书,第 55 篇,第 690—696 页。

这正是结构主义应该证明的：为什么发生的是这样一种转换，为什么这种转换必然先于 B、C 的转换？

第十四位发言者：所以有"为什么"。

这就是结构的理由。也就是说：有一个给定的结构，它不可能产生 C，只能产生 B。从 A 到 C，必须经过 B，这不是因果性，这是必然性。而必然性，整个当代思想恰恰……

第十五位发言者：在两个结构之间，是否只有转换关系？还是说，在我看来，更简单的是，[刚才那位提问者]之所以为难，是不是因为他在两种结构之间寻找的关系是一种因果性关系，即通常所理解的机械的因果性关系？但也许结构主义让我们抓住的那个东西，是建立一个新的因果性概念的必然性，这种新的因果性概念完全不是最简单意义上的从因到果的关系。在我看来，您在您的讲演中给出了答案的一部分，您刚才说，以文学作品为对象的结构批评，其目的是要发现文本中没有说出但缺了它就没有文学作品的东西。我们或许应该在这种已说和未说之间的缺失关系中，寻找因果性关系的新意义。

正是在这里，我认为——我们的谈话有点断断续续——这其实就是阿尔都塞在用结构主义评论马克思时想要做的事情：试图找到一种因果性的形式，它不是人们所说的机械的因果性，而是某种类型的因果性，比如历史类型的因果性，它或许是分析的结构层面所特有的因果性。这样说我认为并没有歪曲阿尔都塞思想。这不正是他想做的吗？而我呢，我不相信这种做法。因为结构的认识论层面恰恰是一个涉及必然性而非因果性的层面。而我们知道，在逻辑层面，不存在因果性。在各种陈述之间、各种有效陈述之间可以建立的关系，是一些从来不可能指出其因果性的关系。况且把因果性推理转化为一系列有效命题是非常困难的事情——这是逻辑学家的问题。我认为，结构分析恰恰处在这样一个在陈述之间建立关系的层面，这些关系不可能是因果性关系。这里有的是必然性关系。人们并不是找到了一种新的因果性，而是用必然性代替因果性。由于这个原因，阿尔都塞的举动虽然很漂亮，但我认为，它注定要失败。您明白我的意思吗？

第十六位发言者：我想在此提出一个非常实际的观点，但我认为这将符合您的关切。这就是结构本身的建构问题。我认为所有的结构主义者，在他们的研究中，到了一定的阶段，都会用这样的方式来工作：他们取一张纸，在纸的一角画一个小叉，在另一角再画一个小叉，这些标记代表着一些元素，或者是神话片段，或者是一些陈述，是什么都无所谓。然后，他们一旦在空间里给出了这一系列的点——已经要注意了：他们也在时间中给出这些点，因为他们不能画一个叉的同时也画另一个叉，除非他们用双手工作，但无论如何我还是相信，在这些点的布置过程中，必然有一个时间面向——然后，他

## 结构主义与文学分析——1967年2月4日突尼斯塔哈尔·哈达德俱乐部讲座

们做什么呢？他们拿起笔，根据他们认为存在于这些点所代表的概念或元素之间的关系，试着用矢量来连接这些点。当一切都完成时，如果做得好，他们就得出一个结构。这个时候发生了什么呢？可以说，他们把一个在时间中展开的时间行为，变成了一个无时间性的空间结构。那么，在结构主义者拿着笔从一个点走到另一个点之间发生了什么呢？如果我说：这是因果性，我马上就会明白这不是因果性。但这个时候难道不是必然结果，也就是一种必然性吗？我想我就是以这种方式来解释结构主义者的方法论工作的。在这个时候，结构主义者确实不需要因果性，并且他还可以解释一些因果性结构。能证明结构主义方法是一个更高级别的认识论层次的证据在于，它可以借助这些结构来解释一些因果现象，而相反则是不大可能的，即只用普通的因果性、有形的因果性来重建结构是不大可能的。我想这就是您看待结构问题的方式。不过我仍然有一点点倾向于某种形式的因果性，因为结构的构建过程本身不是一个无时间性的展开过程。您可以反驳我说，结构在此之前就存在，它甚至没有必然结果，它之前就存在着，我只是重新发现了它，或者说结构主义重新发现了它。但是，可以说，问题再次出现了：在这个重新发现结构的行动中，我们难道不是找到了一个模式吗——怎么说呢——一个原因模式吗？在这个时候，我们可以下降到生理学层面，我们可以说：难道没有生理学上的因果性吗？但我们又落入了这个没有解决的问题，它越来越表明，生理学层面与行动之间的巧合并没有直接联系;相反,在必然性、运转的能量因果性本身以及生产之间,还存在着很大的自由度。然而,这就好像在必然的和必不可少的能量阶段之间,存在着一定数量的必不可少的自由度……也许这里还是可以看出因果性之所在,因为如果一个人正在做他的矢量时突然发生了脑栓塞,那么他的行动就会停止。因此,从能量角度来看,因果性仍然在此决定着必然结果,但必然结果本身又保持着一种更大的自由。就是在这里,我会坚持认为有一种因果性,它是某种不那么丰富却必要的东西。

我完全同意您的看法。举个简单的例子,以 18 世纪的经济学理论为例,如果对这些理论做一个结构分析,您会发现有一个初始结构,它可以通过转换产生两个系统。其实您即使不知道是什么支撑着这些系统,也完全可以推导出这些系统。一旦您得出了这些系统,您就会发现其中有一个系统必然有利于土地所有制,另一个系统必然有利于贸易和交换。很明显,土地所有者将在第一个系统中认出自己,他们会支持这个系统。而这的确就产生了重农主义者。① 您明白吗?

> 第十七位发言者:那么我们在这里不就看到了因果性吗?

---

① 参见福柯:《词与物》,前引书,第 1257 页。

这是选择的因果性,一些个人对一个并非他们始创的结构所做的选择。

> 第十七位发言者:是的,但确实有因果性。

在这个时候,我不是处在结构的层面上,而是处在另一个层面,即能量的层面,处在一个人为什么选择这个结构的原因的层面。

> 第十七位发言者:但是,如果因果性对于那些选择一个系统而不选择另一个系统的人来说是存在的,那么对于那些设计这两个系统的人来说,因果性为什么就不存在呢?

因为那些设计系统的人是由系统产生的。是系统使它的生产在实际层面成为可能,而不是反过来。

> 第十八位发言者:关于结构和因果性的概念已经说了很多,我想问一个关于文学分析方法的问题。我非常清楚您所捍卫的方法的有利之处;我们也可以看到结构主义方法相对于传统的形式批评的进步。我确实认为,坚持研究与文学作品结构本身相关的话语,这是文学研究的一种方法,它是一种有其自身合法性的分析类型。但事实上并非只有形式批评和结构主义批评这两种类型的批评,还有其他的方法,例如,我想到的是卢卡奇在

分析批判现实主义文学时采用的方法①,它并不涉及因果性问题,因为它既要说明作品的内容,也要说明某个作品的形式。例如,为什么像卡夫卡或托马斯·曼这样的人的作品会采取这样或那样的形式?这种分析也不是从因果性的角度,而是从话语本身的角度进行的。例如,既然我们经常说到博罗罗,在欠发达国家有这样一种戏剧形式,一种戏剧的文学生产形式。鉴于这些戏剧作品出版的背景,这种戏剧不是用来演出的,而是用来阅读的。很明显,这里的背景相对于话语形式本身以及写作和设计的形式而言,具有很重的分量。因此,我想听听您对卢卡奇这一类的分析的看法……不[涉及]②内容或形式的阐释,[我想知道]它们在多大程度上接近于结构主义?在多大程度上可以补充结构主义?在多大程度上,结构主义带来了新东西?新东西肯定是有的,但结构主义也遇到其他跟它一样合法的分析方法。

您问我的问题有点棘手,因为我在想,我们是否真的可以说卢卡奇的分析是如此之新,是否可以说他的分析不可还原为我们谈到的那两种分析。以卢卡奇对歌德的研究③为例,或者以他对

---

① 卢卡奇:《批判现实主义的当前意义》(*La signification présente du réalisme critique*, 1958),法译本译者 M.de Gandillac,巴黎,Gallimard,1960。

② 猜测;单词难以听清。

③ 卢卡奇:《歌德和他的时代》(*Goethe et son époque*, 1947),法译本译者 L.Goldmann 和 P.Franck,巴黎,Nagel,1949。

小说的研究①为例,他考察的是小说的形式本身,他考察作为形式的小说,远远多于小说的内容,远远多于小说所讲述的故事。什么是传奇故事,什么是流浪汉故事,什么是古典类型的小说,如《克莱芙王妃》②,等等,他要确定一些形式。另一方面,通过一种马克思主义的分析,他在各社会阶级或各生产力之间建立了一系列关系,可以说这些关系其实就是结构性的关系。在这一点上,我认为阿尔都塞是完全有道理的:马克思对生产关系的分析就是对结构的分析。这是毫无疑问的。但二者必居其一。或者卢卡奇像杜梅齐尔那样说:我面对两个结构;这两个结构在某种程度上是同构的,或者它们是不同的,它们在某一点上是不同的;要从一个结构走向另一个结构,就需要怎样的转换,等等。他所做的分析绝对是结构式分析。或者卢卡奇说:这两个结构中的一个必然产生了另一个。我认为卢卡奇的分析朝向的就是这个方向,也就是在一个结构和另一个结构之间建立一个模型、一个网、一个生产渠道。所以我不认为他是在已经开辟的两种声音之间的第三种声音,而更应该说他是在两种分析之间不断地、迅速地和辩证地来回过渡,仅此而已。也许我搞错了吧。

这些学生都不说话,在那里像鲤鱼一样沉默。

主持人:有学生想问问题吗?

---

① 卢卡奇:《小说理论》(*La théorie du roman*, 1916),法译本译者 J. Clairevoye,巴黎,Gonthier,1963。

② 拉法耶特夫人:《克莱芙王妃》(*La princesse de Clèves*, 1678),巴黎,Flammarion,1997。

没有,他们总是那么害羞。

主持人:我不怀疑您还有很多博学的问题要提出,您会得到同样博学和精彩的回答。我想会议已经持续很长时间了,长得令人愉快,但我想现在必须结束会议了。谢谢您!

# ［语言外在性与文学］[①]

［L'extralinguistique et la littérature］

① 法国国家图书馆,福柯档案,编号 NAF 28730,第 54 号档案盒,第 4 号案卷。福柯没有为这篇文章加标题。

三十多年以来,文学被当作一种内在于语言一般形式的形式来分析,或多或少地直接从属于语言学。

然而最近十多年来,通过一种越来越明显的相反趋势,人们越来越清楚地发现了语言外在性的重要性。

语言外在性的这种突然闯入是与意义分析所遇到的困难相关联的,但又不能用这些困难来概括,尤其是,它并不存在于这些困难中。

提出问题的方式是有一定错误的。争论往往是用能指和所指的术语来进行。

哈里斯①试图完全抛开意义来定义能指要素(那些在处理非语言材料[如海报等]时找不到标准来定义能指要素的人,目前都把他们的希望寄托在哈里斯身上)。

对此,有人回应说,所指的维度不能被忘记,置换(permutation)的标准(这是由结构主义中最具形式主义的代表提出的标准)就意味着要参照所指。

可是,从结构的角度分析所指和组织语义场所带来的困难,导致人们既想在能指的一边寻找模型,又试图回避两者的对照。

但这些可能都不是真正的问题之所在。一段时间以来,语言

---

① 哈里斯:《结构语言学的方法》(*Methods in Structural Linguistics*),芝加哥,芝加哥大学出版社,1951。

分析告诉我们的是语言外在性的内在重要性:

——在语言学领域内:

——雅各布森对动机的分析,

——乔姆斯基对显性话语的参照,

——普列托对意义-所指关系的分析。

——或者在有关说话者的研究中(特别是对失语症患者的研究①)。

——或者是在逻辑实证主义之后的有关陈述理论的研究中:

——在(可能真或可能假的)肯定形式的陈述(énoncés)之外,

——人们还见过询问形式、祈使形式或命令形式的陈述(但仍然有语言学标准来帮助识别这些语句)。

---

① 根据福柯有关失语症的征引,可以推测出若干个参考文献:科特·戈尔德斯坦的研究,梅洛-庞蒂为其在法国的传播做出了贡献(关于失语症,主要参阅科特·戈尔德斯坦《语言和语言障碍。失语症症候群及其对医学和语言理论的意义》[ Language and Language Disturbances. Aphasia Symptom Complexes and Their Significance for Medecine and Theory of Language ],纽约,Grune & Stratton,1948)。还有雅各布森的研究(《语言的两个方面与失语症的两种类型》[ «Deux aspects du langage et deux types d'aphasie» ],见雅各布森《普通语言学论集》,前引书)。科昂和戈捷的文章《失语症的语言学诸方面》(«Aspects linguistiques de l'aphasie»,载《人,法国人类学杂志》[ L'Homme. Revue française d'anthropologie ],第 5 卷,第 2 期,1965,第 5—31 页)十分有效地综述了围绕失语症展开的争论。福柯在这里想到的或许就是这篇论文,因为他在此文集的另一篇文稿(《文学分析与结构主义》,见下文第 279 页)中明确引用了这篇论文。

——但奥斯汀①发现：

1）一方面，有些陈述（énoncés）虽然没有任何形式上的标记，却仍构成一种完全不同的话语："现在开会了。"（这取决于语言外的条件）

2）由此出发，奥斯汀分析了**言语行为**（act of speech），它不再是一个孤立的、完全置于语言可能性内部的行为，而是一个复杂的行为，且包含（除了准确意义的效果外）至少两个层面：话语行为（locution）和话语施事行为（illocution）。

可以看出，在某种程度上，[对于]②语言分析，以及，另一方面，对于话语分析（无论是像普列托那样从语言的角度所做的话语分析，还是像奥斯汀那样从语言之外的角度所做的话语分析），语言外在性可以通过以下要素来界定：

——情景：说话的场所（lieu），说话涉及的对象（不是作为指涉对象，而是作为在场或不在场的实物），说话人相对于这些场所和实物所处的位置；

——言说者：他在说话时所处的位置和所实施的行为（例如，如果他说出了一个施为句[proposition performative]，那么这个句子会被仪式化，就是说，会事先确定哪些特征需要相关化[pertiniser]）。

换句话说，语言学的一部分以及几乎全部的陈述理论，都提出了语言外在性及其与语言学所特有的讨论的关系问题。

---

① 奥斯汀：《如何以言行事》，前引书。
② 猜测；单词缺失。

但涉及文学，在这一点上则出现了一些模糊不清的地方。大家都知道文学是一种话语(discours)，也就是说，文学是一连串的陈述(énoncés)。但从另一个意义上说，人们也知道，文学中没有外在于语言的东西。

初看起来，外在于语言的东西可以在以下情况中找到：

——在作者的想法或他同时代人的想法中，但这显然就失掉了文学话语所特有的东西。从来没有一种思想或思想体系能说明这个话语是文学话语，而不只是话语。

——或者在书的存在中。说真的，这就已经比较严肃了。在今天的大多数国家，文学都是印刷在白纸上的，可以翻阅，而且要按照一定的顺序翻阅。这个事实极为重要。

布托尔说到①[……]②

在一本像里卡尔杜那样的、可以朝任何方向随意翻阅的书中，所说的事情和一页一页按顺序阅读是不一样的。③

透过这些，人们就又遇到了问题，但不是经由意识形态，而是经由消费。问题不完全是"谁在读"，而是"怎样读，阅读是一个什么样的事情，什么是阅读活动"。

例如，很明显，18世纪末恐怖小说在整个欧洲的出现，表

---

① 关于布托尔，参见福柯：《距离，面貌，起源》，前引文章（论及《圣马可的描写》[*Description de San Marco*]，巴黎，Gallimard，1963）。

② 此段难以辨认。

③ 参见让·里卡尔杜：《占领君士坦丁堡》(*La prise de Constantinople*)，巴黎，Minuit，1965。这本书被认为是新小说的标志性作品，于1966年获得Fénéon奖。该书的特点是有一定数量的形式干预，例如放弃任何页码。

明了读者与其所读内容之间的一种新的关系。阅读行为肯定是发生了结构性变化,因为人们很奇怪地开始为了害怕而阅读。

但可能还有比所有这些都更根本的原因。我们应该说,文学是这样一种话语,它从自身出发(从产生陈述的那个行为出发),生发出那种使它自己可以作为陈述而存在的外于语言的东西。

文学是这样一种不规范现象:它是内在于话语的语言外在性。

说到底,有一些陈述几乎完全不需要语言外的东西:所有的语法、所有那些作为系统的哲学、所有的科学话语。[换句话说,]①一切系统。

还有一些书面陈述,它们不需要内在于语言的语言外在性,但并非不需要语言外在性——那就是所有的信息性话语。

最后,有一类陈述自身构成内在于自身的语言外在性。这种话语以悖论的方式产生一种外在于语言的维度,这个维度完全处在所使用的词语或符号的内部,但又逃脱语言。

因此不应该说文学是一种以能指为中心的信息,而不是一种(像在信息性话语中那样)以指涉物为中心的信息。文学不是一种自我指涉的活动(因为那样的话,我只需要说"我说的话都是严肃的,或庄严的,或晦涩的",我就是在搞文学了)。简而言之,我只需要谈论我所说的话本身,我就是在搞文学了。

我们明显可以看出,为什么批评家都被这个假设所吸引:它极大地缩小了批评家和作家之间的距离。作家就是质疑自己的

---

① 猜测;此句难以辨认。

语言的人,或是在自己语言中编写语言密码的人;批评家几乎也是这样的人,只不过他谈论的是别人的语言。如果距离再近一点(只要别人的语言变成他自己的语言),他就能成为作家。说到底,如果他能够如此成功地理解别人的语言,以至于(当他发现这是语言的语言时)能把别人的语言变成自己的语言,那他就是作家了。

但这些都无关紧要。最重要的是,文学相反是一种具有深刻"外展性"(extratensif)的行为,它完全朝向一种并非先于它而存在的语言外在性,这种语言外在性只能从文学的话语中涌出,它诞生在文学的脚步声中,它只能由词语构成。

(请注意,这种语言外在性,人们恰恰有可能让它产生于,即使不是词语之外,也至少是产生于语言朝外的那一面。在那一面,词语触碰到了那个非语言的语言外在性,那就是白纸,它是语言外在性的空间,是其长方形的维度,等等。从马拉美开始的全部工作都是围绕着白纸空间中摆放的词语和符号而进行的,这种工作不是对符号的探索,而是符号向着某种语言外在性的移位,这种语言外在性不仅只能通过符号显现出来,而且只能通过符号而存在。①

德里达大概就是在这个方向上强调了书写压倒语言的根本性和首要性,②这或许是对语言首要性的一次彻底颠覆。这个观点在这里先存而不论,等到我们分析那个恰恰是在书写行为中言说的言说者时再来考察。)

---

① **在页边**:符号的魅力和(可能是)幻觉,因为这种语言外在性并不是内在的,尽管它由符号组成。这里有一个必须消除的误解。

② 德里达:《论文字学》(*De la grammatologie*),巴黎,Minuit,1967。

但是,文学在自身话语中构成的这种语言外在性,我们必须到语言学和陈述理论指给我们的那个地方去寻找,就是说,必须到"情景"中去寻找。这里的"情景"不是指作家在当下世界的处境,不是指书的传播或出版条件(尽管这也很重要,有其作用,但它要通过许多弯弯绕绕的曲折通道才起作用),而是指言说者在书的内部的位置,是指言说者模棱两可的姿态(他既完全[处在]①话语之中,因为我们不能在语言符号之外围住他——我们看不见他,感知不到他,他的沉默使他消失;又同时处在话语之外,因为是他在讲话)。

[我们可以看出,为什么如人们所说,文学趋于沉默。那是因为,文学事实上只因这个看不见的、在某种程度上不说话的(因为他从来不进入语言)人物而存在;那是因为(在某种意义上,可以全部概括为),文学词语的巨大声响使语言所遵从的这个语言外的气息、这个空的位置得以存在。]②

我们可以理解,为什么当代批评被布朗肖的孤独言语引上了正确的道路。因为布朗肖不断祈求的正是这种语言外在性的在场;他把自己的声音赋予这个在场的缺席。这个声音从未声称要抵达作品的核心,从未支持隐秘深处的愚蠢自负,它恰恰是让自己呈现为作品的不可分割的外部。恰恰是这个外部,它比任何其他东西都更能朝着那个被作品不断[地]③策动着的外部敞开,尽管作品来自这个外部。

---

① 猜测;单词缺失。
② 这段话在手稿中被放在方括号里。
③ 猜测;单词缺失。

布朗肖、阿尔托,他们二人或许是唯一预感到话语之外部的人,他们预感到了语言自我冲刷时的这种侵蚀。

不过人们会说,这不就等于说:作品处在作家和他的语言的神秘关系中,这种关系使作家消失在作品中,尽管作家只通过作品而存在。陈旧的悖论。

但这完全不是这里所涉及的问题。

任何话语所指涉和借以被定义的那个语言外在性都内在于陈述。语言外在性只能通过陈述被认出,并且实际上只能通过陈述存在,所以它完全不同于那种可以放置在话语的凹陷处的语言外在性(比如把语义场的结构化过程统一起来的那个语言外在性,或者那些逻辑形式,或者意识形态领域)。

但它也完全不同于由作者构成的那种语言外在性,不同于作者所想的东西或想说的东西。

这里涉及的是仅由话语本身构成和建立的语言外在性,是任何陈述通常所依靠并由此被说出的语言外在性。①

这种内在的语言外在性是由什么构成的呢?

在语言分析或陈述分析中,语言学家和逻辑学家以两种方式与语言外在性之"墙"(之边界)相遇:

——在内容(意义)的层面,主要是在语义场的组织中。不过到目前为止,可以说还没有任何一个语义场能从纯语言学的角度展开其结构。

---

① **在页边,正对着这一段和前一段文字**:在很长一段时间里,批评用作者的"内在"填充了这一凹陷,填充了这个语言外在性之"外部"。作者被当作内在于陈述的语言外在性的总和。

——在陈述的形式和陈述的行为的层面,语言外在性出现在以下情况中:

a.在普列托称之为"相关化"(pertinisation)的形式中(为了只让同一个意思出现,就要根据语言外的语境来确定,哪些特征是要说出的,哪些是可以不说出的)。①我们说话时并非什么都说,但如果我们说一些事情,就不得不说其他的事情,等等。

b.在言语行为相对于言语内容的时间位置中(纪尧姆的分析②)。

c.在言语行为的性质本身。因为有记述句(énoncés constatifs)和施为句(énoncés performatifs)之分。

然而,文学言语的特殊性在于:

A.(对应于a.③)文学的全部语言外在性语境就只有一张纸,所以在某种意义上,文学有可能、有权利什么都说,它甚至可能不得不什么都说,因为什么都不存在。

当然,文学并非什么都说:文学间接地指出语境,作为一种出现在文学话语中的语言外在性,这种语境使文学可以不用什么都说。但文学不得不比我们通常真实说话时说得更多(当我们真实说话时,那些沉默的事物,我们所处的那个沉默空间,各个言说

---

① 普列托:《信息与信号》,前引书。
② 纪尧姆:《时态与动词——体、式、态理论·古典语言中的时间建筑学》(Temps et verbe. Théorie des aspects, des modes et des temps, suivi de L'architectonique du temps dans les langues classiques),巴黎,Champion,1965。
③ 见本页上部。

者的位置,这些都构成信息的形式本身的一部分:一种附加的代码,它可以赋予信息一个非悬置的意义。仅靠语言代码本身是不够的)。文学的语言外在性是文学自己构建的,这种语言外在性使文学可以不用什么都说。它有几种方式:

1)总是被任何书写行为(至少在特定的时代)省略的含义。在《克莱芙王妃》①或者在《许佩里翁》②中,没有说人物与人物之间相隔有多少厘米。当有人说"这天"早上,我们没有什么东西可以用来准确地填补这个词的含义,因为我们不知道那是日历上的哪一天,并且"这天"也[不是]③读者的现在。

2)文学可以任意地(并在刚才提到的那些根本的不存在物的范围内)安排事物、人物、体貌特征、布景;这些元素一旦被说出,就将起到语言外在性的作用,人们据此就可以挑选出哪个应该相关化(pertiniser),哪个不需要相关化(语境在任何话语中都起着这种语言外在性的作用。但在这里,一切都是语境)。

描写。[例]④如,巴尔扎克作品中的描写是详尽无遗的,但也是一次就给全的,这种描写充当着小说其余部分的情景先设。对体貌或性格的描写也是如此。

---

① 拉法耶特夫人:《克莱芙王妃》,前引书。
② 荷尔德林:《许佩里翁》(*Hyperion*),法译本译者 Ph.Jaccottet,见荷尔德林《作品集》(*Œuvres*),"七星文库",巴黎,Gallimard,1967,第 134—273 页。
③ 单词缺失。
④ 单词缺失。

在罗伯-格里耶的作品中,每一次描写都是支离破碎、略有不同的,都与言语行为相关联。

通过语境安排,文学话语的一部分相对于其他陈述而言,起到一种语言外在性先设的作用。我们可以对这样的语境安排进行历史回溯。

3) 文学建立(接受、解除或重组)一些联系。在日常语言中,某些相关化(pertinisation)是相互关联的,其他相关化则是互相排斥的。

这就是文学所特有的含混性。

我们可以说,文学并不是为了赞扬能指本身而"悬置意义"。但由于语言外在性只能通过能指和所指的中介来建立,所以文学语言永远不是封闭的,也不是被填满的。文学是一个开放的类。通常情况下,一句陈述可以有一些可计数的不同含义(从 0 到 1 个有限的量),这些含义形成一个类,其中的元素是可以计数和定义的,而一个文学陈述开启了一个绝对无限的含义类。这并不意味着文学陈述没有意义,而是说文学可以由一种不可计数的含义类来填充。

(这并不是允许进行文学批评的依据,但这使得**阅读**本身成为一种非常特殊的语言活动。)

任何文学作品都有多余部分,都似乎**说得太多**。不论你说得多么少,你都说得太**多**。

(这可能就是虚构,它不同于寓言。)①

---

① **在页边**:戏剧正是通过虚构/寓言的关系而区别于任何其他形式的文学。

232　　B.(对应于 b.①)言说者位置的标识和移动构成作品的 *lexis*(言说行为),它与 *lekton*(言说内容)相对。②

应该立即指出,这个 *lexis*(就像虚构一样)并不能算是作品或话语的元素。总之它没有属于自己的能指材料,尽管我们只能通过这个能指材料来分析它。不过 *lexis* 有时会在寓言中以人物的形式被抓住,一个说"我"的、尽可能不被注意到的人。因此,正是 *lekton* 的元素或寓言所特有的安排使我们能够定义虚构的形式或 *lexis* 所特有的构型(configurations)。

但我们将看到,*lexis* 往往会处在它所特有的二重化情景中。因为言说者有时会被再现。老实说,尽管言说者从根本上讲是缺席的,但在寓言中总是(或几乎总是)有一种(至少是间接的)在场方式。

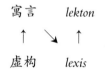

这就是[非文学语言]③与戏剧的区别,也是非文学语言与叙事(史诗或小说)的区别。

这样我们就有:

---

① 见上文第 259 页。
② *lexis*(言语、言说行为)和 *lekton*(可言说的、可表达的)的区别源自斯多葛学派。关于福柯赋予它的确切含义,见下文第 296 页。
③ 猜测;无法辨认的缩写。

| 虚构 | lexis | |
|---|---|---|
| + | + | 诗歌 |
| + | − | 叙事 |
| − | + | 戏剧 |
| − | − | 非文学语言 |

在非文学语言中，保证我们不必什么都说出来的那个语境是：

——真实的东西，

——假定存在着的信息性内容。

(而在文学中，就只有白纸，和文学的绝对开端。)

所以在非文学语言中，没有虚构。

也没有 lexis，因为言说者总是以恒定的方式在场：

——或者以某个言说者说出的个人肯定的形式，

——或者以一种中性的形式，它明确无疑地指向一个有名字的或匿名的作者，这个作者说出他所知道的或他所想的。

这种恒定关系——它甚至当言说者在自己话语中转述另一个人的见解时也不会改变——便是科学语言或哲学语言的特点。在一个哲学文本中，如果 lexis 不是一种同质的、中性的功能，而是一种变化的功能(因此 lexis 开始存在)，那么[在这种情况下]我们就有了文学文本。《悲剧的诞生》①是哲学；而《查拉图斯特拉

---

① 尼采:《悲剧的诞生》(*L'origine de la tragédie*)，法译本译者 J. Marnold 和 J. Morland，巴黎，Mercure de France，1947。

如是说》①则是一部文学作品(尽管从另一个角度看,它具有一种哲学意义,比如荷尔德林的《恩培多克勒》②)。③

箴言是这种情况的极限。从某种意义上说,在每一句箴言中,关系都是恒定的,但是从一句箴言到另一句箴言,lexis 的结构会变化。这就使得箴言成为最具文学性的哲学话语,也是最具哲学性的文学话语。

回到上面的表格:

——在戏剧中:从某种意义上说,虚构是不存在的,因为语境和演员的现实性,以及某个言说者在场,这些都使得我们可以依靠一种非内在的语言外在性。无论舞台布景有多么简约,只要存在一个空间、一个内部、一个外部、一个方向,虚构都会被缩减。

相反,由于每个人物仅仅通过他所说的话而存在(在某种意义上,每一句话都是奥斯汀意义上的施为句),由于那个看起来像是言说者的演员其实并不是言说者,他只在语言外在性语境中运行,以避免虚构,所以我们可以说,整个言说者

---

① 尼采:《查拉图斯特拉如是说》(*Ainsi parlait Zarathoustra*),法译本译者 F.H.Albert,巴黎,Mercure de France,1931。

② 荷尔德林:《恩培多克勒》(*Empédocle*),法译本译者 R.Rovini,见荷尔德林《作品集》,前引书,第 467—581 页。

③ 关于这个主题,参见《哲学话语》(*Le discours philosophique*),这是福柯在突尼斯逗留时期的一篇未刊稿,文稿开头用了很长篇幅来分析各种不同的话语形式:日常话语、文学话语、科学话语、宗教话语、哲学话语(福柯:《哲学话语》,法国国家图书馆,福柯档案,编号 NAF 28730,第 58 号档案盒,第 1 号案卷)。

都在话语中：话语只通过言说者而存在，同时也使言说者诞生。正是这种关系（而不是演员的［双重］①现实性）使得某句话是真诚的、虚假的、有说服力的、外在的、亲密的。

因此，lexis 处于最大化，虚构处于最小化（但也不等于零，因为语言中一旦有了 lexis，即言说者一旦内在于陈述，那么一定数量［的］②事物——以及这个言说者的语言外在性——就不出现了：

［这些事物］③是应该在语言中［被］④说出的：说出人物的名字，人物的婚姻状况、年龄、过往）。当然，我们可以试着删除所有这些（整个虚构，就像在尤内斯库［Ionesco］那里：它在说，但没有虚构）。

或者反过来，减少 lexis，也就是说，做一个戏中戏。那么，1 号戏看上去是"真"的，而在 2 号戏中，演员们作为 1 号戏里的真实人物出现。

——在叙事中：在叙事的朴素形式中，虚构处于最大化，lexis 处于最小化。叙事者与叙事的关系可以被认为是恒定的（叙事者说他见到和听到的事情）。相反，由于叙事者不能什么都说，所以语言外在性必须建立在话语的内部。与直接的言语相对，整个叙事都在于要唤起这个语言外在性。但叙事只能以言说者出现在其讲述的内容中的方式来唤起这个语

---

① 猜测；单词难以辨认。
② 单词缺失。
③ 单词缺失。
④ 单词缺失。

言外在性,这个言说者有时讲述自己的感受,有时以其他人的名义说话,占据一个局外的、中立的观众的位置。总之,任何叙事都包含一定程度的 *lexis*。

越是接近口头文学,这种 *lexis* 就越会出现在大量的人物中,这些被讲述的人物也是讲述者(《一千零一夜》①)。

越是深入写作行为中,叙事就越趋向于遵从 *lexis*。*lexis* 和虚构混淆在一起。整个叙事都旨在参照 *lexis*。

——在诗歌中,*lexis* 和虚构都达到最大化。饱和(这使诗歌对立于日常语言)。就像在[叙事]②中,只有言语行为(无声中的声音,置于白纸上的符号);就像在戏剧中,言说者每时每刻都只被他的话语所定义,虚构并不保证他占据一个可见人物的位置。

"文学性"在诗歌中达到了它的饱和点,因为正是在诗歌中,语言最大程度地承担了语言外在性所特有的功能和决策力量。

在此我们也很好奇地看到,人们一直都感觉诗歌接近沉默;而实际上诗歌只跟话语的存在相关联,这种关联远甚于戏剧或小说(诗歌不能被翻译,不能被"排演",诗歌不"谈论"任何客观参照物,等等)。人们认为诗歌接近沉默,这很正常(而实际上小说和戏剧要比诗歌沉默得多),因为语言外在性的全部力量都只[存在]③于诗歌话语中。

---

① 《一千零一夜》,前引书。
② 猜测;单词难以辨认。
③ 猜测;单词缺失。

由此，对于诗歌而言，简练很重要。诗歌的要素就是简练，其次是节奏或押韵（与一种限制性形式相联系）。诗歌承担着语言外在性的力量，其游戏就在于，它只在虚构中或在 lexis 的移动中发挥其语言外在性的力量。但诗歌通过一些未说出的词语、一些意象、一些（甚至不是由某个"我"说出的）感觉，让这些力量显露出来。诗歌话语是语言外在性的唯一最高主宰，它让语言外在性出现在未道之言中，出现在它的间隙和裂缝中，出现在它的外部边缘。

诗歌所特有的简洁性和碎片性即由此而来。在这一点上，诗歌与箴言的形式相印证，从某种意义上讲，箴言是文学的另一个边，是文学的内部边缘。但是，没有什么比一种试图自我膨胀到诗歌的箴言更糟糕的。然而，没有什么比一段闪闪发光的语言碎片更美的。这里有一种思想在值守（而在一段诗意的箴言中，有一种观点在伪装）。

但现在我们必须回到 lexis 本身的分析上来。言说者的位置。这个位置可以这样来确定：

a) 简单地、以某种否定的方式，仿佛在凹陷处，通过 lekton 的安排来确定。

——动词时间的重要性。叙事无论是用简单过去时还是现在时，都已经勾勒出了说话者的位置。

——（在时间的持续性中）一件接一件地讲述事件，或者相反，俯瞰事件。

b) 或者通过寓言。这里又有两种方式：

——言说者可能实际上（但并没有明确说出来）等同于一个人物、几个人物，或不等同于任何人物。

1)在这最后一种情况下,言语是一种匿名的喃喃自语,它包裹着发生的一切(人物、事件),使这一切变得像一种没有位所(lieu)的传言。

2)在某些情况下,言说者隐约等同于一个人物。尽管这个人物从来都只是以第三人称说话,但他却是最重要的视角,这意味着言说(全部陈述)之位所是他知道的、看到的、感到的。但这又不应等同于一个"我"或一个准"我"。对话语的垄断往往被看作文学一致性的标志([萨特]①)。

3)但从一个话语之位秘密地或明确地转向另一个话语之位的情况往往是:

——从匿名的言语转向一个有特权的第三人称,

——或者经由某个叙事者,从一个第三人称直接或间接地转向另一个第三人称:"让我们回到某某人那里。"(参见《一千零一夜》中的情况)。

这种多样性不一定就缺少一致性。在很长一段时期里,这种多样性曾经是朴素文学特有的标志。但在当前时期,语言的繁多,话语类型和层次的繁多,使这种目光的散漫化重新显出其现实性和价值。

其实,在所有这些情况下,言说者的位置主要是通

---

① 猜测;单词难以辨认。

过虚构的结构来指明的。

——但言说者有时也会直接出现,即以某个说**我**的形式直接在寓言中出现,

——作为过渡性人物(《一千零一夜》),

——或者以虚构的方式作为写故事的那个人,即准-作者。

这里我们进入了一个非常复杂的区域。言说者出现在故事中,他是可见的,他是他所谈论的内容的一部分。悖论表现在:

——只是"**我**"在讲述自己的回忆,某次冒险,"我"之所见,

——或者以一种与作家(其名字[写在书的封面上]的那个真实的人)的虚构关系的形式:

1. 这不是我写的,而是我找到的手稿(塞万提斯①);叙事时不时地被否认所打断:我读的手稿到这里中断了,无法辨认了。

2. 或者相反,坚持不断地干预:必须相信这不大可能。

3. 或者人物与作者对话(斯特恩②、狄德

---

① 参见塞万提斯:《堂吉诃德》,前引书,第 883—889 页。
② 斯特恩:《项狄传》(*Vie et opinions de Tristram Shandy*),法译本译者 C. Mauron,巴黎,Robert Laffont,1946。

罗①、18世纪小说)。

  4.或者由说"我"的那个人讲述小说的诞生,从而绕过写在封面上的那个名字。

在寓言中建立 lexis,在讲述的内容中定义言说者,这或许是任何文学作品中最特别、最难以勾勒的现象。

  1)在真实语言中,言说者的位置从来不成问题。他说的话的真实性或真诚性完全可以被质疑,但他就是说话的那个人,仅此而已。

  相反,很可能就是在这里,疯癫的问题与文学问题会合。疯癫不是一种"不理性的""不理智的""不真实的"语言,而是这样一种话语,相对于这种话语,言说者占据着一个特殊的位置。言说者在其话语中是完全在场的,因为,他的疯癫,他作为疯子的存在,是在他所说的话中被定义和实现的;但他又是缺席的,因为(由于缺席)他并不是一个在说话的言说者。在这个位置上笼罩着一个空无,人们在其中认出"不理智";由于这种"不理智"具有一种我们很难掌控的含混性,所以它既是话语的特征,也是说这个话语的人的独特性,还会是言说者置身其中的那个语言外在性。

  或许,从历史角度来看,疯癫和文学的相近关系来自我们语言(西方世界的语言)的文化存在方式的一场突变:此时,文学成为一种包裹着言说者的语言,疯子不再作为一个社会人物在场,而变成了一个无法确定的语言主体,他缺席

---

① 狄德罗:《宿命论者雅克和他的主人》(*Jacques le Fataliste et son maître*),狄德罗《作品集》,前引书,第 475—711 页。

于这种语言,尽管他完全显现在这种语言中。

在巴洛克戏剧中,在17世纪早期的小说中,疯子作为一个"说话的人物"的在场,提示着这种正在发生的突变。卢梭的《对话录》①显示了这种突变的彻底完成。

全部的疯癫文学(鲁塞尔、阿尔托)的特点就在于此。还可参见荷尔德林和尼采。

2)在文学中,言说者的位置是整个话语围绕其振动的那个不确定性的核心。

由于言说者的位置是最直接的语言外在性,是最接近语言但也最不可化简为语言的东西,因此言说者在话语内部的这种在场是至关重要的,这种在场显示了文学不可化简为语言结构,尤其是因为言说者是内置于话语中的。这里有一种复杂的关系。

——现代文学最具特征性的梯度就是话语和言说者相互包裹(或者更确切地说是一种脱臼)。

——因而,被卷入话语的言说者本应属于语言学,但由于言说者在话语中引入了语言外的东西,他恰恰就使得文学话语不可能化简为语言学。

很奇怪的是,整个文学都属于语言学这种观点(这种观点只是在现在才有可能,因为言说者被嵌入话语中)其实只适用于这样一种文学,在这种文学中,言说者与这些陈述之间曾经是有距离的(或至少是处在一种可以确定的在场中:要么是完全可见的,要么是完全不可

---

① 卢梭:《卢梭评判让-雅克:对话录》,前引书。

见的）：在古典文学中，或在福楼拜等人的作品中。语言学类型的分析要想让人心悦诚服，言说者与话语之间的关系就必须具有足够的恒定性，才能被中性化；被认为是无差别的，才能不引出特殊效果。

C.（对应于 c.①）言语行为本身。

也许我们可以说，言说者（越来越明显、越来越成问题地）嵌入文学话语中，这导致出现了一个新的言语维度；对这一新的言语维度，语言学只可能视而不见，而研究肯定性陈述的逻辑学也把这个新维度留在了阴影中。

只要言说者与其所说之间有一段没有被问题化的距离，所有这些陈述都可以被当作记述（constatations）或准记述。言说者（只是）讲述他看到、听到和感受到的一切。

于是，在文学中就像在肯定性陈述中一样，要质疑的是真实，或者是似真性（vraisemblance）这种对真实的模仿，这种准真实。假装是真的。

但这就已经不是太清楚了。因为，似真性，就像真的似的，这意思是说：

——它性质上与真实有某种相似之处，某种亲缘性；

——它是为了假装真实而被制造出来的：有某种内在于话语的真实。话语创造了某种真实。

但既然语言中最具文学性的那个"体积"的形成和膨胀是依赖于言说者在话语中的在场，那么，旨在陈述的那种行为就不仅

---

① 见上文第 259 页。

仅是,也不等同于那种旨在肯定的行为(甚至不是肯定人之所想,不是描写人之所感,等等)。

[是话语行为的激增,抑或是施为?]①

---

① 此段在手稿中被放入方括号。

# 文学分析与结构主义[①]

L'analyse littéraire et le structuralisme

① 法国国家图书馆,福柯档案,编号 NAF 28730,第 54 号档案盒,第 4 号案卷。

一

开头部分今天对我们来讲都是显而易见的,将一带而过。

——50多年来,文学分析(这里只讨论最严肃的文学分析)一直与结构研究联系在一起,结构研究的重要性和模式受到宗教史、精神分析、民俗研究或人种学研究的启发。①

——更近一段时间以来,文学分析与语言学之间确立了非常密切而复杂的关系;对这些关系的发现无疑至关重要。文学分析和语言学分析之间的这种深度联系很容易得到解释:

——因为结构研究正是在语言学领域取得了最具决定性的成功;

——因为自20世纪10至20年代的俄国形式主义者以来,人们一直在深化和挖掘这一简单的真理,这一绝对显而易见的事实,即**文学是用语言制作的**。

几乎不需要再次回到这个问题上来:

---

① 这里的罗列主要涉及杜梅齐尔、巴什拉尔、普罗普和列维-斯特劳斯的著作,本书其他文稿中已经提到这些人。不能不感到惊异的是,这里完全没有提到拉康的著作。

——既不是为了再解释一遍,

——也不是为了重新开始一场毫无意义的辩论,

——也不是为了揭示文学分析上的语言形式主义与当代作品的形式特点之间的联系、亲缘、共谋。

这种亲缘关系不表明任何责任,必须把它视为一个历史事实。

但我想强调的是,在语言事实的领域本身,语言外在性正在显示其重要性。事实证明,某些有关语言的基本事实只能通过语言外在性在语言内部发挥的那种决定性的、实际上是**结构化**的控制作用来理解。

我想谈的是这种语言外在性在文学事实领域的重要性。

首先注意一点:

我绝对不是要介入一场(无论是关于语言学的,还是关于文学的)重复了上千次的争论;也不是要询问,意义对于能指的分析是否必不可少,或者是否应该始终求助于意义。

a.语言学家目前正围绕乔姆斯基展开这场辩论。

b.至于文学分析,它无休止地、毫无进展地围绕着同一个问题展开:

——难道不是(历史或个人的)意义决定着形式吗?

——或者形式本身难道不足以定义什么是文学,什么把文学与其他话语相区别?

因此,当我提出文学中的语言外在性问题时,我想问的不是内容和形式的问题,不是能指和所指的问题;我是想在文学范围内引入一些对语言感兴趣的人已经熟悉的问题。

## 二、语言学中的语言外在性

首先,这是一些什么样的问题呢?它们是在语言研究的哪些节点上产生的?它们把我们的注意力转向了什么?

——首先,在准确意义的语言学范围:

普列托对语境和情境的重视。①

这样一类符号的重要性和困难,这类符号通过一种特定的语法结构,只指向那个正在说话的、正在其所处的位置上说话的[说话]人。"接合词"(shifters)②。

——其次,在失语症方面所做的研究(在法国有科昂的研究)表明:

——与雅各布森的观点相反,严格意义上的语言范畴(组合、聚合)并不足以说明语言障碍;

——语言障碍很可能是与言说者相对于其话语的某个位置相关联的。1965年,科昂和戈捷在论及失语症时说:"当然,信息的形式依然是失语症的基本症候;但只有把文本重新引入话语时位(instance du discours),分配分析(analyse distributionnelle)才会有意义。"③

---

① 普列托:《信息与信号》,前引书。
② 离合器(英语为 shifter)可以让人把陈述连接到言说情景上:地点副词或时间副词,指示代词,主有代词。
③ 科昂和戈捷:《失语症的语言学诸方面》,前引文章。

——最后,从一个完全不同的角度出发,逻辑实证主义,尤其是最近在英国发展起来的一种受语言社会学影响,或不如说与语言社会学有亲缘性的逻辑实证主义(弗斯继马林诺夫斯基①之后),对那些非肯定性(non affirmatifs)陈述(énoncés)、那些不能构成一套真假命题的陈述、那些不能组织成科学话语的陈述,给予了关注。

对人们称为**言语行为**的分析就这样发展了起来。奥斯汀②对这种分析的某些基本方面做出了描述。

这些研究有一些是相互汇通的,另一些是各自孤立的,但它们都导致把某种不可还原为索绪尔的语言/言语之划分的东西放在了首要位置。这个东西就是话语,就是文本,就是陈述(énoncé)。陈述和话语的结构,文本的结构,虽然是由语言使之成为可能的,但它们并不只是一些随着形势变化或主体的心血来潮而被当下化的语言结构。

一个话语,一个陈述,一个文本,是言语活动的形象,这些形象因一个言说者的存在和在场而成为可能和必要:

——**位置**(*position*),当然是指言说者在时间和空间中的定位,他周围的物体,他与之交谈的对话人,

——但也是指他相对于他所说的话的姿态,他在说此话时所完成的言语行为,他在他的话语中的存在和缺席。

---

① 弗斯(John Rupert Firth,1890—1960),英国语言学家;马林诺夫斯基(Bronislaw Malinowski,1884—1942),波兰人类学家。两人都非常重视语义范围的语境概念。

② 奥斯汀:《如何以言行事》,前引书。

总之,目前正在摸索中进行的是一整套陈述理论。它是一种非常不同于17、18世纪流行过的那种话语理论,但也并非没有可类比之处。

在语文学穷尽了"言语"(parole)研究的可能性之后,索绪尔的语言学便忽视了"言语"这一面。现在的言语活动(langage)研究并不是回到"言语",而是发现了陈述(énoncé)这第三种形式,它既依赖又独立于言语和语言(langue)。

迄今为止处于分散状态的所有关于言语活动(langage)的研究(语言学、逻辑学、语言病理学、作品分析)或许都将在一种陈述理论中找到它们的**空间**和共同**位所**(lieu)。

## 三

能谈论文学中的语言外在性吗?

A.表面上看,是不能的。确实,初看起来,人们会说,文学处在一个悖论的位置:

——文学由一些陈述单位组成,同任何话语一样。

——但文学的一个特殊之处在于,它并不包含人们已经识别出来的任何语言外元素:

α.虽然我们可以谈论文学的"情景",但这只是出于语言滥用;无论如何,这跟我们说某句话有一个情景的意思是不同的。

当有人说"某某在**那个**门口"时,"那个"的意思是由言说者所在的语境来确定的。①

当乔伊斯说"勃克·穆里根在楼梯上出现"②,这里没有任何语境:

——语境既不是乔伊斯这个人,

——也不是爱尔兰,甚至也不是都柏林。

使定冠词"那个"具有意义的全部语境都是由文本其余部分(接下来的一切)构成的,即由语言构成的。

因此不存在外在于语言的语境。

β.此外,文学中的言说者不能等同于一个真的在说话的人。的确:

——作者-文本关系完全不能叠加在我和我现在正在讲的话语之间的关系上。

——在小说中说**我**的那个人物(例如在书信体小说中)与他自己话语之间的关系完全是一种语言内的关系,因为所有人物完全由小说来确定,并且只因小说而存在。

由此,把文学定义为一种只存在于语言元素中的言语行为的诱惑是很大的。文学或许就是把自己外显出来的语言。说到底,文学只是在谈论语言。

---

① **在页边**:

"情景"

——既不是作家的社会地位,

——也不是真实存在的那个门。

② 乔伊斯:《尤利西斯》,前引书,第 7 页。

由此:

——人们进行了一系列有关文学的语言结构的颇为丰富的研究;

——另一方面,人们提出了这样一个主题:既然文学以语言为对象,那么文学是一种元语言。这个主题提出得有点仓促,并且其概念预设和概念蕴含也缺少严格的控制。

(同样的主题也可以在这样一个观点中找到:文学是一种关于它自身代码的信息。)

B.然而,我认为这里有一种谬论;或者,如果不是一种推理错误,至少也是一种注意力缺失。必须区分三种类型的陈述:

a.第一类是真实的言说者所说出的日常陈述;

b.第二类是除了白纸以外没有其他语言外在性的陈述。只需要知道词语的意思即可:

——数学书,

——纯哲学书,

——小说。

可以[这样]①说,语言外在性被元语言消除了。

——言说者确实被消除了,因为是真理或者事物在言说。

——由于有公理、定义等,所以整个语境都收缩到话语内部。

——最后,符号的使用受到调节。

---

① 单词缺失。

249

　　　c.第三类是文学。在文学中,语言外在性没有被一劳永逸地消除或固定下来,而是通过话语不断地被构成:

　　　——只有当我读《追忆逝水年华》①时,我才猜到是谁在说话,说话的人离他的话语有多大的距离,他说话时实施的是哪一种言语行为。

　　　——至于陈述所依据的语境则是由其他陈述来提示的;但从来不会被完全提示。

　　　——没有元语言。当普鲁斯特说"这本书"时,当他说"我将开始写作"时,没有任何元语言告诉我们"这"和"我"的意思是什么,或将来时"我将开始"的意思是什么。②

---

① 普鲁斯特:《追忆逝水年华》,前引书。
② B 这部分的开头是被福柯重新表述过的。这部分最初的表述如下:
B.然而,我认为这里面有一种谬论;或者,如果不是一种推理错误,至少是一种注意力缺失。

　　　——语言外在性不一定是真的存在于语言之外的某种物质的东西。它是一种不属于代码的东西,它的结构使一句陈述成为可能。

　　　——大多数陈述都与一个真实语境、一个真的正在说话的人相联系;但某些陈述可能会形成一个话语整体,这种话语整体,除了白纸之外,没有任何其他的真实语境;只需要知道那些词语的意思:

　　　——数学书,

　　　——纯哲学书,

　　　——小说。

但有一个区别:

　　　——在科学陈述中,我们可以说一切都是陈述:

　　　——言说者确实被消除了,因为是真理或事物在言说。

　　　——由于有公理、定义等,整个语境被收缩在话语内部。

因此，文学可以被定义为这样一种话语，它在自己的内部构建起那个超出语言、使陈述得以存在的语言之外的维度。

因此，我们有三种类型的话语：

——日常话语，我们说的话语，在这种话语中，语言外在性既外在于语言，也外在于陈述。

——科学话语（形式化的或趋于形式化的），其中的语言外在性被中和。说到底，科学是一种语言。但这意思不是说它是一种构造得很好的话语，而是说它自身包含了对它自身符号使用规则的陈述。

——文学话语，其中的语言外在性内在于陈述。或者从另一个角度再把同样的事情说一遍，文学是这样一整套陈述，其目的是建立这种使陈述成为可能的语言外在性。

C. 以上这些对于整体的文学观念无疑具有非常重要的意义。

a. 人们通常把文学定义为一种信息，这种信息，

——不以指涉物为中心（就像在信息性话语中那样），

——而以能指为中心（是一种自我指涉的话语）。

---

——最后，对符号的使用受到调节。

——在文学中，语言外在性并没有被一劳永逸地消除或固定下来，而是通过话语不断地被构成：

——只有当我读《追忆逝水年华》时，我才猜到谁在说话，说话的人离他的话语有多大的距离，他说话时实施的是什么言语行为。

——至于陈述所依据的语境则是由其他陈述来提示的；但这种语境的作用方式不同于我说"得把**那扇**窗户关上"时的那个窗户。

——没有元语言。

事实上,任何指向自身的话语都至少会具有文学的一般形式(我只需说"我正在说的这些是重要的或可笑的",我就已经在做某种类似文学的事情了)。

[文学是关于语言的语言,这是批评家的观点:批评家只谈论语言,他们的这种观点是为了尽可能地接近文学,不仅通过他们的理解,也通过他们的写作行为本身。]①

b.但文学更应该被解释为一种完全转向其内部的言语行为。

一种向外延展(extratensif)的行为,它在自己的脚步下(sous ses pas),或者说在它自己的边界上,催生出一种并非先于它而存在的语言外在性。

这或许就是为什么文学的实质要到阿尔托的经验那边而不是到瓦莱里的经验那边去寻找;要到布朗肖的批评那边而不是到雅各布森的分析那边去寻找。

不应把文学看作一种自我重复的语言,而应看作一种被一个"外部"(dehors)所加工的语言,它被某种既外在于它又只能来自它的东西所萦绕。

文学或许就是这样一种语言,它总是正在朝着自己的外部边界迁移。这个凹陷,这个使文学存在的外部,不需要批评来填充:

——既不需要像过去那样用作者的内在(作者的意图、生平或情感)来填充,

——也不需要像一段时间以来人们所做的那样用

---

① 手稿中的这一段被放在方括号里。

语言的内在(语言学的确定结构)来填充。

## 四

这种"外部",这种内在于作品的语言外在性,批评恰恰不应该把它排除在自己的话题之外。

文学分析不需要模仿作品,不需要重复作品,不需要达到作品的隐秘之处,也不需要阐释作品(作为神圣文本);文学分析恰恰应该把自己安置在这个外边,这个属于它自己的场地。我们可以这样定义文学分析的作用:文学分析**应把内在于作品话语的那种语言外在性转化为一些陈述**。

概括而言,作为一个纲领,我们可以说:

A.文学分析首先应涉及已说和未说之间的关系。

在这一点上,也必须当心:要发掘和外显的并不是作品的秘密,而是一些更精确的东西。

1)我们知道(普列托的分析已经显示),

——虽然任何存在的东西可能都会出现在语言中,

——但陈述从来不会什么都说。

就一个单一的意义而言(皮埃尔命令保尔把保尔的书交给皮埃尔),可能有好几种完全不同的陈述:把它递给我,把书拿过来,你的书。

这些不同的陈述取决于言说者所处的情景以及所说的事情。

2)文学中不存在这些非语言的语境,所以文学应该是能做到**一切**都说的。但文学并非一切都说:即便是中断的或片段的作品,它也是结束了的作品。

在文学话语中,会有一些被指称、被提示或被约略提及的事物,它们起着语言外在语境的作用。

当福楼拜在《情感教育》的开头说到"**那个**圣伯纳码头"①停泊着一艘正在冒烟的轮船时,他只需使用定冠词"那个"就足以使这句陈述倚靠在一个名叫巴黎的城市的共同在场之上,这个城市

——一方面包括堤岸、河流、人群等,

——另一方面,也是书中的说话人和书的读者都熟悉的城市。

这个城市将被部分地描写:街道名称,某些街区的特点,还有一些公寓的布置和装修。永远不会只有一个专有名词,但也永远不会有穷尽性的描写。

相反,当罗伯-格里耶在《迷宫》的开头说:"现在我一个人在这里,很安全。"②他所在的公寓、街道、城市被指称,并将在书中被部分描述。

但这个城市既出现在说出的话中,又外在于说出的话的这种方式,诸陈述与那个在陈述之外赋予陈述意义的东西之间的平齐方式(affleurement),**这里**、**现在**、左边、右边等构成的整个系统,定冠词、专有名词构成的整个系统,把陈述钉在从未被说的事物上的整个指称系统,这整个系统,这个由在

---

① 福楼拜:《情感教育》,前引书,第33页。
② 罗伯-格里耶:《在迷宫里》,前引书,第9页。

场和不在场构成的雉堞形状,所有这些,在不同的作家那里都是不相同的。

正是这个系统构成了可以称为虚构的东西。

如果我们同意把为了使一切都被陈述而可能需要说出的一切叫作"话语世界",那么虚构就是让一部分需要说出的话在显性语言中涌现出来的那种筛选、切分、雕琢、加工。

**话语世界**是由可能要说出的一切组成的不确定的总量,**故事**(fable)由叙事的(数量有限的、许多叙事都共有的)要素组成,那么处在话语世界和故事之间的,就是**虚构**,即行动。更准确地说,是以凹陷的方式在话语内部确定着(对陈述起着组织结构作用的)语言外在性的全部行动。

[在神话中,故事和话语世界之间只是一种组合关系,所以虚构程度最小。]①

3) 必须立即指出,这个虚构并不是一个心血来潮和即时选择的问题,它有自己的逻辑,有自己的限制规则。

——例如,当巴尔扎克说**这里**或**现在**的时候,他当然永远不会穷尽关于**这里**所能说出的一切,但人们会知道城市的名字、客观日历上的日期、叙事内部的日子的顺序,以及房子、纸的颜色。

——当罗伯-格里耶说**这里**、**现在**的时候,人们不太可能知道城市的名字、日期,但可以知道墙的颜色、墙上斑点的位置、它投出的对角线阴影、此时所做的手势,等等。

---

① 手稿上这段话被放在方括号里。

这种虚构的逻辑无疑与我们将要研究的另外两个层次（言说者位置、写作行为）有关，但它本身具有一致性，

　　——我们可以对某个特定时期和某种特定文学中的这种虚构逻辑的内在一致性进行跟踪研究。例如可以细致考察(而不是简单地转向了抽象化)专有名词的消失,代之以人称代词；

　　——我们可以从一个更细微的细节出发,对某个作者或某部作品中的这种虚构逻辑的内在一致性进行跟踪研究。

　　——例如《包法利夫人》①中与巴黎有相关性的因素,

　　——《萨朗波》②中与迦太基有相关性的因素,

　　因此文学以及文学的每一种形式都可以根据它在其边缘所激发的、使陈述得以说出的那种语言外在性来确定其特征。

　　文学远不是意义的悬置,也不是能指向自身的蜷缩。文学仿佛朝着一个空位开放,这个空位是文学固有的,因为是文学触发这个空位；但这个空位也限制和压制着文学,因为它使文学可以不把一切都说出来。

　　正是在这个程度上讲,文学是一种开放的、含混的、可以有多种解释的形式。这不是意义缺乏或意义过剩的问题。

---

① 福楼拜:《包法利夫人》,前引书。
② 福楼拜:《萨朗波》(Salammbô),见福楼拜《作品集》,第一卷,前引书,第 741—1028 页。

作品的多义性不过是语言外在性在话语中的在场并由此出发而产生的表面效应而已。

B.文学分析还应涉及言说者与其所说之间的关系。

陀思妥耶夫斯基的《卡拉马佐夫兄弟》是这样开始的:"阿列克塞·费尧多罗维奇·卡拉马佐夫是我县一个地主的第三个儿子。"①表面上看,这再简单不过了。

——一个叫陀思妥耶夫斯基的人以这样或那样的方式得知了他所居住的那个地区发生过的一个故事。

——他把故事写在一张白纸上,这张白纸又以这样或那样的方式落在了某个印刷商的手里。

但事情其实要比这复杂得多。

这本书的"序言"表面上是为了强化这本书的"传记"性质,但阅读"序言"实际上只会使事情变得更复杂。

在日常语言的情况下,说话的人(即使他讲述一个与他本人无关的故事,即使他不说**我**)是处在空间和时间中的,他的话语(他使用的动词时态、人称代词、指称地点和时间的全部指称词、专有名词等)是相对于他正在说话的这个点位和这个时刻而分布的。话语的展开是从这个零点出发的。

但是在文学中呢?

让我们把作家说**我**时的难题先放在一边。当作家说**我**时,他是假装(但通过复杂的机制)与日常生活中说话的那个人是同一

---

① 陀思妥耶夫斯基:《卡拉马佐夫兄弟》(*Les frères Karamazov*),"七星文库",巴黎,Gallimard,1990,第5页。

个人。

1）当福楼拜在《情感教育》的开头说："1840 年 9 月 15 日早晨 6 点左右，停泊在圣贝尔纳码头的**蒙特罗城**号轮船即将启程，烟囱里冒着滚滚浓烟"①，我们觉得并没有人在说话；或者更确切地说，说话的人就是讲故事的人福楼拜，是书外的福楼拜，是拿着笔杆的福楼拜，他拉开足够的距离，讲一个他并不介入其中的故事（甚至不像陀思妥耶夫斯基那样在小说的内部用一个不起眼的"**我县**"来钉住陀思妥耶夫斯基）。

这个声音谈论着这些人物，有时事无巨细（因为他了解人物的想法，仿佛听到过他们的知心话），有时又很匆忙，远远地，仿佛是一个站在街角的局外观察者或一个消息不灵通的信息员："他四处漫游。他回来了。他出入社交场。"②每个人在叙事时都是这样做的：注意力的纹理不总是相同的，有时细微，有时粗糙。

但是不同之处在于，在文学中（哪怕是当文学讲述一个真实事件时），只有文学所说的才是存在的；反过来，言说者只能是说多少就存在多少。由此得出这样一种复杂的关系：

---

① 福楼拜：《情感教育》，前引书，第 33 页。
② 同上书，第 448 页。福柯对福楼拜的引用不准确：

他四处漫游。
他领略过大型轮船上的忧郁，帐篷里一觉醒来时的寒冷，令人惊叹的风景和废墟，好感消失后的辛酸。
他回来了。
他经常出入社交场，又有过几次恋爱。

——当言说者远离他说的话时,当他的话语收缩时,他自己也会趋于消失。

——当言说者接近时,当他似乎在关注他的人物、仔细凝视人物在做什么时,他本身就具有了面积和体积,就开始放大。

福楼拜的作品以非常清晰的方式见证了这种放大和收缩,见证了话语和言说者之间的这种关联性脉动。

福楼拜在他的小说里从不说**我**,但言说者和他的话语之间的关系具有很大的流动性。

——在《情感教育》的开头,有日期、钟点、人群:言说者是拉开距离的,如同讲述一场事故、一个社会新闻或一次谋杀。

——不到二十行之后,言说者立即站在了弗雷德里克·莫罗身边(但不知道他的名字),从侧面看他,观察他的长发,看出他的目光所向。又一个非常轻微的移动——言说者占据了一个非常接近、完全平行的位置,他的目光与弗雷德里克·莫罗的目光交织在一起:"他向圣路易岛最后扫视了一眼。"[1]

——如果我们再加上一个非常快的移动:"他透过雾霾,他凝视着[……]一座座他不知名字的大厦"[2],这个移动是模棱两可的:

——或者是与言说者的几近认同:因为"他不知

---

[1] 福楼拜:《情感教育》,前引书,第33页。
[2] 同上。

名字"几乎等同于"我自问这些大厦叫什么名字"。

——或者相反,是拉开距离,仿佛是查阅档案。言说者知道他知道什么和不知道什么,言说者通过文献资料的准确性来确定这一点。

这种模棱两可的运动,到了下一页,将在两个方向上重新出现:

——生平档案;

——与对象认同:"弗雷德里克想着他将住的房间,一出戏的梗概[……],将来的爱情。"①

由于这种不确定的关系,由于这种与其谈论事物之间不断移动的距离,这个声音不能说**我**。整个《情感教育》便是由这个飞舞在弗雷德里克·莫罗周围、旁边、身后、内心和外部的说话声音的蝴蝶之舞构成。

但这个蝴蝶之舞及其不确定性并不排除它们仍遵循一些法则和一种逻辑。文学分析应该寻找的就是这种逻辑。

2)在《情感教育》中,说话声音在某种程度上附属于弗雷德里克。在《包法利夫人》中,这个声音首先附属于夏尔,然后附属于爱玛,再后来这个声音被解放,游荡在一些幸存者周围。还有许多其他可能的解决方案,它们对应于一些可以很好地加以分类的目录。

在这个分类目录的另一端,我们可以找到用人称代词**我**钉在话语内部的声音。

---

① 福楼拜:《情感教育》,前引书,第34页。

从某种意义上说,文学中代词**我**的使用(应该能)一次性地固定言说者与其所说的话之间的距离。当然他说的话可以有详有略,但他不会挪动他相对于自己话语的位置。

但事实上,这种固定也带来一些问题,并且也开启了各种可能性。

1. 有时,这种固定只起着传递作用:一个虚构的第一人称出现,他说:我得知了这样一个故事,我来讲述这个故事(托马斯·曼《浮士德博士》①)。

这种手法可以在故事内部以日本娃娃的方式被重复:一个(第三人称)人物被引入,他以第一人称方式宣布说他要讲一个故事(《一千零一夜》②)。

2. 有时相反,这个开头引入的第一人称构成故事的材料本身。

这样一来,言说者与话语的关系似乎就固定住了:言说者说他的想法、情感,他的所感或所知,等等。

但很快就会出现一些不确定性,或者说,会出现一个复杂的关系网络,这个网络恰恰就构成文学作品:

——与作者关系的不确定性,即与名字写在封面上的那个人的关系的不确定性。

——与写作行为的关系的不确定性(与写作行为完成的那一刻的关系,与这种行为本身性质的关

---

① 托马斯·曼:《浮士德博士》(*Le Docteur Faustus*),法译本译者 L. Servicen,巴黎,Albin,1950。

② 《一千零一夜》,前引书。

系)。因为，从言说者让自己的写作行为介入自己所说的话中的那一刻起，就意味着他说话时退后一步,意味着有一个先于他的写作行为的话语。

这里有一片尚待开发的广阔的分析领域。

——此类分析或许有助于把文学定义为这样一种言语,其言说者的位置

——不是从外部通过某个人的可见的、时间的、地方的存在来界定,而是从内部通过一系列言语行为来界定,

——但同时,言说者的位置总是相对于实际所说的话语而移动的,在话语中移动,随着话语移动,逆着话语移动。

——如果我们把一个(匿名的、可见的、虚构的、真实的、在场的、不在场的)言说者相对于其话语所能占据的各种可能位置的总和称为言语领域或言语场域,如果我们把被说出或要说出的事情叫作 lekton,那么我们可以把说话声音透过被说的事情(通过 lekton)而显示出来的各种位置和移动的总和称为 lexis。

正如在话语世界和故事之间,人们发现了一个既不属于语言学也不属于民间故事或神话研究的层面,一个只属于文学的层面(人们所说的**虚构**)。同样,在言语场域和 lekton(前者属于哲学,后者属于文体学)之间,有一个属于文学本身的层面,这就是 lexis 的层面。

文学是这样一种话语,其故事由一个虚构组成：它是这样一种言语行为,其 lekton 由一个 lexis 来确定。

*lexis* 和虚构是文学分析的特殊而独有的领域,既不属于哲学模式,也不属于语言学模式。
这或许有其重要性:
　　1)一方面,对定义**逻各斯**具有重要性。
　　　　——逻各斯可以定义为一种不是由真实主体,而是由一个匿名声音说出的话语;
　　　　——但这个声音只是从 *lekton* 内部被提示,它与其所说的关系是绝对固定的。
　　用以说明**逻各斯**(哲学、科学、推理言语,哪怕这种言语是论战的、抒情的、不合理性的)特点的不是它的合理性,甚至不在于它与真理的关系(或与真理关系的假设),而是它的 *lexis* 具有最终的、一劳永逸被固定下来的性质。
　　言语、*lexis* 和 *lekton* 在**逻各斯**中非常准确地相互适合,正如同话语、虚构和故事在神话中非常准确地相互适配一样。
　　因此,文学并不像雅各布森或列维-斯特劳斯所倾向于认为的那样是神话;因此,文学也不像萨特或卢卡奇所倾向于认为的那样是逻各斯。
　　2)另一方面,对定义文学具有重要性,文学被定义为模仿。

C.所有这些都会引导我们把文学作为一种既独特又**制度化的言语行为**来分析。
　　——奇怪的是,每当人们试图思考文学与它所处的全部

文化形式之间的关系时,文学就被剥去了它特有的文学形式:

——在内容方面,寻找可以让文学与哲学、意识形态等相通的因素;

——在作者方面,寻找可以使文学与社会形式和制度相通的因素。

——也许应该(此处我们只局限于做一个提示)把文学看作一种绝对不能化简为其他言语行为的言语行为。应该被当作制度来看待的,正是这种言语行为在我们这样的社会中的存在,正是这种言语行为的种种形式。

a)弗斯研究了不同社会中的言语行为(同样,格里奥勒夫人的书①探讨了多贡人的言语)。

同样,还有(奥斯汀)关于施为句的(形式的而非社会学的)分析。

b)应该研究文学言语(相对于宗教、神话的、魔法的、哲学的言语)在我们这样的社会中的存在模式(而不是寻找魔法和宗教的痕迹)。

对这种言语行为的分析可以而且应该在几个层面上进行:

——在言语行为的载体层面,文学以某种仪式化的方式存在着:

——很久以前就存在于吟诵行为中,

---

① 热纳维耶芙·卡拉姆-格里奥勒(Geneviève Calame-Griaule, 1924—2013),民族语言学家,民族学家马塞尔·格里奥勒(Marcel Griaule)之女。福柯这里指的是《人种学与语言——多贡人的言语》(*Ethnologie et langage. La parole chez les Dogon*)一书,巴黎,Gallimard,1965。

——或者存在于戏剧表演中，

——最后，或者存在于书中。但书本身不是一个中性和白色的载体。

人们习惯于只从消费、发行量等角度看待书。但书其实是一个复杂的整体，会参与其中的因素有：

——书在一个社会中的存在模式；例如在18世纪末，①由于恐怖文学的大量印刷，书发生了变化；②

——书与书写的关系：

这种关系在连载小说出现之前一直是缺席于书写的。

马拉美第一次认识到，书不是报纸，而是一本书。

由此，书本身在场于书写行为中：

——或作为计划：《追忆逝水年华》。③

---

① **在页边**：图书馆

装订

② 福柯在《无限的语言》（前引文章，第285—286页）中提到恐怖小说在18世纪末和19世纪初很受欢迎。

③ 福柯：《窥伺白日的来临》（«Guetter le jour qui vient», 1963），收入《言与文（第一卷，1954—1975）》，前引书，第15篇，第293页："普鲁斯特把他的叙事一直引向这样一个时刻，这时，随着重现的时光被解放，开始了使叙事成为可能的东西。因此，虽然在整个文本中，作品的缺席是以凹陷的方式被写入，这种缺席却使文本负载了使作品成为可能的一切，它使作品在诞生的那个纯粹时刻就已经生存着和死亡着。"另参见福柯：《文学与语言》，前引文章，第92—93页。

——或作为[即时]①新闻:索莱尔斯。

——或作为一种其语言不是用来写书的文集:布托尔的《圣马可》②。

——但也应该在言语行为的性质本身(此处即写作的性质)的层面进行分析。

——这不是一种类似于肯定的行为(即使在自然主义和浪漫主义文学中这种行为具有肯定的样子)。

——它也不是一种愿望行为或鼓励行为(即使在抒情和诗歌文学中它具有愿望和鼓励的形式)。

——它也许接近于奥斯汀用施为句(performatifs)这个名称孤立出来的那一类语言行为。

a) 它们不是真的或假的。

b) 它们使某个东西存在。

c) 它们遵守一种仪式。

d) 它们可能会失败。

e) 它们具有相同的语法结构。

也许应该朝这个方向去探索文学言语的分析。

并不是说文学言语与奥斯汀的施为句是绝对可比的,但它们之间应该有某种亲缘性:

---

① 猜测;单词难以辨认。

② 布托尔:《圣马可的描写》,前引书,见福柯《空间的语言》(«Le langage de l'espace», 1964),收入《言与文(第一卷,1954—1975)》,前引书,第24篇,第439—440页。

——因为文学既不真,也不假(对文学所包含的些许真理的任何分析都注定要失败);

——相反,文学确实会让某种东西存在(而不仅仅是它自己的话语;我们知道,陀思妥耶夫斯基、普鲁斯特和乔伊斯改变了我们生活其中的文化世界);

——[文学言语行为]遵循一种仪式(书或戏剧:一种言语,无论它有多美,如果不经过这种仪式,就不是文学)。文学社会学;

——它们可能会失败,这里的失败指的是不存在。人们有时以为是从美的角度评判文学,其实人们只是从存在的角度在评判文学;

——任何语法分析或语言分析都不能说明文学是什么。文学就像所有的施为行为一样,使用的是普通语言。

文学的独特之处不是它所说的事情,不是它所使用的词语,而是它所完成的奇特的言语行为。

# 《布瓦尔与佩库歇》,两种诱惑[①]

*Bouvard et Pécuchet*. Les deux tentations

① 1970年在布法罗纽约州立大学的讲座(法国国家图书馆,福柯档案,编号 NAF 28730,54号档案盒,第3号案卷)。福柯在此讲稿中使用了他为1964年出版的德文版《圣安东的诱惑》所写的后记中展开的一些分析,《(无标题)》,收入《言与文(第一卷,1954—1975)》,前引书,第20篇,第321—353页。在布法罗讲座的同一年,这篇后记的修订稿以《奇幻的图书馆》(«La bibliothèque fantastique»)为题收入德布雷-热奈特主编的《福楼拜》(*Flaubert*),巴黎,Didier,1970,第171—190页。

# 引言

尝试分析关于知识的两大寓言①,用一个寓言分析另一个:

——隐士-顽固的信徒-被恶魔知识所诱惑。

——两个无知者试图吸收人类的全部知识。

这两个知识寓言之间有一些共同点。

  a.福楼拜一生都想着这两个寓言,无法完全摆脱。

    ——三个版本的《圣安东的诱惑》(以下简称《诱惑》)②:

      1849 年版,在《包法利夫人》③之前。

      1856 年版,在《萨朗波》④以前。

      1874 年版,在《布瓦尔与佩库歇》⑤之前。

---

① 指福柯在这篇讲稿中分析的福楼拜的两部作品《布瓦尔与佩库歇》和《圣安东的诱惑》。——译注

② 指《圣安东的诱惑》的三个稿本——1874 年的稿本,以及 1849 年和 1856 年的稿本。

③ 福楼拜:《包法利夫人》,前引书。

④ 福楼拜:《萨朗波》,前引书。

⑤ 福楼拜:《布瓦尔与佩库歇》,见福楼拜《作品集》,第二卷,前引书,第 711—987 页。

但在此之前,曾有《斯马尔》①(1839)。

——《布瓦尔与佩库歇》的资料积累了几十年。这些资料被使用过多次(奥梅[Homais]先生)。在那之前,写过此类作品《一堂博物史课》②。

b.这两个文本通过一些共同元素、相互交换的句子和循环往复的文本碎片相互示意。

例如:

《布瓦尔与佩库歇》:"理性告诉你:全体包含部分;而信仰用转化回应你。理性告诉你:三是三;信仰告诉你:三是一。"③

第一个版本的《诱惑》:几乎相同的对话。

《诱惑》:"教会把婚姻变成了圣礼。"④

《布瓦尔与佩库歇》:热弗罗依:"婚姻是耶稣确定的……"佩库歇:"那是在什么福音书上说的?在使徒时代,人们很不重视婚姻,所以德尔图良把婚姻比作通奸。[……]

---

① 福楼拜:《斯马尔》(Smarh),见福楼拜《青年时期作品集》,第二卷,前引书,第198—120页。

② 福楼拜:《一堂博物史课》(Une leçon d'histoire naturelle),见福楼拜《青年时期作品集》,第一卷,前引书,第198—203页。

③ 福楼拜:《布瓦尔与佩库歇》,前引书,第944页。福楼拜的原文略有不同:"整体包含部分,而信仰却回答你:根据实体论,耶稣与他的使徒们感情相通,他的肉身在他的手上,他的头在口中。[……] 理性告诉你:三就是三,而信仰却宣称:三就是一。"

④ 福楼拜:《圣安东的诱惑》,见福楼拜《作品集》,第一卷,前引书,第97页:"教会还把婚姻当成圣事呢!"

婚姻并不是圣事！圣事都应该有某种征象。"①

《布瓦尔与佩库歇》：佩库歇的鞭打。②

《诱惑》：鞭打。③

物质和无限。

自杀和黑洞。

殉难。

也许《诱惑》的结尾与《布瓦尔与佩库歇》的第一个乡村景象相呼应。

毕竟，这两本书都涉及隐居、欲望和知识。

c. 但比这些局部的相通或相似更能提示两者接近的是，在两本书中人们都要同时面对大量的语言材料：

——在这些充满学识的语言材料中，福楼拜倾注了大量的读物和笔记；

——这些语言材料以一种极其简单和初级的方式组织起来：一连串人物，一系列尝试；

——这些语言材料不能化简为它们表面呈现的文类、话语类型。

福楼拜如此费力地撰写的这些奇特文本就是这样构成的，他自己也说不出这些作品是成功还是失败，我们不能把传统的类别、判断和分析用于这些文本。

这些文本与真理之间明显有着很特殊的关系：

---

① 福楼拜：《布瓦尔与佩库歇》，前引书，第949页。
② 同上书，第923页。
③ 福楼拜：《圣安东的诱惑》，前引书，第79页。

——当然不是科学的关系(尽管他对准确性有谨慎的要求);

——但也不像人们能在文学中找到的那种关系。①

可以与亚历山大的克雷芒的《斯特罗梅茨》②以及文艺复兴时期或当代文学中堆积如山的文本做比较。有点像某种话语虚构。

# 一、誊抄

A.《诱惑》

1.表面的组织:

三个版本的《诱惑》:亚历山大;简单的乐趣;

君士坦丁堡:权力和财富;

东方[:萨巴女王]。

异端邪说。

殉道者。

诸神(印度和希腊)。

全世界。

活细胞。

所有这些都仿佛是圣人的幻象、扩散的幻觉、交织的华

---

① **在页边**:不研究主题,而是研究虚构和资料的关系,或种种话语组成的厚度中的现成语言和写作的关系。

② 亚历山大的克雷芒(Clément d'Alexandrie):《斯特罗梅茨》(*Les Stromates*),法译本译者 A.-E.de Genoude,巴黎,Librairie de Perrodil,1839。

丽形象。

福楼拜谈论他正在写的作品时,说到他自己的谵妄、他的想象狂欢、他的陶醉。

2.然而,一旦细心观察,人们就会发现,所有这些荒唐的高大形象都是一些知识的碎片、一些文献资料,它们就这样放在那里,几乎没有再加工。

  a.有时是一篇文章。例如:

    ——博索布勒的回忆录(卡片①),

    ——关于殉道者的段落②。

  b.有时是一个简图,例如:圆满(le Plérôme)③。

  c.有时是一幅版画:

    丢勒:奢华和死亡。

    文本。④

---

① 很可能是讲座期间阅读的卡片,其中自由引用了伊萨克·德·博索布勒的《摩尼和摩尼教的历史》(*Histoire de Manichée et du manichéisme*,阿姆斯特丹,1734—1739)中的段落,其中包括下面几行:

博索布勒的《回忆录》(关于殉道者):

"基督徒对殉道者的尸体有一种过于人性化的感情,他们亲吻殉道者的衣服[……]。莫妮克让人拿来面包、酒,和一种用水、面粉和鸡蛋制成的拉丁人称为 pultis 的食物[……]。

再加一些丰盛的饭菜。这种夜间的虔诚只会带来不好的后果。必须禁止妇女进入。那里有另一种放荡:酗酒。"

② 福楼拜:《圣安东的诱惑》,前引书,第117—118页。

③ 同上书,第98页。

④ 同上书,第184—185页。

310 疯癫,语言,文学

毗湿奴(Vishnou)(象征的)。①

3.也许有人会说这是福楼拜在其他地方也使用过的手法②(《萨朗波》)。但是应当指出:

——这个手法绝对是贯穿于文本中的整体手法。几乎没有一个元素不是在引用某个文献资料。

"担保人"手法。

——这种手法不是把知识投入一个人物、一个场景、一个事件或一段旅程中,而是以片段的名义,只是把知识放在那里,作为一个四分五裂、未经加工的碎片。

例如:诺斯替教派信徒和异端分子③。

"嵌入"。

——这种手法不仅使用文字材料,还使用一些混杂着文字、图画、绘画的材料,这些材料本身又表现其他文本、其他主题、其他图像。所有这些元素都被福楼拜复制到文字书写的整体元素中。

眷写。

——但福楼拜用这些元素:

有时把它们变成话语。

有时把它们变成人物(场景提示显示他们如何

---

① 福楼拜:《圣安东的诱惑》,前引书,第142页。

② "手法"(procédé)一词并非无关紧要,从《雷蒙·鲁塞尔》(1963)到《七谈第七天使》(1970),这个词经常出没在福柯的分析中,提示着某种研究正在通过写作在语言的物质性中完成。

③ 福楼拜:《圣安东的诱惑》,前引书,第95,98,99页。

着装,做何姿势)。

有时把它们变成话语(这些话语也通过场景提示来标示)。

有时把它们变成由人物讲述的幻景。

而他有时也会把一个图像变成一段话语(le Plérôme),或者把一段话语变成一个装饰背景或一个人物(对赛马场的描写)。

**再分配**。

——他进行一些文体上的变化:

使一个具体文本抽象化;

在原本没有颜色的地方造出颜色;

在原本只有一句话的地方加上一个姿势或一个场景。例如,关于殉道者:在夜间发光的骨头①。

**改造**。

结论:这是一种已经预设了一整套先在元素的写作手法,这些元素既不是事物,也不是思想,也不是印象,而是句子、话语、图画、版画和图像;也就是说,是一些再现事物、思想或印象的元素,是一些复制其他元素、重复其他元素的元素。

这是一种完全不寻求原创性的写作,不寻求说出从未说过的话;相反,它试图把自己置身于可重复话语的无边无际的翻滚起伏②中。

---

① 福楼拜:《圣安东的诱惑》,前引书,第 117 页。
② 这个表达法还将以"评论的无边无际的翻滚起伏"的形式在 1970 年 12 月 2 日法兰西公学院的就职演讲中被使用,参见福柯《话语的秩序》(*L'ordre du discours*),巴黎,Gallimard,1971,第 27 页。《词与物》(前引书,第 1087 页)中就已经出现了这个表达法。

这种写作把自己去神圣化,不作为原初痕迹,只作为持续的自由重复运动中的众多浪尖之一。

于是我们可以看到,在这样的文本中,戏剧意味着什么:

——如果说《包法利夫人》或《情感教育》的小说书写是从感觉出发,从事物本身与思想、愿望、倦怠、厌恶的直接接触出发,直到一个文本,

——那么在这里,写作的作用是反方向的,从已经说过、见过、被再现过的事物出发,把它们变成人物、装饰背景、空间,等等。

B.《布瓦尔与佩库歇》

1.手法基本相同:所有重要情节背后都有文献:农学、园艺、家庭经济学、化学、解剖学、生理学、天文学、地质学、考古学、历史、文学、政治、体操、唯灵论、哲学、宗教、教育学。

2.但这里的手法显得更简单、更有可读性:文本内就说出了手法。

——小说中的老好人在读一些文献(小说里说出他们读哪些)。

——他们从中摘出一些引文(引文用引号标出)或(以摘要的形式给出)概要。

——他们把这些引文或概要加以应用,或加以检验,或加以讨论,或在讨论中使用它们。

3.但有一些复杂情况,因为:

——其中一些引文是滑动的。"在比利牛斯山这边

是真理……"莱维说。①

——某些文本是被歪曲的。

——某些元素以无区别的方式给出:我们不知道这是两个老好先生的想法,还是他们从哪本书里摘出的,是否为引文,甚至是否为福楼拜的断言:"并非所有的书都值得给予个人观察"②。③

——福楼拜在几乎不谈文本的地方插入了一些图像。参见第[782]页(地质学)。

花园则相反。

——在没有引文的地方,福楼拜仍然使用一种现成语言:德·法威日伯爵的全部话语。以至于这里所说的一切仍然是已经被说过了,但以一种完全不同的方式:

——这种手法在《诱惑》中是隐藏的,而在这里则是其中心可见,其边缘无法辨认。

——这种手法在《诱惑》中以幽灵出没的形式得到固化(下面的低语则沉默了);而在这里,被引用的内容、被不知不觉重复的内容、可能已经说过的内容和从未说

---

① 福楼拜:《布瓦尔与佩库歇》,前引书,第 777 页:"在比利牛斯山这边是真理,在山那边是谬误,莱维先生断言。贝克雷尔补充说:卫生并非科学。"这句话显然出自帕斯卡尔《沉思录》(*Pensées*)的片段《悲惨》(« Misère », Brunschwicg 294, Lafuma 60)。

② 福楼拜:《布瓦尔与佩库歇》,前引书,第 780 页。

③ **在页边**:"林耐分类法有种和属之分,倒是挺方便;但属又怎样细分呢?"(同上书,第 772 页)。

过的内容之间,有一种不确定的纠缠。

——唯一的固定点是:

——开头,

——大革命的撕裂,

——结尾。

还有一些关于天气、高温的记录。

但仍应注意到:

——在这些描写中很快就加入了老好人自己的印象,他们的思维方式,或者更确切地说,他们对事物的言说方式、反应方式;

——1848年革命主要是通过一些道听途说、闲言碎语来讲述;

——开头是象征性地朗读写在帽子里的名字。① 然后,两位老好先生被描述成像魔术师的兔子一样从他们自己的帽子里跑出来。

(福楼拜对他们的名字犹豫了很长时间。)

在《诱惑》中,写作的作用是让已说和已见之事的无尽低语停下来,把它们固定在某个突然出现的幻象中。

在《布瓦尔与佩库歇》中,写作的作用是让已说和已见之事出现并溜走;这就产生了一种梦幻般的重复效果:

我在这里听到或读到的,我以前已经听到过吗?是已经吗?这个声音来自哪里?谁在说?是你,是别人?是今天?是昨天?你是在跟我说话吗?

---

① 福楼拜:《布瓦尔与佩库歇》,前引书,第713页。

在《诱惑》中,誊抄之举更有学问、更有组织性;而在《布瓦尔与佩库歇》中,誊抄是动态的、不确定的、令人担忧的、无休止的。

## 二、主体的消散

1.《诱惑》

表面上看,事情很简单:一个僧侣跪在他的茅屋前,各种诱惑一个接一个,乖乖地在他面前闪过,从来不会两个诱惑同时出现。木偶的扁平的线性世界。

与勃鲁盖尔①[ 的区别] 以及绘画的同时性。然而,尽管是线性的,但文本中有一种深度效果:

——事实上,圣安东正在读《圣书》:

——因为这是他的职责;

——为了祛除纠缠着他的记忆。

但他必然会读到三个段落,这三个段落会引起诱惑。

接下来将出现三个形象:餐桌、财富和萨巴女王的形象从书中浮现出来。

——希拉瑞昂:

---

① 1845 年,福楼拜在热那亚的巴尔比宫看到了小彼得·勃鲁盖尔的《圣安东的诱惑》,这激发了他写《圣安东的诱惑》的计划。福柯与圣安东形象的关系也是以绘画为中介,他于 1963 年 11 月曾在里斯本看到过博斯的《圣安东的诱惑》;四年后,1967 年 9 月,他又在荷兰北布拉邦博物馆( Noordbrabants Museum)举办的一次博斯画作回顾展上看到这幅画。

——他同时是萨巴女王的继承人,

——"黑孩子"。

——弟子(科学-智慧)。

既是欲望,也是知识;虽然对于安东尼来说,他是

——被控制的欲望,

——交流的知识,

但他将成为相反的:被征服的知识,[征服]①人的欲望。

然而正是他引入了这些幻象。

在第二个阶段:希拉瑞昂-知识,从中将产生一层新的幻觉。

——因此幻象将继续前行,每个幻象都有自己的理论、知识和属于这个幻象的幻象。

例如:马内斯(Manes),他的书和他的地球仪。

或者克努弗特人(Knouphites)。

——有时这些幻觉本身又有自己的幻觉。

然而,我们不应忘记,这是一出戏剧,所以对于观众而言,圣安东本人也只是舞台上的一个幻象。

而且,这出戏正在被阅读,它是一本正在被真实读者阅读的书。

因此我们就得到下图②:

---

① 猜测;单词难以辨认。

② 值得把这一图解与德语版《圣安东的诱惑》的后记做一比较。参见福柯《(无标题)》,前引文章,第33页。

```
            幻象 1      幻象 1      幻象 2          幻象 3
读者  －  书  －  圣安东  －  书  －  希拉瑞昂 －（隐藏的书－幻觉－书）
真实的     戏剧层面的   戏剧层面
福楼拜     真实的      真实的
所写      人物
```

我们可以得出结论:

——在线性组织之外,有一个垂直穿透线性组织的深度组织。幻象的幻象。相互包裹、相互走出的幻象。

——面对出现的每一个幻象,我们无法知道它的真实度。

在一个孔狄亚克①式的世界里,最深处的应该是最苍白的(记忆的记忆的记忆),但在这里,它们的形态与它们的强度没有关系。对于欲望而言,它们有同样的价值。

——我们甚至不知道究竟是谁在看这些幻象。可能是圣安东在看吧,当然。

可是他和幻象之间,有什么? 希拉瑞昂,又一个人,也许还有第三个人? 正在看的主体,他们之间相互撞击;安东尼在彼此那里消散,沿着这条垂直的线散落开来;他一个人就是这条射中了最深、最远、最隐蔽幻觉的箭头上的所有的点。

《诱惑》:散落在主体的多个时位(instances du sujet)上。欲望之箭上的阿喀琉斯。

---

① 孔狄亚克:《感觉论》(Traité des sensations,1754),皮卡韦编,巴黎,Delagrave,1885(1928 年第 6 版)。

## 2.《布瓦尔与佩库歇》

这里有同样的木偶效应,表面上看是线性和机械的。舞台上,两个老好人、长凳、帽子、那句"我也是"、外貌,以及一个个走过的人物[在小说开始]①,小说的人物:

——婚姻→博尔丹太太

——妓女→ 梅莉

——工人→戈尔瑞

——神甫→热弗罗依。

然后是一系列的情节:农业、化学、解剖学、物理学、天文学、地质学、考古学、历史、文学、政治、体操、哲学、唯灵论、教育学。

这种线性组织像在《诱惑》中一样是变化的,但变化的方式却极为不同:

——在《诱惑》中,各种幻象一个接一个地展开,达到了如此厚的厚度,以至于我们不知道是谁在看。

——而在《布瓦尔与佩库歇》中,更主要的问题则是:谁在说?但困难并不在于这些(像在《一千零一夜》②或《宿命论者雅克》③中那样)相互嵌套的话语是什么,而在于我们要面对多个交叉的、通常是匿名的声音,我们不知道这些声音说的是一些原创的话语,抑或是在重复着什么。

要分析这些声音,就必须一个接一个地引用福楼拜的句子,

---

① 猜测;这段话难以辨认。
② 《一千零一夜》,前引书。
③ 狄德罗:《宿命论者雅克和他的主人》,前引书。

并问他三个问题：

a.言说者问题。

我们读到的这个句子应该归属于谁？应该是谁说出来的？

例如："……然后像以前那样……"①

1.是叙述者这个匿名观察者的句子，他伴随着这些句子，从来不说**我**——叙事句。

2.另一个极端，是布瓦尔与佩库歇说出的句子——发音句。

3.在两者之间，间接引语的间接句子——间接句。

4.在描写性句子方面，有些句子很难说是叙事句，还是他们沉默的意识中说出的发音句，或者是间接句。

例如："苍穹犹如湛蓝的海洋，有群岛和一个个小岛"②——混合句。

5.在对话方面，一些说出的句子只是作为已经被别人说过的、已经在书中或小册子中读到过的、在参观旺多姆广场的望远镜时听到过的句子③——重复句。

b.载体问题。

提出这个问题，是因为在整个文本中，甚至在叙述者的句子中，都有一些被转述的元素，使文本成为某种拼贴、某种现成句子的马赛克。

---

① 福楼拜：《布瓦尔与佩库歇》，前引书，第778页。
② 同上。
③ 同上。

——这些元素①被讨论了那么多次,被重复了那么多次,仿佛成了语言本身的一部分。它们不指称什么,不指向任何确定的言说者;它们不表示任何意义,只是表示有人在说话:"一切都在动,一切都在过去。"②

它们是话语的不确定能指。

——有些元素的载体可以是一个特定的社会阶层,或者一个特定类型的对话,或特定类型的情景:

德·法威日先生的"铁腕人物"③。④

或两个非常愚蠢的单身汉之间关于女人的对话。⑤

某个话语情境的确定能指。

——有些元素的载体不是某一本具体的书,而是整体而言的书:一系列的句子被概括、被叠堆成一个单独的句段,这些可能会有众多变体的一系列句子可以重新出现在不同的书中:"是否最好相信感官提供的证据?"⑥

书的能指。

——有些元素以某一本具体的书或某一特定系列的书为基础。例如:斯宾诺莎和他的诠释者们,居维叶

---

① **在"元素"这个词的上方,福柯加注**:句段(syntagmes)
② 福楼拜:《布瓦尔与佩库歇》,前引书,第779页。
③ 同上书,第947页。
④ **在页边**:"[嘲弄]最神圣的事物:家庭、财产所有制和婚姻!"(同上书,第843页)
⑤ 福楼拜:《布瓦尔与佩库歇》,前引书,第731—732页。
⑥ 同上书,第906页。

与大洪水,昂古莱姆公爵。

知识的能指。

[c.]插入点。

这些"现成的"元素在诸多个体的不同层面上固定下来:

——显然会在他们的话语和谈话中固定下来(参看关于天文学的那一段①)。

——但也许更深入一些,在他们的经验中,在他们的实践中,现成的语言变成了口号、某种行为(园艺)。

——也许再深入一些,在他们与他人的行为中,作为争吵的元素、争论的工具,作为政治或社会分化的工具——与神甫的宗教讨论。

——也许再深入一些,在他们内心深处的信念的层面上,在他们内心深处的梦想、在他们的幻想的层面上——原初世界的梦。②

——也许更深入一些,在他们身体中,在真实话语固定下来的地方:

当他们做体操的时候。③

或者当他们在全身上下监督自己的饮食的时候。④

——最后,也许在他们的身体和身份(identité)的分离中,当他们不再知道吃什么,不知道该采取什么样的

---

① 福楼拜:《布瓦尔与佩库歇》,前引书,第778—779页。
② 同上书,第782页。
③ 同上书,第879—880页。
④ 同上书,第766—767页。

饮食制度,不再知道他们是灵魂,还是身体,还是物质实体,还是[被挪用的]①集合体。

参见,自杀。

从所有这些我们可以得出结论:

1.《布瓦尔与佩库歇》不能按传统类别来分析:

并非一边是"叙事",另一边是话语(作者介入进来做特殊解释的时候)。

除了各种转述元素的拼贴之外,还有大量的声音在交织、出现,然后消失,这些声音不知来自何方,它们扮演不同的角色,属于不同的层面:

——除了句段的异质性(福楼拜在这里和那里获取这些句段,在谈话中,在书中,在报纸上,把它们一句句地拼在一起)之外,还有

——多种多样的话语模式。

2.于是,人物的身份(identité)消失了:

——传统上,小说中的人物是人们关于他所说的话和他自己说的话之间的中转站,是被(作者)说的语言和(被认为是作者)说的语言之间的交汇点。

——而在这里,人物只是一些话语之结,是一个片段话语构成的网络中的一颗颗星星,这个网络有着不同的主体、不同的载体和不同的功能。

3.由此出发,我们可以理解福楼拜在他的信函中给出的

---

① 猜测;单词难以辨认。

那个副标题:"论科学中的方法缺陷"①。

《布瓦尔与佩库歇》不是对自学成才者的批评,而是关于已说的大寓言。已说来自四面八方,呈现出各种形式,挣扎在各个层面上——变成话语、武器、标记、纹章、梦想、形象、身体、姿势、痛苦,分散的、死去的肢体。

科学是一种用来限制和利用"已说"的常量。科学是某种方式的 doing things with words(以言行事)②。

布瓦尔与佩库歇在已说之中,在一种混乱的、碎片状态的已说之中,原地踏步,陷入泥潭,没有限制,没有规则,他们是,他们做,因为他们什么都不做,什么都不是。

*How to do nothing with words.*(如何用语言使自己什么都不做。)

*How to be nothing with words.*(如何用语言使自己什么都不是。)

## 三、系列法则

A.《诱惑》

因此这是一出戏剧,含有:

---

① 福楼拜:《1879 年 12 月 16 日给特南夫人的信》(« Lettre du 16 décembre 1879 à Madame Tennant »),收入《福楼拜书信集》(*Correspondance*),第八卷,巴黎,Louis Conard,1930,第 336 页。

② 参见奥斯汀的著作《如何以言行事》,法译本于 1970 年在 Seuil 出版社出版,书名为《说就是做》,前引书。

——一边是圣安东,独自一人,无知,渴望不知;

——另一边是希拉瑞昂①,他用一大堆知识建立起欲望的形象;

——在两者之间:

——有点接近圣安东的是书,是用来学会不欲望的工具,

——有点接近希拉瑞昂的是魔鬼,魔鬼以非-知识的形式,也就是幻觉的形式,展示欲望的形象。

|  | 欲望 | 知识 |
|---|---|---|
| 在一个极端:圣安东: | − | − |
| 圣书: | − | + |
| 幻象: | + | − |
| 希拉瑞昂: | + | + |

圣安东因此是**隐退**的。

欲望和知识的形象以一种复杂的顺序在他眼前闪过,这是福楼拜探索了很长时间的一个顺序:

——从苦行到生活,其间经过异端、诸神、科学;

——从最遥远(和最奇妙的:萨巴女王)的东方,到西方(科学);

——从他的欲望到他的欲望(经过连续的净化)。

建筑的顺序,百科全书的顺序。

---

① 福柯在"希拉瑞昂"的上面写道:魔鬼

B.《布瓦尔与佩库歇》

表面看是任性：

大自然的任性

或者他们"无聊"的任性

或其他人的任性（[……]①）

顺序完全不同，因为：

——他们是他们自己的希拉瑞昂：除了他们自己，没有人引导他们，他们的欲望，他们的无聊，他们的失败，他们的成功。

——他们本身与知识、与已说密不可分，他们自己就是由现成句子组成的。他们的思想和身体的基质就是话语。

这个长长的系列由不同的系列原理组成：

1. 书本的接续原理：前三章——农学、林业、家庭经济学（农场、花园、住宅）。

这是"乡村家宅"的三章。

2. 科学的百科全书的接续原理：

——解剖学、生理学。

——古代史、中世纪史、现代史。

3. 认识论基础原则：保存-化学。

4. 语义对立原则：体操-灵魂。

5. 含义反转原则：

——生理学的悲苦和不确定性。

---

① 看不懂的缩写。

——星辰的数学宁静。

6. 隐喻原则：

——奖章（化石）。

——化石（船）。

从古生物学到考古学。

7. 文字游戏原则：

——原子性。

——解剖学。

8. 传统形式原则：圣诞之夜，复活。

因此，[这是]①属于言语活动的系列原理，而不仅仅是属于语言系统；这是话语的连续性原则。

话语就是他们活动的空间——包括话语的所有修辞成分、文字游戏、逻辑连接、百科全书式的接续、叙事形式。

整体而言：

——在《诱惑》中，要用话语做一些不同于话语的事情：一些打断**言语活动**的幻象、图像、闪电。

（在《斯马尔》中，有一段话是关于言语活动如何不适合产生感官形象。②）③

——在《布瓦尔与佩库歇》中，他们是在现成话语中活动，要建立的文本仅仅是一个文本的文本。

---

① 单词缺失。
② 福楼拜：《斯马尔》，前引书，第 96 页。
③ **在页边**：再造世界

我们发现,如果说文学确实是用语言构成的,即文学只是某种方式的言说,那么也会有一些文本是用话语构成的,这些文本只是某种方式的重复。

主题:重新开始,重复。

## [四]、知识和欲望

隐居。

A.《诱惑》

圣安东隐退到沙漠里,仿佛退出所有的欲望。

 a.但欲望不是一件东西:城市、港口、堆积的水果、汲水小女孩的脚踝,这些都是欲望的形象或符号,是欲望的客体,而不是欲望本身。人无法从欲望中隐退。①

 所以他们又回来了,他们那些消失的客体变成了他们的隐喻:仍然是脚踝,作为感官性的隐喻又回来了;仍然是摇晃的船,但作为财富的隐喻。

 b.因此就有圣书作为知识介入,作为不要欲望的知识。但圣书一旦打开,其中心显露出来的却是作为其本质的欲望:②

  ——财富,
  ——力量和荣耀(尼布甲尼撒-但以理),

282

---

① **在页边**:梦想无法回避的欲望
② **在页边**:阅读:知道不欲望

——感官性(萨巴女王)。

场景1和2

所以就要放弃追求不要欲望的知识。

c.这就出现了第三个阶段:欲望知识①。②

但欲望什么知识呢?③

a)像异端邪说者那样的欲望吗?但他们并不欲望有关欲望的知识,他们只是对欲望有欲望。他们的知识仅仅是这欲望。

b)像诸神那样欲望超越欲望的东西吗?但诸神自己也服从于欲望的严酷法则:他们战斗,他们胜利,他们嫉妒,他们战斗,他们死亡。

犹太人的神本身也只是一个傲慢之神。

c)像科学那样欲望不带任何欲望的东西吗?"我永远解放精神,衡量世界,没有仇恨,没有恐惧,没有怜悯,没有爱,没有怀疑。我就是科学。"④

但是,有关无欲望之物的知识本身就充满了害怕、恐惧、冷酷、善良、邪恶。

人以为自己了解世界,了解物质的无动于衷,其实

---

① 福楼拜:《圣安东的诱惑》,前引书,第93页。

② **在页边**: 幻象

　　　　欲望知识

③ **在页边**:幻象

④ 福楼拜:《圣安东的诱惑》,前引书,第175页。福楼拜的文本略有不同:"我永远解放思想,衡量世界,没有恨,没有恐惧,没有怜悯,没有爱,没有上帝。我名叫科学。"

人只是了解自己的欲望。

不可能存在无欲望的知识。

d.由此就进入第四个阶段,无知识的欲望。

——死亡和淫荡。

对虚无的欲望,对瞬间的欲望。

——狮身人面像是对愚蠢和沉默的欲望,狮身龙尾的神兽是对不可能和不真实的欲望。

纯粹的欲望,动物的欲望。

出现在最小细胞中的欲望。

圣安东想成为这种欲望;但他在这欲望之外,只能看到它、凝视它、感知它。在这种只可能是纯欲望的东西中,知识已经重新开始,白日又可以回来了。循环会持续下去。**凝视**(*regard*)。

因此,从隐退出发,我们得出三个元素:知识-欲望

            看

1) 从隐退出发,知识和欲望之间只可能是一种否定性的联系。

2) 它们的四种形式的否定关系对应于四种类型的**看见**(*voir*):

  ——不为知而欲:梦想;

  ——不为欲而知:阅读;

  ——欲知欲外之物:幻象;

  ——欲而不知:幻觉。

3) 欲望,但已经开始知道:这就是看。

B.《布瓦尔与佩库歇》

他们不是为了知识而隐退。

——把他们与其他人区别开来的是他们的欲望。

——他们放弃了图书馆。

——他们以一种沉思开始,这是对圣安东最后一次沉思的应答。

a)然而,对知识的欲望源于成功:

——一种没有他们参与的成功,因为是大自然,

——他们把这成功归于自己,因为是在他们的花园里。

他们想知道该怎样做:

——他们去问伯爵。①

——他们读书(读加斯帕兰②、农学家、园艺书、家庭经济学)。

为了……而欲望知识。

b)为了知识而欲望知识。

从化学到文学。

但这样一来,他们不是别的,他们只是自己的知识:历史、文学。

c)欲望知识。

---

① 德·法威日伯爵准予他们参观他的农庄,参见福楼拜《布瓦尔与佩库歇》,前引书,第733—736页。

② 加斯帕兰(Agenor de Gasparin,1783—1862),农学家和政治家(同上书,第736页)。

# 《绝对之探求》[①]

*La Recherche de l'Absolu*

① 1970年在布法罗纽约州立大学的讲座(法国国家图书馆,编号 NAF 28730,第 57 号档案盒,第 4 号案卷)。

[《绝对之探求》是巴尔扎克的一篇小说,归入《人间喜剧》"哲理研究"部分。小说主人公名叫巴尔塔扎尔·克拉埃(Balthazar Claës)。——译注]

## 一、文本的安排

1.在"哲理研究"的若干部作品中(《不为人知的杰作》[以下简称《杰作》]、《冈巴拉》、《路易·朗贝尔》)①都有一个明确的主题,这就是缺席的作品——以及疯癫的劳作。

冈巴拉、弗朗霍斐,也许还有路易·朗贝尔,都是一些反神:他们无休止地做着一项永远完不成的工作,没有休息,没有第七天,这工作将随着他们的死亡而化作废墟。

---

① 巴尔扎克:《不为人知的杰作》(*Le chef-d'oeuvre inconnu*)和《冈巴拉》(*Gambara*),见《人间喜剧》,第十卷,"七星文库",巴黎,Gallimard,1992,第412—438,459—516页;《路易·朗贝尔》(*Louis Lambert*),见《人间喜剧》,第十一卷,"七星文库",巴黎,Gallimard,2005,第589—692页。在福柯60年代经常提到的作家群体中巴尔扎克很少出现,但他在突尼斯塔哈尔·哈达德俱乐部所做的两次讲座《结构主义与文学分析》和《疯癫与文明》(见上文,第193—248页和第51—79页)中提到了巴尔扎克,两次讲座分别做于1967年2月和4月;还在以《语言外在性与文学》为题收录在本文集中的一篇原本没有日期(但很可能是1967年)和标题的文稿中提到巴尔扎克(见上文,第249—273页)。福柯后来对巴尔扎克的持续兴趣或许是受到法尔若-安布里埃所著《巴尔扎克与〈绝对之探求〉》一书的滋养,该书于1968年在巴黎Hachette出版社出版。

但这些反神并不处在恶魔的位置上;对于一件完成的作品,他们既不破坏,也不歪曲。他们不是否定的力量,而是化为乌有的力量。他们所做的既非善,也非恶,而是无(rien)。

为了无而发奋劳作的人。具体来说:

a) 这个无的意思并不是说某个活计因为缺少最后一个零件而在最后一刻失败了,彻底散架了。

也不是在起点的位置永久重复;不是第一阶段的原地踏步。

也不是先于任何动作的那个空,不是霍夫曼笔下那个画家①的空白凝望。

这个无是主动地、持续地、耐心地或疯癫地去破坏一项从未完成的工作,是撕碎一件并不存在的作品。在唯一和同一个动作中,起源和毁灭立即混为一体。是以叫嚷的、花哨的、吵闹的方式猛烈攻击一个缺席之作。

乱涂乱写。

《冈巴拉》的嘈杂。

《杰作》中的脚:并不是某件因涂改过多而不堪重负的作品的边角废料;相反,它仿佛是从混乱中偶然浮出的、只有它才构成整个作品的东西。②

---

① 这里指的可能是出现在《亚瑟宫》(La cour d'Artus)中的画家伯克林格(Berklinger)。参见霍夫曼:《亚瑟宫》,收入《奇异故事》(Contes fantastiques),第四卷,法译本译者 H.Egmont,巴黎,Béthune et Plon,1836,第 373—375 页。

② 在《不为人知的杰作》中,弗朗霍斐画的那幅画上只能看到从"一片混乱的颜色"中露出的"一段裸露的脚"。

在那个使作品走向存在的运动中取消作品。

b) 由此得出这个主题的另一个方面:这种创造-取消的动作看来就是疯癫所特有的动作。

——的确,这种动作包容了作品的整个周期,从作品的诞生直到它最后的根基。但这个周期是在瞬间完成的,并且总是周而复始。

——疯癫:

——关乎天才,因为疯癫使作品完成其全部周期(疯癫甚至超越这个周期,因为它一直走到了整个周期的尽头);

——关乎神秘,因为疯癫逃脱时间,在瞬间完成本来需要多年孕育,又需要几个世纪毁灭的东西;

——关乎凝望,因为疯癫可以在没有任何东西的地方看到什么东西。

疯癫与其说是造成作品缺席的偶然的病理原因,不如说是时间和永恒、真实和虚无、世界和梦想的突然相撞。这种相撞

——使作品在其存在的运动中被摧毁;

——使作者与来世相连通。

2. (缺席的作品-疯癫的劳作)这个主题在《绝对之探求》[①]中

---

[①] 巴尔扎克:《绝对之探求》,见《人间喜剧》,第十卷,前引书,第 657—835 页。

既被保留,也被改造:

  a)保留而未改造的:巴尔塔扎尔·克拉埃有一些发现,但他无视这些发现,好像它们不存在一样。如果说他竟造出了一颗钻石,就像弗朗霍斐造出一只脚,那纯属偶然。

  他无视自己的发现,如同冈巴拉无视自己的口译能力。

  b)但这个主题以两种方式被改造:

  ——破坏的对象被移动。巴尔塔扎尔·克拉埃并没有破坏他所做的东西,而是破坏了别的东西。不是中心的取消,而是边缘的取消,这尤为重要。

  ——这种取消涉及社会关系、亲属关系、夫妇爱情、父母义务。

  ——涉及财富:金钱、土地、钻石、银器,它们都烟消云散。

  ——涉及其他作品:绘画、雕塑。

自我取消变成了异质取消(在《杰作》中不是这样)。

  ——取消机制也同样被改造,因为它变成了叙事的形式特点之一:

  ——在《杰作》和《冈巴拉》中,被讲述的内容是作品如何基于其构成原则而被取消。

  ——在《绝对之探求》中,所有与巴尔塔扎尔的作品有关的事情都被回避或闭口不谈。

  a.巴尔塔扎尔不像弗朗霍斐和冈巴拉,他从不解释他在做什么:

  ——他讲他如何被传授秘籍。

  ——还有一次,他被女儿打断。

b.从来没有人进过实验室：

——夫人和女儿被拒绝。

——只有一次，人们看见他在临走时做一个化学制剂。

巴尔塔扎尔·克拉埃，他上去，又下来，出现，又消失；当他在此处时，他在别处。但他所在的别处永远不在此处。

——不像在弗朗霍斐那里，这里从来没有最终的对抗；也不像在冈巴拉那里，这里从来没有决定性的考验。

死亡的模棱两可。

这样一来，不仅作品自我取消，而且这个取消过程也在叙事中被取消了。作品两次缺席：

——在主题层面，作品失败了。

——在形式层面，失败本身也只是从外部被表现。

那么被讲述的是什么呢？

a.不是对作品的取消，而是通过作品取消：社会关系的取消，财富的取消，其他作品的取消。作品的缺席如同深渊，如同事物和生命毁灭的中心。

b.以及从完全不同于被作品取消的东西出发去重建：财富重新构成，家庭重新组成，社会关系重新建立。

整个网络重新恢复。

以至于，《绝对之探求》说到底具有一个与《杰作》完全相反的结构：

——弗朗霍斐对理想作品的所有原则做出解释。

他劳作了多年。然后突然出现了取消——那个一直在秘密运作着的取消。

——而这里的取消则是其所有效果逐渐显现的取消。然后就出现了取消取消的过程。一切修复如初。

## [二]什么是绝对?

"他到底在找什么?"①

这个问题从来没有被澄清过。

——两件事是肯定的:

1.他不是传统意义上的化学家(尽管从科学的角度也站得住脚)。

超越拉瓦锡②。

现代化学的所有发现与他的工作方向是一致的,但他并不止步于此。

2.他也不是传统意义上的炼金术士,尽管他毫不掩饰自己想要制造钻石和黄金,想让家庭变得富有。

(但有一些象征性元素:房子,女人。)

——他在研究什么呢?他的研究有一个层面是明确说出的,另一个层面几乎没有说出,第三个层面完全没有说出来。

---

① 巴尔扎克:《绝对之探求》,见《人间喜剧》,第十卷,前引书,第786页。

② 安托万-洛朗·拉瓦锡(Antoine-Laurent de Lavoisier, 1743—1794),法国化学家,近代化学的奠基人之一。——译注

**1.明说的层面**:是矿物化学-有机化学的统一体。①

——有机:身体。

——矿物:金属。

还原它们,并且走得更远,回到三元(Ternaire)。

这是系列研究的一部分:戴维②、普劳特③、杜马④(杜马曾谈到金属的气化)。

**2.隐含的层面**。一次对水田芥和硫黄的实验,但与前面的试验方向相反。⑤

如何在单一原则和单一能量的基础上,产生有机的、有生命的多样性?

这与迪特罗谢⑥、康多乐⑦、布龙尼亚⑧的研究方向是一致的。

---

① **在页边**:宣称的成分

② 汉弗莱·戴维(Humphry Davy,1778—1829),英国化学家和物理学家。

③ 威廉·普劳特(William Prout,1785—1850),英国化学家。

④ 让-巴蒂斯特·杜马(Jean-Baptiste Dumas,1800—1884),法国化学家。

⑤ **在页边**:暗示的成分

⑥ 亨利·迪特罗谢(Henri Dutrochet,1776—1847),法国物理学家。

⑦ 奥古斯丁·皮拉姆·德·康多乐(Augustin Pyrame de Candolle,1778—1841),瑞士植物学家。

⑧ 亚历山大·布龙尼亚(Alexandre Brongniart,1770—1847),法国矿物学家和博物学家。

除此之外,还有歌德①、圣-伊莱尔②、居维叶③问题。有生命的大自然的统一性。多样性的产生。

**3. 有空白的层面。**巴尔塔扎尔·克拉埃想寻求但没有说出的是,把自己置于这样一个点,在这个点上,化学多样性的还原原理变成有机多样性的产生原理。

——让所有机体都回到唯一一个机体。

——从这一个机体出发,繁殖所有的生命。

可以看出,当巴尔塔扎尔·克拉埃把自己置于此处时,他的动作就实现了大自然的统一。他将处于上帝的位置。

在这部作品中,这个空白的层面通过一些象征元素表现出来:

——"哦!哦!上帝!"④

——巴尔塔扎尔的下降和上升运动。他是来自上面的存在。他"显现"。

——对其不在场的崇拜。

**4. 被排除的层面:**不可说之事。自然的统一性是这样一个点,它能独自生产和繁衍整个自然;在这一点上,关系、他

---

① 在其科学活动范围内,歌德主要对植物学和动物学特别感兴趣。

② 艾蒂安·若弗雷瓦·圣-伊莱尔(Étienne Geoffroy Saint-Hilaire, 1772—1844),法国博物学家。

③ 乔治·居维叶(Georges Cuvier, 1769—1832),法国博物学家。

④ 巴尔扎克:《绝对之探求》,前引书,第 720 页:"该死的科学,该死的恶魔!克拉埃,你忘记你犯了撒旦曾经犯过的骄傲之罪。你要压倒上帝。——哦,哦,上帝!——他否认,她扭着双手喊道。克拉埃,上帝有一种你永远不会有的力量。"

人、性经验,都变得无用,都消失了。

这是万物归一的创造原则,是一种悖论式的性经验,因为它是非线性的。没有性的菲勒斯对立于没有女人的男人,这是一种与他人无关的欲望。必须注意到:

a) 这个元素虽然从小说中排除(尽管它控制着小说的外部系统),但并没有从时代的科学话语、哲学话语和意识形态话语中排除。自然的统一性,性经验的颠覆(施莱登①)。

b) 巴尔扎克小说的力量在于,它将这种对绝对的探求变成了科学的隐喻。为什么要寻找二人性经验被废除的那个点?那个点是知识的最高形象吗?不正是因为,在西方,知识必须挣脱欲望,但却不能挣脱对知识的欲望;这种对知识的欲望只能是对无关系的欲望的欲望。

渴望知识,就是渴望达到一种不需要他者的欲望。

因此,在西方,知识始终处在对性经验的排斥关系中。

知识不是女人的事(女人处在非-知识、无知和感情的世界里)。

知识被象征化:

——或者通过神秘而纯洁的结合,

——或者通过同性恋:哲学家中的第一个哲学家与男童有过恋情……

但是这种纯洁的爱,或者这种同性之爱,与这种对知识的欲望相比,与一种作为知识的力比多的没有他人的疯癫欲

---

① 马蒂亚斯·雅各布·施莱登(Matthias Jakob Schleiden,1804—1881),德国物理学家。

望相比,只是一些乏味的形象。

因此巴尔扎克小说的伟大之处在于:

——在一个只涉及社会、家庭、财富、资产、交换的小说话语中,简言之就是在一个只涉及他人和对他人的欲望的小说话语中,小说给这种无关系的欲望的欲望留出了一席之地。

——整部小说中明显涉及的确实只有这些关系;而作为被排斥者显露在凹陷之处的,则是这种欲望的反面,它排斥他人。

综上所述,我们可以说,整部小说都是对巴尔塔扎尔·克拉埃经常重复的那句话的发挥:"成就家庭的荣耀和财富。"[1]

——他想成就家庭的荣耀和财富的方式是努力去发现那个点,根据那个点:

——家族并不荣耀,而是毫无用处;

——家族并不富有,面对一个具有如此孕育能力的统一体,家族相当贫穷。

——但当他这样做的时候,他所做的恰恰相反:他使家族变得贫穷,并几乎让其家族蒙羞。

——但即使他这样做,他也只能是以他的家庭给他提供的越来越多的财产为条件,所以他的家庭必须越来越富有、越来越荣耀。

如此一来,关系系统、他人系统、家庭系统、婚姻系统、性经验系统都仿佛是一种探求的条件,这种探求的目的是表明性经验、

---

[1] 巴尔扎克:《绝对之探求》,前引书,第696页。

婚姻、家庭和各种关系都是毫无用处的。

## [三]、知识的"双性"立场

这种立场出现在叙事的诸多元素中。

1.巴尔塔扎尔·克拉埃是所有多样性的汇集点和消除点:

——弗朗德勒:贸易、国家的多样性、奢华和宁静。

——克拉埃财产的稳定性:还有商业关系;一处家宅、一些物品、一些土地。

——极其多样化的收藏品:伟人肖像、绘画、银器、花卉,越来越不可触知。在符号的世界里。

只剩下科学,作为一个内化的收藏。

所有关系的建立都围绕一个点,都在这个点的周围稳定下来,在这个点中被内化。最后一个特征:他放弃了他的西班牙语名字,只用克拉埃这个名字。

2.巴尔塔扎尔·克拉埃与普遍性的迹象:

——被传授秘籍(以及约瑟芬·克拉埃的思考):"把我抛在这条阳关道上的不是一个意念,而是一个人。——一个人!她惊恐地大声说。"

这个思考很值得注意,尤其是因为巴尔塔扎尔的话是对下面这句话的回答:"只有我[……]应当是你的快乐之源。"①

----

① 巴尔扎克:《绝对之探求》,前引书,第714页。

——与勒缪基尼埃①的亲密关系：

——他被告知所有的秘密。他监视着不让任何人进入实验室。

——玛格丽特②注意到父亲与勒缪基尼埃处于一种"不好的亲密关系"③中。

——"你要是知道我们到了哪一步！——**我们**是谁？……我说的是勒缪基尼埃，他终于理解我了。"④而就在不久之前，玛格丽特曾用"我们"一词向伊曼纽尔·德·索利坦白了她要嫁给他的决定。伊曼纽尔当时就说："'我们！'他陶醉地重复着。"⑤

——但更重要的是性经验和研究工作具有明显的可替代性。

——在最初的研究中，巴尔塔扎尔·克拉埃和他的妻子是分居的。

——当她昏倒后，他把她抱进她房间时，他发现他已经锁上了他这边的房门。⑥

——她试图通过性经验来重新征服他。⑦

---

① 勒缪基尼埃（Lemulquinier），有时也被称为缪基尼埃（Mulquinier），是巴尔塔扎尔·克拉埃的贴身仆人和研究助手。
② 玛格丽特·克拉埃，巴尔塔扎尔的女儿。
③ 巴尔扎克：《绝对之探求》，前引书，第816页。
④ 同上书，第818页。
⑤ 同上书，第786页。
⑥ 同上书，第699页。
⑦ 同上书，第722—724页。

——这同一个[场景]①的结尾:"今晚,我的克拉埃,让我们不要只有一半的幸福。"②

　　——最后,在他的孩子们结婚的时候。

——并且还要比这走得更远:整个社会关系系统,作为家庭身份、作为婚姻结果和作为婚姻条件的社会关系,都被悬置。

　　——家人被处以"民事死亡"。

　　——只有当科学([即]对无关系的欲望的欲望)被悬置时,节日才会重新开始。

　　——作为家庭关系的强化时刻的死亡也是如此。

——最后,这种无关系的欲望的欲望之悖论终于爆发:

a) 如果欲望是无关系的欲望,便没有人欲望它。这欲望在无人的情况下自行实现。这就是钻石的那一段。

　　——当玛格丽特走进实验室的时候,父亲和勒缪基尼埃正尝试用煤制作钻石。

　　她阻止他们(他们以为这样)。

　　——但钻石自己做成了。而他还是认为这是迁居的错③,是家庭责任的错。

　　——是这样,但这也是因为他不在那里。无关系的欲望(自然)是在没有任何人的情况下实现的。他永远不可能在那里。

---

① 猜测;单词难以辨认。
② 巴尔扎克:《绝对之探求》,前引书,第724页。
③ 同上书,第823页。

b）能说明这一点的最重要的片段显然就是死亡：

　　　　——只有当他不能再说话（无关系）的时候，他才能抵达欲望，

　　　　——当他不再是一个有生命的存在时。当人抵达无关系的欲望时，人已经处在关系之外——或落入关系之外。

结论。

必须把知识的这种普遍的或同性恋的"立场"与精神分析对小说的同性恋意义的阐释区别开来。

　　　　——许多元素也许会让人想到这一点：城市的低语、秘密、传授秘籍、两个受到孩子攻击的老好人。[①]

　　　　——但这只是另一种更深层次的规定性的边际效应。

对知识的欲望，作为一种无关系的欲望的欲望。

在这一点上，巴尔塔扎尔是浮士德的对立面。在浮士德那里，对知识的欲望同时也是对普遍关系的欲望：

　　　　——元素之间的关系，

　　　　——人的关系（性），

　　　　——强力。

## 三、无关系的欲望[②]

克拉埃的双重缺席：

---

① 巴尔扎克：《绝对之探求》，前引书，第831—833页。
② 这部分似乎是对上一部分的重新表述。因此我们保留同样的标号。

——他的作品毫无结果。

——克拉埃本人在小说话语中的缺席。这就是说,他的位置处在家庭关系、性关系之外,处在生育和繁衍关系之外。他是怎样占据这个位置的?这个位置的效应有哪些?

1.他似乎是所有多样性的汇集点和消除点:

——弗朗德勒:生产活动、贸易、与各国的关系。弗朗德勒把这一切都统一在它的明暗对比中,统一在它的烟雾和啤酒中。现在,弗朗德勒平静了。

——他属于克拉埃家族:商人、市长、富人。(政治、商业)社会关系。所有这些都稳定在15000法郎的年金中。

——他住在一所存放着几代人积累的房子里:肖像、收藏品,直到花卉。

——最后,在这所房子里,客厅:一个被前面的建筑隔绝于世的内部空间。家庭关系的中心,而非社会关系。怀抱和乳房。

在这个固定的、稳定的、内化的点上,克拉埃不是一个关系之人,而是一个思想之人;不是一个集合之人,而是一个统一之人;不是一个积累之人,而是一个游戏之人。

他是独一无二的,这一事实的象征就是他放弃了他的西班牙语名字,只使用克拉埃这个名字。

所有多样性的汇集点和消除点。

2.知识以同性恋的形式传播和实践。

——被传授秘籍。

尤其参见以下对话:"只有我,先生,应当是你的快乐之源。——[……]我的天使,把我抛在这条阳关道上的不是一个意念,而是一个人。——一个人!她惊恐地大声说。"①

——与勒缪基尼埃的亲密关系:

——克拉埃太太的嫉妒。

——玛格丽特注意到②父亲与勒缪基尼埃建立了一种"不好的亲密关系"。

——"你要是知道我们到了哪一步!——**我们**是谁?……我说的是勒缪基尼埃,他终于理解我了。"③然而第[786]页:**我们**是玛格丽特与索利先生之间的爱情信号。流放的一边和另一边是同样的**我们**。④

3.知识排除二元的性关系。性活动的悬置[被]包含在知识的实施中;相反,性关系的重新出现是对知识的终止。

a):

——巴尔塔扎尔"离开"了客厅:交流的地方,家庭的地方,签订合同的地方,交换的地方。

——但还有关于钥匙的两个故事:⑤

——他没有妻子房间的钥匙;

——他把自己的房间也锁上了。

---

① 巴尔扎克:《绝对之探求》,前引书,第714页。
② 同上书,第816页。
③ 同上书,第818页。
④ 同上书,第786页。
⑤ 同上书,第699页。

——只要他还在研究,他的女儿就不能结婚。过后她们才能结婚。

b)但是,他有三次放弃了研究:

——第一次,当他妻子想通过性关系重新征服他时。参见诱惑场景,第[722—724]页。这个场景以此结束:"今晚,我的克拉埃,让我们不要只有一半的幸福。"①一半,这意味着一个人结婚并不是一个人结婚。

——在死亡的那一刻,知识是禁忌,因为死亡会重新激活爱情关系。死亡打破现实的纽带,却能激活力比多的纽带。放弃科学。

——当他的孩子们结婚时,他放弃了知识。

4.最后,更一般地讲,社会关系排除知识:

——他的家人被处以"民事死亡"。人们不再去拜访克拉埃一家。

——知识暂停的那个时期则是社会关系活跃的时期:

——两个节日,

——死亡。

5.巴尔塔扎尔·克拉埃之死。

克拉埃(关于科学的)话语的缺席充当了另一种话语,这另一种话语是由整个小说默默地说着,它是这样说的:"如果你想要知识,那就把你自己置于关系之外吧;不要有任何其他的欲望,或者更确切地说,你唯一的欲望应该是达到无关系的欲望。偏好男

---

① 巴尔扎克:《绝对之探求》,前引书,第724页。

性,而不是女性,因为他们毕竟比女性更少一些相异性;但尤其要偏好所有人的缺席。如果你能把你的欲望控制在任何对象之外,那么你就会发现,欲望的法则不是他人,而是欲望自身的运动、自身的分享,是使自己不断增加、使自己从自身产生的那种裂变,是它本身产生的差异;你会在你的欲望本身发现自然的统一性;你将把你的欲望从性关系的限制和对立中解放出来。你的欲望和你的知识将合二为一。"

我们可以看出这一话语(这不是克拉埃的话语,而是支撑着克拉埃话语的存在和沉默的那个话语)与朱丽叶或浮士德的话语之间的对立和区别:

——浮士德要求梅菲斯托把他对知识的欲望变成对性的欲望。

——朱丽叶说她的性欲望增加了她的知识,她的知识使她产生无限的性欲望。

——巴尔塔扎尔·克拉埃要求他的知识为他开启一种绝对欲望的统治,一种没有他人的欲望,一种非性的欲望。

## 四、失衡与交换

小说话语就是在这个从未说出的话语上展开的。同样,社会关系、交换、合同、遗产、拍卖等各种游戏也都是在克拉埃的那个缺席的作品之上和作品周围展开。

小说话语有两部分:

1.克拉埃太太:

a) 失衡的迹象:

驼背,跛行。

破烂的裙子,木栏杆。①

b) 对立:

——身体、生殖。

——身体与灵魂。

——她的无知,她的内心科学。

——她的羞怯,她的大胆。

c) 失衡:

——她是西班牙后裔,而克拉埃的祖先是被西班牙人杀害的(血债),西班牙人剥夺了克拉埃(Nourho 努罗)家族的财产。②

——她把自己的财产给了她的兄弟,以至于她结婚时一无所有。

——她,一个丑女人;嫁给了他,一个美男子。

d) 然后,所有这些失衡又同时保证了流通和交换。

——丑陋的她给了他完美的爱,她建立了稳定的感情互惠。

——她很贫穷,但她分得的财富跟她丈夫的一样多;婚姻看来是一件好事。③

——她用她的西班牙财产(钻石变成煤矿)保障了

---

① 巴尔扎克:《绝对之探求》,前引书,第699页。
② 同上书,第662页。
③ 同上书,第683页。

丈夫的研究。

——最后她牺牲了自己的生命。

如此,她把克拉埃被夺走的一切又全部还给了他。

但悖谬之处在于,她想把克拉埃纳入这种关系网络中,她与他相联系,而他却要打破这些关系。她不得不:

——要么于心不忍地请求丈夫放弃研究;

——要么把她的全部财产以及她孩子的财产都耗尽在绝对之探求中。

在这两种情况下,她都不得不打破一边的关系。

关系的负面女主人公。

2.玛格丽特·克拉埃。对性的放弃。

a)她并不像她母亲一样调动这些①,而是把所有这些都拿过来为她所用。

参见第[782]页:"我做你女儿做够了。"②

——相对于她的兄弟姐妹,她是母亲(……)③;她是父亲(确定嫁妆,选择职业,投资)。

——相对于她的父亲,她是:

——女人:他面对她时,觉得自己像个"有罪的丈夫"④。

——母亲:"天使啊,天上的神灵该为你鼓掌,

---

① 福柯的意思可能是"关系"。
② 巴尔扎克:《绝对之探求》,前引书,第782页。
③ 此处福柯留下空白。
④ 巴尔扎克:《绝对之探求》,前引书,第815页。

[……]你给了你父亲多少次生命?"①

——父亲:"他拒绝给予孩子庄严的父权,他不觉得屈辱吗?"②

b)她不想把父亲纳入关系,而是把他排斥在关系之外:

——她夺走他的一切权利,

——她把他放逐,

——她让纳税人为绝对的探求提供资助。

c)这时就开始了大回报。

她,西班牙人的女儿,给克拉埃家带来的东西比西班牙人从克拉埃家夺走的更多。她,巴尔塔扎尔的女儿,为纪念约瑟芬而带来的东西比她丈夫花掉的更多。

回报的原理很清楚:

——投资于土地的西班牙财产将变得比自然统一体更丰产。

——这些财产将按照孩子的数量等分为若干份:它们将由一个农场主的孩子们耕种。

——有了这些嫁妆,孩子们将结婚:

——费莉西与皮耶坎结婚,得到杜埃的财产。

——加布里埃尔与一个科南克家的结婚,得到坎布雷西亚和弗朗德勒地区的财产。

——她丈夫索利带给她西班牙的财产。

克拉埃家族的全部财产都失而复得(曾经失去的三部分

---

① 巴尔扎克:《绝对之探求》,前引书,第824页。
② 同上书,第799页。

财产——法国、弗朗德勒和西班牙——重新接合在一起),并且每次都有补充。

——一方面,所有的债务都一笔勾销。老克拉埃的画像可以和木器一起出售,这已经不重要了。

——另一方面,绝对被找到了,绝对就在关系中。克拉埃临终时说他找到了绝对,人们以为这是他临终时发现的秘密。而事实上,绝对,就是刚刚发生的事情。

## 五、珍珠与话语

有一个情节需要解释一下:钻石被制成。这个情节可以从两个层面来解释:

a)自然:如果说自然产生统一性,那么自然不需要任何人。

人不可能欲望无关系的事物。巴尔塔扎尔必须缺席。

b)社会:钻石是在玛格丽特重获财富的时候制成的。这象征着,真正的绝对就在这里。父亲很明白这一点:他把钻石给了她,她叫玛格丽特。珍珠和钻石:礼物和嫁妆,丈夫的财富,和妻子的[珍宝]①。

在无欲望的关系和无关系的欲望之间,是转瞬即逝的乱伦形象。

---

① 猜测;单词难以辨认。

# 人名索引

(数字为原著页码)

ALQUIÉ Ferdinand, 费迪南·阿尔基耶 163

ALTHUSSER Louis, 路易·阿尔都塞 25,26,173,212,213,217

ARNAULD Antoine, 安托万·阿尔诺 164,198

ARTAUD Antonin, 安托南·阿尔托 5,7,11,13,38,64,79,95,99−104,106,107,116,118,119,228,239,251

ARTIÈRES Philippe, 菲利浦·阿蒂埃尔 20,23,50,64,211

AUSTIN John L., 约翰·L.奥斯汀 19,20,185,186,188,189,199,201,224,234,246,260,261,278

AYER Alfred Jules, 阿尔弗雷德·朱尔·艾耶尔 19

BACHELARD Gaston, 加斯东·巴什拉尔 160,182,183,243

BALIBAR Etienne, 艾蒂安·巴利巴尔 173

BALZAC Honoré de, 奥诺雷·德·巴尔扎克 5,9,12,60,188,231,254,292,293

BARCOS Martin de, 马丁·德·巴克斯 164

BARTHES Roland, 罗兰·巴尔特 20,139,144,165,172,173,185,194,200

BASSO Elisabetta, 伊丽莎贝塔·巴索 36
BASTIDE Roger, 罗歇·巴斯蒂德 36
BATAILLE Georges, 乔治·巴塔耶 5, 7, 9, 10, 15, 127, 128
BAUDELAIRE Charles, 夏尔·波德莱尔 158, 185
BEAUSOBRE Isaac de, 伊萨克·德·博索布尔 268
BECKETT Samuel, 萨缪尔·贝克特 134
BELLOUR Raymond, 雷蒙·贝卢尔 18
BENVENISTE Émile, 埃米尔·本维尼斯特 12, 29
BERGSON Henri, 亨利·柏格森 147, 208
BERT Jean-François, 让-弗朗索瓦·贝尔 20, 36, 50, 64
BLAKE William, 威廉·布莱克 38, 64
BLANCHOT Maurice, 莫里斯·布朗肖 7, 15, 127, 134, 136, 228, 251
BOSCH Hieronymus, 耶罗尼米斯·博斯 272
BRAUDEL Fernand, 费尔南·布罗代尔 23, 25
BRETON André, 安德烈·布勒东 99, 119, 120
BRISSET Jean-Pierre, 让-皮埃尔·布里塞 7, 11, 99, 117
BRONGNIART Alexandre, 亚历山大·布龙尼亚 291
BRUEGHEL LE JEUNE Pieter, 小彼得·勃鲁盖尔 272
BRUNETIÈRE Ferdinand, 费迪南·布鲁内蒂埃 133
BUTOR Michel, 米歇尔·布托尔 7, 12, 119, 153, 225, 261

CALAME-GRIAULE Geneviève, 热纳维耶芙·卡拉姆-格里奥勒 12, 19, 260
CAMUS Albert, 阿尔贝·加缪 105, 165

人名索引 *357*

CANDOLLE Augustin Pyrame de,奥古斯丁·皮拉姆·德·康多乐　291

CÉLINE Louis-Ferdinand,路易-费迪南·塞林纳　165

CERTEAU Michel de,米歇尔·德·塞尔托　23

CERVANTÈS Miguel de,米格尔·德·塞万提斯　83,91,92,96,114,115,166,237

CHARCOT Jean-Martin,让-马丁·夏尔科　44

CHATEAUBRIAND François-René de,弗朗索瓦-勒内·德·夏多布里昂　105,144,165

CHOMSKY Noam,诺姆·乔姆斯基　224,244

CLÉMENT D'ALEXANDRIE,亚历山大的克雷芒　267

COHEN David,达维德·科昂　224,245

CONDILLAC Étienne Bonnot de,埃蒂耶纳·博诺·德·孔狄亚克　198,274

CORNEILLE Pierre,皮埃尔·高乃依　139,140,159

CORNIER Henriette,亨利特·科尼尔　90

COULANGES Numa Denis Fustel de,福斯泰尔·德·库朗热　205

CUVIER Georges,乔治·居维叶　276,291

DAVY Humphry,汉弗莱·戴维　291

DEBRAY-GENETTE Raymonde,雷蒙德·德布雷-热奈特　265

DEFERT Daniel,达尼埃尔·德费尔　7,9,23,45,116

DELEDALLE Gérard,热拉尔·德勒达勒　19,173,189

DERRIDA Jacques,雅克·德里达　12,22,227

DESCARTES René,勒内·笛卡尔 9,122,163,197

DICKINSON Emily,艾米莉·狄金森 173

DIDEROT Denis,德尼·狄德罗 83,91,134,145,153,238,275

DOAT Jean,让·多阿 36

DOSTOIEVSKI Fiodor,费奥多尔·陀思妥耶夫斯基 12,91,255,262

DUC D'ANGOULÊME,昂古莱姆公爵,参见 Louis DE FRANCE

DUMAS Jean-Baptiste,让-巴蒂斯特·杜马 291

DUMÉZIL Georges,乔治·杜梅齐尔 15,144,173,201,204,217,243

DÜRER Albrecht,阿尔布雷特·丢勒 268

DURKHEIM Émile,埃米尔·涂尔干 29

DUTROCHET Henri,亨利·迪特罗谢 291


ELIOT Thomas Stearns,托马斯·斯特恩斯·艾略特 173

ENGELS Friedrich,弗里德里希·恩格斯 205

ERASME DE ROTTERDAM,鹿特丹的伊拉斯谟 35,58,63,91,114

ESTABLET Roger,罗歇·埃斯塔布莱 173

EWALD François,弗朗索瓦·埃瓦尔德 7,9,45,116


FARGE Arlette,阿莱特·法尔热 60

FARGEAUD-AMBRIÉRE Madeleine,马德莱娜·法尔若-安布里埃 287

FAYE Jean-Pierre, 让-皮埃尔·费伊 140

FEBVRE Lucien, 吕西安·费弗尔 29

FIRTH John Rupert, 约翰·鲁伯特·弗斯 245,260

FLAUBERT Gustave, 古斯塔夫·福楼拜 5,7,9,12,13,116, 195,239,252,254-256,265-269,271-273,275,277-279

FREUD Sigmund, 西格蒙德·弗洛伊德 44,60,81,105,117, 120,122,160

FRIEDMANN Georges, 乔治·弗里德曼 194

FRYE Northrop, 诺斯罗普·弗莱 173,174


GASPARIN Agénor de, 阿热诺·德·加斯帕兰 283

GAUTHIER Michel, 米歇尔·戈捷 224,245

GENETTE Gérard, 热拉尔·热奈特 20,185

GIDE André, 安德烈·纪德 84,105

GOETHE Johann Wolfgang, 约翰·沃尔夫冈·歌德 216,291

GOLDMANN Lucien, 吕西安·戈德曼 163,164,216

GOLDSTEIN Kurt, 科特·戈尔德斯坦 224

GOODMAN Nelson, 纳尔逊·古德曼 19

GRENIER Roger, 罗歇·格勒尼耶 116

GRIAULE Marcel, 马塞尔·格里奥勒 260

GUEROULT Martial, 马夏尔·格鲁 163,173,174,198

GUILLAUME Gustave, 古斯塔夫·纪尧姆 230

GUIRAUD Pierre, 皮埃尔·吉罗 160


HARRIS Zellig S., 泽利格·S.哈里斯 198,223

HÉBERT Jacques-René,雅克-勒内·埃贝尔 165

HEGEL Georg Wilhelm Friedrich,格奥尔格·威廉·弗里德里希·黑格尔 147

HEIDEGGER Martin,马丁·海德格尔 130,147,148

HELVÉTIUS Claude-Adrien,克洛德-阿德里安·爱尔维修 134

HJELMSLEV Louis,路易·叶尔姆斯列夫 198,199

HOFFMANN Ernst Theodor Amadeus,恩斯特·西奥多·阿玛迪斯·霍夫曼 287

HÖLDERLIN Friedrich,弗里德里希·荷尔德林 7,38,64,91,230,233,239

HOMÈRE,荷马 106

HUGO Victor,维克多·雨果 153

HUMBOLDT Alexander von,亚历山大·冯·洪堡特 204

HUSSERL Edmund,埃德蒙德·胡塞尔 9,147


INGRES Jean-Auguste-Dominique,让-奥古斯特-多米尼克·安格尔 121


JAKOBSON Roman,罗曼·雅各布森 20,144,147,185,224,245,251,260

JANET Pierre,皮埃尔·雅内 117

JÉSUS-CHRIST,耶稣-基督 96,266

JOYCE James,詹姆斯·乔伊斯 12,146,187,247,262


KAFKA Franz,弗兰兹·卡夫卡 216

KLOSSOWSKI Pierre,皮埃尔·克洛索夫斯基 7,129

LACAN Jacques,雅克·拉康 182,243

LAFAYETTE（Marie-Madeleine, Pioche de La Vergne, comtesse de）,拉法耶特伯爵夫人(玛丽·马德莱娜·皮奥什·德·拉韦尔涅） 216,230

LAGRANGE Jacques,雅克·拉格朗日 43

LANCELOT Claude,克洛德·朗斯洛 198

LAPLANCHE Jean,让·拉普朗什 182

LAPORTE Roger,罗歇·拉波特 7

LAUTRÉAMONT（Isidore Lucien,Ducasse, dit），洛特雷阿蒙(迪卡斯·伊西多尔·吕西安） 157,178

LEIBNIZ Gottfried Wilhelm,戈特弗里德·威廉·莱布尼茨 134

LEIRIS Michel,米歇尔·莱里斯 119,153

LE TASSE（TASSO Torquato），托尔夸托·塔索 37

LÉVI-STRAUSS Claude,克洛德·列维-斯特劳斯 15,18,19,29,54,144,165,173,174,185,201-203,206,243,260

LÉVY Michel,米歇尔·莱维 270

LOUIS DE FRANCE（LOUIS-ANTOINE D'ARTOIS），路易·德·弗朗斯(阿尔图瓦的路易-安托万） 276

LUKACS Georg,格奥尔格·卢卡奇 216,217,260


MACEY David,戴维·梅西 175

MACHEREY Pierre,皮埃尔·马舍雷 173

MAGRITTE René,雷内·马格利特 11

MAHOMET，穆罕默德 55

MALINOWSKI Bronislaw，布罗尼斯拉夫・马林诺夫斯基 245

MALLARMÉ Stéphane，斯特凡纳・马拉美 7,116,120,122,140-142,146,155,157,158,160-162,227,261

MANET Édouard，爱德华・马奈 121

MANN Thomas，托马斯・曼 216,258

MARCHETTI Valerio，瓦莱里奥・马尔凯蒂 90

MARX Karl，卡尔・马克思 25,147,212,217

MAUPASSANT Guy de，居伊・德・莫泊桑 91

MAURON Charles，夏尔・莫隆 137,142,238

MERLEAU-PONTY Maurice，莫里斯・梅洛-庞蒂 148,224

MICHAUX Henri，亨利・米修 64,116

MILTON John，约翰・弥尔顿 173

MOLIÈRE (Jean-Baptiste Poquelin, dit)，莫里哀(让-巴蒂斯特・波克兰) 57

MORIN Edgar，埃德加・莫兰 194


NERVAL Gérard de，热拉尔・德・奈瓦尔 7,116,119

NIETZSCHE Friedrich，弗里德里希・尼采 17,122,233,239

NORA Pierre，皮埃尔・诺拉 12


OBERG Jean-Christophe，让-克里斯托夫・奥伯格 49


PASCAL Blaise，布莱兹・帕斯卡尔 270

PASTEUR Louis，路易・巴斯德 209,210

PÉGUY Charles,夏尔·佩吉 144

PERMISSION（Bernard de Bluet d'Arbères. comte de），佩尔米西翁伯爵（贝尔纳·德·布吕埃·阿尔贝尔） 37,64

PICARD Raymond，雷蒙·皮卡尔 172

PICAVET François,弗朗索瓦·皮卡韦 274

PICHOU,皮舒 83,84,96,114

PINGAUD Bernard,贝尔纳·潘戈 211

PLATON,柏拉图 63

PLEYNET Marcelin,马塞兰·普莱内 7,140

PONGE Francis,弗朗西斯·蓬热 146

POTTE-BONNEVILLE Mathieu,马蒂厄·波特-博纳维尔 20,64

POULET Georges,乔治·普莱 159,184

PRIETO Luis Jorge,路易斯·豪尔赫·普列托 12,20,185-188,196,199,201,224,229,245,252

PROPP Vladimir,弗拉基米尔·普罗普 173,174,194,243

PROUST Marcel,马塞尔·普鲁斯特 12,13,140,145,155,191-193,197,249,261,262

PROUT William,威廉·普劳特 291

PUTNAM Hilary,希拉里·普特南 19


QUENEAU Raymond,雷蒙·格诺 165

QUINE Willard Van Orman,威拉德·冯·奥曼·奎因 19


RACINE Jean,让·拉辛 93,98,140,157,164,173,194

RANCIERE Jacques,雅克·朗西埃  173

REVEL Judith, 朱迪特·雷韦尔  20,64

RICARDOU Jean, 让·里卡尔杜  225

RICHARD Jean-Pierre, 让-皮埃尔·理查尔  141-143,160,172

RIVIERE Jacques, 雅克·里维埃  99,118

ROBBE-GRILLET Alain, 罗伯-格里耶  7,12,117,119,134,140,188,231,253,254

RONSARD Pierre de, 皮埃尔·德·龙沙  105

ROTROU Jean,让·罗特鲁  83,94,96,114

ROUSSEAU Jean-Jacques, 让-雅克·卢梭  13,134,141,163,184,194,239

ROUSSEL Raymond, 雷蒙·鲁塞尔  5,7,11,38,64,79,81,91,99,104,116-120,136,140,144,239

ROUSSET Jean,让·鲁塞  139,159

RUEFF Martin, 马丁·吕夫  12,19

RYLE Gilbert,吉尔伯特·赖尔  19


SACY Samuel Silvestre de,萨缪尔·西尔韦斯特·德·萨西  133

SADE Donatien Alphonse François de,阿方斯·弗朗索瓦·德·萨德  7,36,146,178

SAINT-CYRAN（Jean-Ambroise Duvergier de Hauranne, abbé de）,圣-西朗(让-安布鲁瓦兹·迪维吉耶·德·奥拉纳)  164

SAINTE-BEUVE Charles-Augustin,夏尔-奥古斯丁·圣-伯夫  133,179

SAINT-HILAIRE Étienne Geoffroy, 艾蒂安·若弗雷瓦·圣-伊莱尔  291

SAISON Maryvonne, 马利冯娜·赛松  121

SALOMONI Antonella, 安东尼拉·萨洛莫尼  90

SARTRE Jean-Paul, 让-保罗·萨特  22, 23, 133, 163, 182, 211, 236, 260

SAUSSURE Ferdinand de, 费迪南·德·索绪尔  20, 148, 165, 246

SCHLEIDEN Matthias Jakob, 马蒂亚斯·雅各布·施莱登  292

SÉGLARD Dominique, 多米尼克·塞格拉  49, 171

SHAKESPEARE William, 威廉·莎士比亚  84, 86, 91, 92, 115, 173

SIMON Pierre-Henri, 皮埃尔-亨利·西蒙  180

SOLLERS Philippe, 菲利普·索莱尔斯  7, 140, 261

SOPHOCLE, 索福克勒斯  35, 106, 114

SPINOZA Baruch, 巴鲁赫·斯宾诺莎  276

STAROBINSKI Jean, 让·斯塔罗宾斯基  141, 142, 163, 184

STERNE Laurence, 劳伦斯·斯特恩  238

STEVENSON Robert Louis, 罗伯特·路易斯·斯蒂文森  91

STRAWSON Peter F., 彼特·F.斯特劳森  19

STRINDBERG August, 奥古斯特·斯特林堡  83

SUE Eugène, 欧仁·苏  145


THIBAUDEAU Jean, 让·蒂博多  7, 140

THIBAUDET Albert, 阿尔贝·蒂博代  133

TROUBETZKOY Nikolaí Sergueievitch, 尼古拉·谢尔盖耶维

奇·特鲁别茨柯伊 201

VALÉRY Paul, 保罗·瓦莱里 155, 194, 251
VAN EYCK Jan, 凡·艾克 121
VELAZQUEZ Diego, 迭戈·委拉斯开兹 121
VERNE Jules, 朱尔·凡尔纳 7
VEYNE Paul, 保罗·维纳 26
VOLTAIRE（François-Marie Arouet, dit）,伏尔泰（弗朗索瓦-马利·阿鲁埃） 105, 134
VRIGNY Roger, 罗歇·弗里尼 116

WAELHENS Alphonse de, 阿方斯·德·瓦伦士 130
WEBER Jean-Paul, 让-保罗·韦伯 141
WEISS Peter, 彼得·魏斯 36
WITTGENSTEIN Ludwig, 路德维希·维特根斯坦 19

ZOLA Émile, 埃米尔·左拉 92, 135, 157

## 二重身、第二语言与结构主义"文献分析"
## ——论福柯的《疯癫,语言,文学》(代译后记)①

2019年出版的福柯文集《疯癫,语言,文学》,由法国福柯研究专家朱迪特·雷韦尔作序。序言指出,之所以要把福柯的十三篇大部分未曾发表过的关于"疯癫、语言与文学"的讲稿和文稿整理出版,是因为除《现象学经验——巴塔耶的经验》大致成文于20世纪50年代外,其他文稿如《疯癫与文明》《疯癫与社会》《文学与疯癫》《文学分析新方法》《结构主义与文学分析》《〈布瓦尔和佩库歇〉,两种诱惑》《绝对之探求》等都主要成文于20世纪60年代中期至70年代初期,这些文章共同反映了这一时期居于福柯思想中心的疯癫、语言和文学这三个议题。这个时期也是法国新批评形成的重要时期,福柯的参与和建构展示了法国新批评的思想核心及其对当下文学批评工作的意义。在这些文章中,福柯处理了疯癫经验与写作经验的关系;处理了"远远超出20世纪60年代的核心论题:一是对任何形式的具有某种意识或内在性的心理化主体的彻底批判;二是对独立于一切表意意图的语言物质性的敏锐关注"(见本书第4页);处理了在《批评》杂志或者"如是"

---

① 本文原载于《外国文学》,2023年第5期。

小组中自身的立场与位置。雷韦尔认为福柯在20世纪60年代处于两个极端之间:"一方面是自1961年以来他反复确认的彻底的历史化立场,这种历史化立场以(疯癫的)历史的形式或以清楚分期的(医学目视、人文科学的)考古学的形式频繁交替出现;另一方面则是对结构主义表现出的明显迷恋……它能使人们摆脱如福柯所说的'从笛卡尔到现象学'的太过持久的主体中心性幻觉。"(第5—6页)这两个极端并不矛盾,因为对心理化主体的批判,正是基于对历史和语言媒介的自觉,结构主义的空间化方法反而成为让历史共时地通向当下的方式。

在为该书所写的序言中,雷韦尔提出了她的三个观察:一是"一个福柯式的主题:与书写的物质性和它的图形固定打交道,这立刻就是与思想的组织打交道",即引入书写与语言的媒介性和物质性,引入形式和框架的文献学价值;二是"文稿展开了一个引人入胜的重复系统"(第8页),重复相似的主题、人名、参照系以从不同角度论证相似或相关的话题;三是通过"发现一系列全新的元素","改变我们以前对福柯在20世纪60年代中期试图做什么的看法,并使我们的看法复杂化"(第11页)。这些新元素主要体现为:首先是贯穿于整个文稿的对结构主义的肯定;其次是学科参照模式的变化,即从60年代初开始的体现在《疯癫与非理性——古典时代疯狂史》《词与物》《临床医学的诞生》等著述中的历史框架——那种"与黑格尔式的历史观完全对立的历史观,是从尼采的阅读出发、从批判认识论和当代史学的成果出发重新建立的历史观"(第15页),转向对"人种学和社会学"、对列维-斯特劳斯的借助;再次是语言学的突出位置,尤其是对普列托的《信息与信号》及雅各布森、奥斯汀等人的理论的借重,而语言学的突出地位"在一定程度上决定了我们将在1969年的《知识考古学》中依稀看到的参照系统,该书显示了福柯在语言学、语言哲学和分析哲学方面拥有多么精准的知识"(第17页);最后是与历史研究的关系,或者说通过对人种学的关注,通过"从最新的生物学分析借来的信息模式"建立了不同于"对象的经济生产"(第22页)这种历史因果论的文献分析或文献学的(deixologique)分析方式——这种把文学批评作为信息文献学的尝试,要抵达的并非19世纪批评模式的价值判断、心理学和历史研究,而是作家所置身的却并没有意识到的多元信息和历史整体,或者说通过对结构对象的空间和共时分析从而"以不同的方式做历史……也就是说,做另一种历史"(第25页)。本文重在从"二重身"(double)、"第二语言"(second languages)与"文献分析"(deixologie)三方面揭示福柯对结构主义历史观的理解。

二重身:疯癫、语言与文学

在福柯的语境中,"二重身"或"二重性"(le double)主要指一种重复结构或同构关系,例如文学的二重身主要指"文学在重复、再现和讲述自身"。文学的讲述内容和形式如何重复和映射自身,不仅是福柯所研究的以马拉美、布朗肖、普鲁斯特、鲁塞尔等人为代表的当代作家的书写特征,也是他考察欧洲文学史的一种方法。在二重身方法的观照下,福柯揭示了疯癫、文学与语言相互之间的同构、相似、镜像和映射关系。

通过对欧洲近代关押史的考察,福柯总结了疯癫的五个特征:一、"在总体的劳动流通中,在劳动者的身份中,疯子不具有与其他人相同的身份地位";二、"在娱乐性活动中……在休闲中,疯子也不具有与其他人相同的身份";三、"从家庭的角度和性的角度来看,疯子是一个偏离常规的人";四、"疯子……的语言……与其他人的言语相比,具有不同的意义、不同的身份、不同的功能、不同的作用、不同的传播可能性";五、"疯子被社会以一种自发的、非制度化的方式指认"(第57—58页)。这种总结使得福柯可以策略性地借助对"疯癫"的功能性定义实现对欧洲史的分析;也就是说,借此人们可以感知福柯进入欧洲疯癫史或者欧洲史的元话语,进而理解历史叙述的意向性。例如福柯在这里简短地回应了《疯癫与非理性——古典时代疯狂史》的议题,即欧洲16世纪以降疯癫的经济和制度史:16世纪的"疯子就这样随着道路、随着交通工具到处漂泊"(第72页);17世纪的经济危机,18世纪末、19世纪的新兴工业化过程使得那些被禁闭的"残疾人、放荡者、一无是处的人、游手好闲的人又被抛回街头,因为人们需要他们进入经济生产的流通系统"(第76页);而当精神病院产生后,结合20世纪五六十年代的重大生物学发现,"一系列经济、政治、制度、法律等方面的并非偶然的事件最终把疯癫定义为一种精神疾病,而不是科学真正发现了疯癫是一种未被识别的疾病"(第78页)。

在现代社会,疯癫与理性的对立被正常与病理的对立替换,这种替换使得所有的社会语言和议题也同样被改写,但其内在的结构仍旧是疯癫与理性的延续,这正是"疯癫"具有分析社会的结构性功能的原因。在现代社会"存在着一系列可以把病理还原为正常的技术。这就是为什么人们很容易把所有的对立都归到这个对立上。……由于它是简单的二元,它可以用来翻译任何一种对立……但疯癫和理性的对立一旦获得自由,就会泛化;它从医院和医疗化机构分离出来,去纠缠艺术、文学、绘画"(第84—86

页)。疯癫与理性的对立使得社会可以把那些不合要求的存在认定为非正常,并将之病理学化。当福柯所考察的疯癫对象被医学机构接管后,疯癫被医学化后的剩余部分似乎只能从艺术、文学和绘画中去感知,这个特定时代的医学结果又使得福柯反过来在整个文学艺术题材中讨论疯癫现象及其症候功能。

在论述疯子的言语时,福柯提到了宫廷小丑或国王的疯子,并由此把疯子的语言与文学的语言建立了联系:"在许多地中海文明中,小丑的言语曾经具有很特殊的重要性。"(第67页)而小丑从中世纪末以来的消失,没有导致小丑语言的消失,"实际上存在着一种比小丑的言语更重要且具有完全相同作用的话语——这就是文学。文学是国王的小丑的言语继承者……文学话语可以用来揭示我们的日常言谈、我们的科学言谈之真理以及我们那笨拙而沉重的哲学言谈所不能揭示的东西"(第67—68页)。继承了小丑的言语的文学能揭示日常语言、科学语言和哲学语言不能揭示的存在和生命之真相。当然,把文学的语言与疯癫对接,在福柯那里有几个前提:一是福柯以阿尔托、鲁塞尔等疯癫诗人的作品作为言说欧洲近代语言与民族史的前提,所以他观察的恰恰是尼采意义上的疯癫所具有的诗学功能;二是在欧洲近代古今之争中,科学家或者科技的胜利奠定了崇今派以及欧洲现代化的胜利,而文学同构的恰恰是人文的话题,即人文对科技和实验理性及其普遍化和排他化的反思;三是疯癫与文学尝试超越科技与数学理性,聆听神性的声音或者反思近代民族和现代性话语的边界。当然我们也可以从另一方面看到弗洛伊德对福柯的影响,即打开非理性的语言领域。

由此前提回到近代欧洲史,福柯发现疯癫通过与文学的关系

来确认彼此,而且每当文学遇到危机时,疯癫的主题就更加明确和紧迫:

> 在文艺复兴时期,整个文学语言,整个小说语言,围绕着新的形式重新平衡……人们异常强烈地感受到了文学与疯癫之间的亲缘关系。这当然就是伊拉斯谟和《愚人颂》……在17世纪初的法国,有一个人是个疯子……佩尔米西翁伯爵,写了一些完全是胡言乱语的东西……18世纪末、19世纪初,在荷尔德林的时代,在布莱克的时代,人们重新发现,疯癫与文学之间有这么奇特的亲缘关系。直到今天,鲁塞尔、阿尔托,这些疯癫作家的体验,对我们来说,仍然是非常独特的体验……将文学语言解放到这个新的领域、疯癫的领域。(第68—69页)

福柯对欧洲文学史的这段描述恰恰构成了他所选择的文学史事实依据,即疯癫描写、疯癫形象以及疯癫经验如何出现在文学中。从文艺复兴时期的《愚人颂》,古典时代的佩尔米西翁伯爵以及巴洛克戏剧,到19世纪的荷尔德林和当代的鲁塞尔、阿尔托等,正是疯癫经验与文学写作的关系,为福柯提示了通过疯癫与文学的关系进入历史的方式。

由疯癫与文学关系史描述,福柯得出"二重身"或"二重性"指向镜子式的观照关系,它在语言外部同构着同一与差异的原则,即疯癫与理性、病理与正常的关系,而在语言内部则映射着自身:"疯癫与二重性、同一性、划分的二元性有关,与类比有关,与镜子的无法确定的距离有关。在社会里,疯癫是绝对的差异,是另一种语言;而在语言内部,疯癫则被表现为同样的东西,是反射的真理,是翻印的胶片。"(第102页)以此观看文学史,福柯发现"疯子是真相的伟大接线员;他是交换器,他在每个话语层次建立真相,又抹去真相……从这个阶段开始,文学进入再现的含混领域……疯癫和文学处在一种误认关系中。不是'疯癫'改变文学;而是一种被认为是疯癫的话语被引入"(第94—95页)。在文学再现的领域,疯癫与真相、真理相关:装疯的哈姆雷特借助疯癫洞悉了真相,推动了作品的发展;"《愚人颂》,是被再现的人之真相。塞万提斯,是文学本身在文学中。拉摩的侄儿,是普遍的模仿……在这些疯子身上,我们的文化仿佛在寻找自己语言的一种形象。在荷尔德林的疯癫和鲁塞尔的疯癫中,我们读到的是我们的全部文学"(第102页)。所以,无论是描写疯人、塑造疯癫形象、用疯癫结束戏剧或结构戏剧(《古典时代疯狂史》,第49—52页),还是书写者本人就是"疯人",疯癫的文学史构成了福柯思考近代欧洲史的一种方式。

文学通过疯癫展示自身,疯癫亦是文学关于自身的语言。文艺复兴时期,在《哈姆雷特》中,"疯癫具有了双重作用:它展示事物和人的真相,它揭发,它揭露;与此同时,它又构成文学的一个形象,是某种内在于文学的二重身"。疯癫既是文学的形象,又是文学结构的动力,即展示真相的方式。"捕鼠机"的设置说明了《哈姆雷特》"是表现另一个剧本的剧本";而《堂吉诃德》"是一部通过疯癫来表现其他小说的小说"。因此可以说,疯癫即文学,"文学仿佛借助疯癫的游戏,自我分身,自我反射;疯癫仿佛在文学面前放了一面镜子,文学在镜子中照见自己。疯癫的作用不仅在于通过诡计来展示事物的真相,而且在于说出文学、戏剧和小说的真相"(第132页)。如果没有疯癫,这些文学不仅没有形象和结构,也没有推动的动力。正是通过疯癫在文学中的出现位置和结构形态,福柯讨论了疯癫与文学的二重身关系,即相互的映衬、误认与对真相的揭示。疯癫与真相同构在文学中,与其说文学给了疯癫一个重要的展示真相的功能,不如说疯癫给了文学一个可以进行的方式。

在古典时代的巴洛克戏剧中,疯癫也是"戏剧本身的一种功能"。古典疯癫与戏剧的二重化结构表现为:"拉辛戏剧的节日和巴洛克戏剧的疯癫都在戏剧舞台上再现戏剧的戏剧性"(第111页)。拉辛和巴洛克戏剧中的疯癫为了表现戏剧的戏剧性而存在,文学正是"在疯癫中找到了自己的映象、化身、形象。也就是说,文学找到了自己的密钥"(第121页)。换言之,疯癫就是戏剧的二重身,三一律所规定的戏剧时间,即二十四小时所体现的恰是疯癫与理性、黑夜与白昼的较量,而这也是戏剧的结构核心(《古典时代疯狂史》,第263—264页)。

与文艺复兴时期的莎士比亚、塞万提斯及古典时代的巴洛克戏剧有所不同,福柯认为,"自19世纪以来,疯癫在文学中的作用似乎完全不同,不再是一种表现和形象的作用:人们不再为了表现文学而表现疯癫,而是在疯癫之中体验什么是文学"。疯癫变成了作者本人的主体经验,奈瓦尔、阿尔托与写作《疯子回忆录》时期的福楼拜,他们都有对"疯癫和语言的双重经验"(第132页)。福柯在20世纪60年代突然转向写作鲁塞尔的疯癫经验,也是因为他由此找到了经由文学空间触摸历史的方式,因为"创作、疯癫经验和精神疾病正好叠加在一起,形成了一个独一无二的形象"(第133页),给予福柯一个把文学、疯癫、精神病历史化的契机。这个契机就是"把偶然引入文学语言"(第135页),在"文学只存在于语言的某种游戏空间中"的意涵上理解现代欧洲语言的起源及其媒介性。经由语言与文学的纯粹反思关系,福柯提出"文学的目的不是彰显事物或祛魅事物,不是让事物震颤或歌唱,而首先是说出事物——把事物引入语言,把语言引入事物",文学此时有效地成为"语言与自身、语言与事物的关系的某种存在方式"(第136页)。鲁塞尔的作品中"所隐藏的东西,也是它展示最多的东西,即语言"。因此,正如福柯在《词与物》中对现代文学诞生的讨论一样,他在《疯癫,语言,文学》中指出:"或许是从马拉美开始,尤其是从超现实主义者和当代作者开始,20世纪的文学正在发现:文学是由语言构成的,文学并不是用一种多少有点改变的语言去说一些多少有点新鲜的事情,文学目前的作用是深化、揭示、改变文学与语言的关系以及文学作为语言的存在。"当代文学之所以是一个文本异托邦(《词与物》,第7—16页),即语言的损毁,是因为"当代文学不再是一种内含于既成语言的言语行为,而是一种损害、质疑、包裹着构成它的那种语言的言语。文学是一种包含它自己的语言的言语"(第139页),是对语言透明性的质疑和对现代语言起源的反思。

在损毁自身和包含自身的意义上,"从弗洛伊德开始,疯癫恰恰就是这样一种言语,它并不是荒谬无意义的,而是本身自带密码的言语,因此我们只能根据它说出的话来破解它。疯癫不遵循任何一种语言(因此它是荒谬无意义的),但疯癫说出的话中包含着它自身的代码(因此它是有意义的)"。文学再次与疯癫、语言相互映照,疯语以其荒谬揭示了常规语言的命名法则。疯癫与现代文学的相互关系也恰恰在于"它们是两种相近的、很可能是相邻的语言经验,仿佛是各自相互映照的形象"(第139页),它们一起质疑、损毁日常语言。

如果说在古典文学中,"疯癫只是一种被表现的内容。在文学作品内部,疯癫是作品的一个小形象……它使作品二重化,以显示作品的力量……疯癫揭露作品,重复作品,彰显作品的悖谬真相(就像在绘画中有一面镜子映照出绘画本身)",那么在当代文学中,"疯癫和文学仍然处于一种镜像状态,仍然是彼此的二重身。但这次它们不再安置于一种既定语言之中(文学不再使用这种它安置其中的语言,疯癫不再安置于文学中);疯癫和文学现在都处在语言之外,是两种奇特的、边缘的、越界的经验,它们在自己的空间里掌管着自己的规则、自己的密码和自己的语言"(第139—140页)。这个描述使得我们可以理解巴塔耶的经验和布朗肖的空间。对福柯来说,巴塔耶的色情主义"构成本体论的外部边缘……瞬间从逻各斯的恐惧中解放出来";而这里有"某种像巴门尼德之路的'存在者存在'一样简单、一样基础的东西"(第148页),即重新抵达存在的边界和界限,抵达现代性与资本主义民族、语言和国家的命名机制。

这正是福柯的"文学本体论",即现代文学诞生意义上的文学本体论(《词与物》,第313页),它反思文学和语言是什么:"疯癫的确是文学的游戏空间……这个挥之不去又微不足道的二重身在界定着它的每一端。这个二重身以最残酷的方式掌握着文学的虚构之真"(第122—123页)。对于语言、疯癫和文学而言,第一,在阿尔托那里,"疯癫是通过语言并在语言的背景中被感知的";精神分析学把疯癫这个概念重新纳入其传统,要表明的恰恰是"疯癫或多或少仍然是一种语言,隐藏在行为错乱背后的也仍然是一种表达错乱"(第99—100页)。第二,"既然文学通过把自己主动[建构]为语言的规则来再现文学本身,那么疯癫就是文学的形象:这是[智慧的]疯癫,它展示戏剧的戏剧性、文学的文学性"。此时福柯所谈论的文学性,恰如什克洛夫斯基(Viktor Shklovsky)所说的"偏离日常语言的语言",即语言的"陌生化"。在新批评的传统中,对文学性的讨论显然承担了文学对资产阶级日常语言的透明化的反思,它将资产阶级语言问题化和历史化。因此,文学通过"把自己体验为一种绝对的危难,语言在其中有丧生的风险,那么疯癫仍然是文学的形象:这疯癫把言语之下的呼喊展示出来,让言语脱离一切意义"(第122页)而展示出一种新生的语言、文学与主体的可能性。偏离、非正常、疯癫进而经由福柯对疯癫、语言与文学关系的考察达成了一种文学对历史的反思和对新主体的追求,二重身通向自反、自知和自省。

### 第二语言与作为空间的语言:什么是法国新批评

除了疯癫、语言与文学的同构性带来的启示外,福柯还尝试通过这种启示建立一种新批评,或者说在法国传统中讨论一种新批评。福柯发现在他的时代"一个物种正在消失:批评人(homo criticus)",这种批评人"首次出现在18世纪末和19世纪初,他们那时具体的、确定的、顽固的职能就是做批评——谈论和评判别人的书,把这些书相互比较,推荐或者谴责这些书"(第153页)。这种一直持续到20世纪初的文学批评传统有以下特征:"一、那时的批评是判断性的,它对所谈论的作品做出一种品味的、鉴赏的、质量和价值的判断。二、它承认作品和作者之间有一种直接的统一性:对作者的判断立即适用于对作品的判断。从这个意义上说,它完全是一种心理批评和道德批评。"这种以鉴别为目的的心理和道德批评,以一些强大的主体为前提:"那时的批评家是绝对享有特权的读者,他有自己的判断,并能表达其判断";而其他读者则是"二级读者(只能透过一种第一位的阅读去阅读)"(第176—177页),批评的等级制非常明确。对此,福柯强调要做一种毋庸置疑的历史分析:"只要资产阶级(在17和18世纪)把持着自己的语言,批评的主要内容就是反对思想、事物和制度。"而到了19世纪,资产阶级之所以需要文学批评,是因为"诞生了一种让资产阶级无法在其中认出自己的语言,此时,针对语言和阅读关系的批评、针对消费本身的批评就变得必要。从某种意义上说,这是一种文学上的马尔萨斯主义"(第177页),即文学功利主义和对文学消费的规划。

也就是说,19世纪的法国文学批评曾承担的是鉴别与评判作品的功能,具有这种功能的批评人在福柯的时代正在被新的批评家所替代,这个新时代的批评家是"萨特(以前)或布朗肖(今天)——批评行动属于其哲学行为或文学行为的那些人。不过,更准确地说,目前,真正的批评家就是文本本身(罗伯-格里耶的小说、贝克特的戏剧或布朗肖的文本)"。新批评如今是哲学和文学行动,或者说是以反思为主的现代创作行动本身的一部分,批评现在"不再是一个决策机构,而是一种共存的形式"(第154页)。

现在,批评的意义发生了变化,"批评涉及的主要是写作本身,是语言的起源,而不是阅读和消费";批评的这种变化是由文学造成的,"因为从马拉美、瓦莱里和普鲁斯特开始,批评总是包含着对自己的可能性条件的反思……文学本身形成了自己的批评"。现代文学在使得传统批评者变得无用的同时,也使得"批评者的目光转向了品味判断以外的东西;它迫使批评拷问语言的起源点和可能性"(第177—178页)。这种新批评表现为几个方面:其一是以"深奥或至少是难懂著称的文学的突然出现",这些文学本身就是批评的一部分,它们使得文学消费在政治经济上而非纯粹的美学上成为一种社会现象;其二,"批评失去了它以前的中介者使命所必需的透明度,它增加厚度,往往变成一种极其复杂的话语,往往比它所评论或解释的作品本身还难懂得多",而这种难解与厚度不是没有意义的,它是为了达到文学的无意识及其当下性;其三,批评期待自己也成为作品,成为一种语言:"布朗肖的《文学空间》或许就是我们能够想象的最漂亮、最具原创性、最不无关紧要的书之一。"(第156—157页)因而,文学批评有了两个层次:第一语言的层次即作品的语言本身,然后"是一些与第一语言相关,并且只跟第一语言相关,但本身也是语言的语言,即一些第二语言(discours seconds)"(第157—158页),也就是"元语言"(métalangage)。

这种作为第二语言的文学批评或者文学分析有两个特征。其一是"作品更多地属于空间,而不属于时间"(第158页)。也就是说,作品的每一个元素、与作者的所有特定文本相关的所有元素都需要被纳入考量范畴。其二是语言的物质媒介性的出现,即"文学是由语言构成的"(第138页)变成了一个非常识的判断。这表现为三个方面。一、文学与符号相关:"要理解一般意义的文学以及某个特定时期的某部文学作品,就必须对一个社会在某一特定时期所使用的各种符号系统(语言的或非语言的)做总体的研究。文学的研究必须在一种总体符号学的范围内进行。"文学联系着一个时期语言的与非语言的整个符号系统。二、"在符号集合中,文学有其特殊的结构。"(第166—167页)这体现为文学通过语言符号再现文学自身,作品总是被它自身所讲述,例如普鲁斯特对其作品诞生由来的讲述,《追忆逝水年华》结束在小说的开始处,进而讲述了文学的由来,即文学讲述了文学自身。三、"最后,文学也是这样一种语言,它在言语中表意整个语言系统。"(第168—169页)与古典时代"理想形式的作品只是绝对的圣言的重复和替身"不同,"到了18世纪末,一种新的关系出现了:这是由萨德(后来又由马拉美)所定义的关系,即一本大写的书,它必须摧毁所有其他的书"。马拉美几乎是所有法国新批评和当代理论家征引的对象,他那本"大写的未完成的书"成为现代批评和文学不能抵达又渴望抵达的空间,这个空间即"整个语言系统",它使得大写的语言在成为极限追求的同时生产了所有小写的语言。这本大写的书看似与上帝的圣言同构,而福柯更多的是在策动近代欧洲史的"民族语言"的议题上讨论这种大写的语言。"在20世纪,出现了一种从语言本身出发而构成的文学,仿佛语言就是文学的材料,是文学的主题,仿佛语言与文学空间本身相吻合了。这就是乔伊斯和蓬热的重要性之所在。"(第170页)乔伊斯在作品中对语言的并置与模仿,对语言作为质料、媒介、形式的凸显,对语言作为思考的对象而非透明的工具的再现,恰恰是20世纪文学或者新批评要把资产阶级民族语言问题化的表征。

但"文学时刻都会让整个语言冒险,任何作品都会引发一系列第二语言,这些语言的喃喃低语永远不会消失"。批评现在就是文学所引发的第二语言,而且是不断生产的永难穷尽的第二语言。这里最有意思的辩证关系是:"批评发现作品是空间,也发现作品是语言。"(第171页)如果说语言负载历史的厚重和时间的缓慢移动,是因为此语言和历史观参照的是黑格尔、马克思、胡塞尔,甚至是海德格尔等人的理论,那么自伯格森以来,经验被重构,"语言就是空间(索绪尔、神经学家等)……海德格尔也许瞥见了如果语言不是时间那么应该怎样思考语言存在的第一缕曙光……如果语言作品不再是记忆,也不再是意义,如果语言作品只是语言的深度空间中的一个形象,那么语言作品是什么?"(第172页)这里福柯论述了语言不再是对时间的记忆,而是深度空间中的形象,语言是所有符号的集合,是朝向当下建构的物质性,是通过识读其媒介性所建立的当下记忆和空间。

批评语言的这种变化在目前的文学社会学中表现了出来。首先,"评判性的、为消费者服务的批评(日报或周刊上的批评)与试图将自己置于作品层面的分析性批评(期刊等的批评)截然分开";其次,"作品……能够面向全部读者……批评使作品变得'深奥'";最后,"批评者像谈论一种社会学现象一样谈论作品"。总之,"这种分析是把作品,把所有这些构成我们文明一部分的语言沉淀,当作一种以冷静而客观的态度加以考察的文化事实,就像对待任何一种历史现象那样"(第178—179页);而这正是语言的物质性或批评对待符号系统的态度,即把文学当作一种抵达当下社会现象和承载着文学所有积淀的物质系统来阅读。

这样就有了对文学历史性的新定义:"从一个意义上讲,人们让文学摆脱了趣味或美的永恒判断,把文学置于它最纯粹的历史性中;从另一个意义上讲,人们在时代的全部产品中考察文学,将文学置于其共时性的厚度中。"(第179页)正是这一切导致了福柯所谓的"作者之死"——"作者并不充当作品的转移形象,不是作品的人格化,不是作品的替身(就像以前人们把左拉等同于阴沟清理工);作者只是一个一致性的点,是要分析的地方。不是作品变成了自己的责任人,而是作品变得既具有可能性,又具有命定性。"这就是为何作品或者文本能容纳作者所不能负责甚至无意识的内容与历史。这样我们看到了以下方法在作品分析中的重要性:"马克思主义分析方法""语言学方法""艺术史"(第179—180页)。因此,相对于19世纪,批评的问题颠倒了过来:"那时的批评想把一部作品纳入可能的读者世界",而"现在的批评想把可能的阅读建基于作品本身:建立在构成作品黑色的、壮观的总量的坚实[充实]厚度上"(第181页)。因为"作品中隐含的无意识的,因此并不指向作者意图、不指向作者明确想做什么的那个个体性"(第187页),不能求助于精神分析,作品不是心理事实,而是符号系统事实。

福柯进而解读了几种文学分析方式。其一是存在主义分析。其二是历史分析,即"一个作者的作品和生活(所构成的整体)不是一个单一的图式,而属于一些更大的整体,必须被重新放入这些更大的整体中,因为一部作品所提供的阅读可能性存在于它的客观意义中(而不只存在于作者的规划中)。然而,赋予作品一种客观意义的东西,是它所处的那个历史整体"(第188页),这一点解释了结构主义或者第二语言做历史分析的可能性以及包容大历史的可能性。还有第三种分析方式,即"这个基础就是对文学作为语言事实的考察;文学是某种既发生在语言内又摆脱语言,既寓居在语言中又打乱语言的东西"。"文学是对语言的特殊使用,它把整个语言都拿来冒险。"(第190页)这就是罗兰·巴尔特想要做的事情,是索绪尔的符号学方法的启示,也是福柯的文本异托邦分析之所在,更是文化人类学、消费主义符号分析、文化研究的基础,即对符号"整体和系统的共时分析"。这种文学分析的第二语言是一种受过训练的语言,是绝不低于第一语言的具有生产性和建构性的当下语言。

结构主义、语言的物质性与作为空间的文学:文学"文献分析"

在讨论了将文学批评作为第二语言和元语言的法国新批评后,福柯还具体论述了法国新批评流派——结构主义,即上文所说的当时正在兴起的语言符号学分析,且认为"当前文学分析的趋势并未拒绝历史,并非只谈纯系统和共时性"(第196页)。在福柯看来,结构主义不应仅被定义为一种方法,因为"很难看出普罗普对民间故事的分析方法与格鲁对哲学体系的分析方法有什么相似之处,也很难看出美国的弗莱对文学体裁的分析与列维-斯特劳斯对神话的分析有什么相似之处";它应被定义为一种非学科的"关切,一些分析,它们说到底都有一个共同的对象"。福柯正是用"对象的共同性来定义结构主义和不同的结构主义",结构主义因此"就是这样一些尝试,人们借助这些尝试来分析可以称之为大批量文献的东西,即人类在自己身后留下并且每天仍在自己周围不断构建着的日益增多的全部符号、痕迹或标记"(第198—199页)。所以这些符号、痕迹都是结构主义的对象,结构主义的结构是所有人类文化现象的符号形式。结构主义分析反对心理学主体而重视物质符号痕迹:

这大批量的文献,大批量的痕迹、符号,它们以这种方式在世界历史中沉积下来、沉淀下来,被记录在已经构成并仍在不断构成的世界档案中。这大批量的文献是由什么组成的呢?当然,这些都是准确意义上的语言痕迹、书写痕迹,当然有文学,但总的来讲,也包括其他所有曾被书写、被印刷和被传播的东西;还包括所有被说出并以这样或那样的方式保存在人类记忆中的东西,要么是人类的心理记忆,要么是任何被录制下来的物质记忆;还包括人在自己周围留下的所有标记——艺术作品、建筑、城市,等等。所有这些使得人类制造的物品不仅遵循简单纯粹的生产法则,而且也遵循着一些把它们建构为标记的系统。这些标记恰恰就是人类自己的创造的标记。(第199页)

这段话充分说明了结构主义为何遍及人类文化的各个领域,以及文学艺术作品、建筑、城市等,所有的符号都可以成为结构主义分析的对象。

语言符号的物质性,关注的并不是"这些对象、事物、符号、标记等的经济生产的方面,而是指这些标记和符号相互之间赖以成为坚实的标记的方面":"要找到作为文献的文献的规定系统。这种有关作为文献的文献的学科,我们可以借助词源……从希腊文的 *deiknumi* 这个动词出发,找到一个类似于 *deixologie*(指示学)的什么东西,用它来指称一种研究作为文献的文献的一般学科,它其实就是结构主义目前正在建构的东西,即对文献本身的内部限制的分析。"从这个角度看,结构主义是以文献分析的方式重构了社会生活的所有领域,所以它遍及对"哲学、广告、电影、精神分析、艺术作品等"的讨论。因此,结构主义所识读的语言符号就像福柯在《词与物》中论述的文艺复兴时代的拉丁语文献一样具有物质性,是需要辨认的物:"结构主义不可能不重视像语言学这样的东西,因为语言学恰恰处在人类在自己周围留下的所有这些文献的中心;说到底,语言是一般意义上的人类文献借以呈现出来的最一般形式。"(第199—200页)

另外,非常值得一提的是结构主义"与一些研究文献的学科之间产生的冲突"。在福柯看来,有些使用文献的学科并不把文献当作文献来研究,"而是当作某种广义上的经济系统的产物。也就是说,面对沉淀在人类历史中的一切,人们最终可以采取两种基本态度:要么研究人类创造的各种不同对象得以生产的那一连串过程,我把对这些生产规律的研究称为经济学;要么可以尝试把这些定义着人类创造对象的全部残存、标记仅仅作为文献来研究"(第200页)。在福柯看来,与经济学相对的、与分析作品的生产的经济学相对的这第二种分析方式,就是结构主义文献分析的"指示学"。据此,同样的分析对象就可以被放置在两个层面上:"一个是人文现象的生产层面,即经济学层面;另一个是人文现象作为文献所遵循的文献规律本身的层面,即指示学的层面。"(第201页)

结构主义最重要的地方也在于此。结构主义"最初是一种方法",然而,"正是作为方法,它朝向这个新对象、朝向这个新层面、朝向这个新的认识论领域取得了突破;这个新的认识论领域,我用 deixologie 这个随意的词把它称为指示学。正是从这种方法论的突破出发,这个新的对象正在构成"(第201页)。文学分析必然成为这个对象、这个文献学科的一部分,因为"以前的文学分析其实主要具有一种建立交流的功能、一种中介功能,它是写作(准确意义的作品)与其消费(公众阅读)之间的中介",是挑选和评判,是等级制和审查,是对文学的简化:"这三个功能——挑选、判断、解释或澄清——使得文学分析在面对一部书面作品时处在某种理想读者的位置。从事这种文学分析的人实践着这种绝对的、居高临下的、理想的阅读"(第202—203页)。同时这也是对作品生产的历史研究,它解释作品生产的各种原因,并把作品还原为这些原因,而不是建构一种综合的阅读。正如上述第二部分所言,20世纪的文学分析立场发生了变化:"文学分析现在已经摆脱了曾经定位它的那个从写作到消费的轴线。现在的文学分析不再是一种从写作到阅读的关系,而是变成了一种从写作到写作的关系。也就是说,文学分析现在主要是一种从被称为作品的给定语言出发去构建一种新语言的可能性;它是这样一种新语言,这种从第一语言获得的第二语言可以谈论第一语言。"(第203—204页)第二语言是像第一语言一样重要的语言,它是可以谈论第一语言的语言,是可以生产第一语言阅读方式的语言。

其次,"这就解释了为什么文学分析现在与语言问题紧密地联系在一起,因为它把一种给定的语言改造成一种可以谈论这种给定语言的新语言"。文学分析的目的是借助第一语言,制造一种抵达当下问题、当下空间的新语言。"文学分析现在是从根本上把作品当作语言来关注。正因为如此,文学分析,就像神话分析等一样,并同这些分析一起,将成为某种指示学。"(第204页)

最后,"对文学分析而言,不再有神圣的作品……批评家曾经扮演的那个筛选和评判作品的角色,现在只不过是一个文学路政官的角色"。现在"文学分析急需弄清的不再是一部作品是如何产生的,而是一部作品如何能引发另一种语言,即分析的语言,作品在这种分析的语言中显现自己或显现[自己的]某些方面"(第204—205页)。作品也成为未完成的作品,每一次批评产生的新语言将打开作品的某些方面,批评是一种持续的朝向当下的建构。

由此出现了文学分析的新学科,这种文学分析的新学科与某些看上去相距甚远的学科十分接近,因为"它们之间的亲缘关系现在已经变得很清楚了,所有这些学科都是把文献作为文献来处理,无论是像精神分析那样处理纯粹的口述文献,还是像民间故事分析那样处理口头传统的文献,或者像社会学处理文献那样的文献分析"(第205页)。文学分析因而可以借用社会学、心理学以及各种学科的方法来进行(《词与物》,第362页)。有趣的是,作为法国新批评的结构主义是由精神分析所促生的,原因是"精神分析也是一种文献研究,是对某个人在某个特定场景说出来的人类言语的研究……所以它不可能不是结构主义的,至少因为它也是一门指示学类型的学科。所以毫不奇怪,在法国,文学分析汇入结构主义,不是经由语言学,而是经由精神分析"(第207页)。这正是福柯从历史的角度对法国新批评诞生的考察,精神分析在法国是作为符号和文献分析而启动新批评的。

与19世纪的旧模式相反,结构主义文学分析的首要原则是:

> 作品本质上不是时间的产物,作品在其诞生和当下存在的过程中,并不遵循一种线性的、年代的序列。作品被看作一个所有元素都同时存在的空间片段。……

> 换句话说，引导我们的不是作品的历时性线索，而是作品本身的共时性。这并不意味着我们不知道作品实际上是在一个特定时刻、一个特定文化或一个特定个人那里出现的，但为了确定作品是如何运行的，就必须承认作品始终与它自身共时。（第207—208页）

让所有不同的历史元素与作品的当下共时存在，这就是当下的文学空间，也是作为空间的文学的政治与文化含义。而后，福柯关于普列托、奥斯汀以及陈述学的分析，直接把结构主义文学分析引向了外在语言学，引向了政治与历史。

\* \* \*

我作为福柯的读者和研究者，已经近二十年了，正如福柯为了阅读卡夫卡而学习德语一样，我是为了研究福柯才学习的法语。而能翻译一本研究对象的著作，是一个研究者最美妙的梦想。我的这一梦想开始于我的婆婆北京大学法语系秦海鹰教授，她正是我的法语启蒙老师。这本译著能呈现出现在这样完整的面貌，也主要归功于她。她的博学、严谨、认真和善于查阅各种文献资源的能力，教会了我一个译者和学者最基本的素质是什么。

这本译著从字面语言上来说并不算太难，因为它主要是福柯演讲稿的合集。演讲稿导致福柯使用的语言总体上以清楚明白的短句为主，结构特别复杂的大长句并不多，但是翻译的实践还是给了我太多微妙的感受。首先是与法语，其实主要是与福柯语言的亲密接触,那种非常物质性的感觉经常能让我看到语言背后的人。其次,非常重要的是经由翻译,我学会了如何重新开始学术。有些在汉语中非常精妙和哲学的表达,蕴含着我巨大能量期待的表达,例如"什么是绝对""巴塔耶的经验"等,实际上在法语中就是那么简短的语汇"Qu'est-ce que l'Absolu" "l'expérience chez Bataille";而有些在法语中携带着非常重要的历史和理论痕迹的词语,在汉语中则表现平平,需要深厚的理论功底和人文学科的想象力才能穿越语言的表层来把握。例如 second langage, langage second, discours seconds 这三个短语都可以译为"第二语言","第二语言"这一表达在汉语中好像没有那么惊艳,但它蕴含着法国新批评所有的匠心和雄心。所以我们在跨语言的实践中,必然进入一个信息论的过程,而这个信息的差异性价值和感受,这同一个信息在不同语言中的哲学内涵的能量值与期待值的不同,使得信息的环境和语境成为我们必须去感受、认知和考量的东西。关于信息的能量论问题,我想说的就是,有些信息,我报以巨大的能量,但是在法语中就突然是轻的,而有些我无视的能量在法语中就是重的,这个过程是值得从方方面面讨论的。

最后,非常感谢"精神译丛"主编陈越老师,没有他的信任,我不可能实现我这一美妙的梦想;没有他的鼓励,我在翻译上甚至不敢走出尝试这一步。陈越老师对翻译工作的重视,反映了他对学术的基本态度——一种长时段的、扎扎实实的基础研究的准备,而不是短平快的发表。此外,因为这次翻译,我跟这本译著的主要编者巴黎第一大学福柯研究专家朱迪特·雷韦尔教授也建立了联系,并成了朋友。在对她的访问和与她的交谈中,我不仅获得了继续福柯研究的动力,并且感受到了专业学者超越国界、超越语言的心领神会和相互尊重。同时我还要感谢梁展老师向陈越老师推荐我作为福柯的译者,感谢任洁老师在翻译和编辑过程中对我的包容和帮助。因缘际会,我因为一本译著,也遇到了与各位老师的善缘,我定当此生珍视。

张 锦<br>2024 年 10 月于北京

著作权合同登记号:陕版出图字 25-2020-022

图书在版编目(CIP)数据

疯癫,语言,文学 / (法)米歇尔·福柯著;张锦译. -- 西安:西北大学出版社,2024.11. -- (精神译丛 / 徐晔,陈越主编). --ISBN 978-7-5604-5553-2

Ⅰ.B565.59

中国国家版本馆 CIP 数据核字第 20241AM275 号

疯癫,语言,文学

[法]米歇尔·福柯 著
张锦 译  秦海鹰 校

| | |
|---|---|
| 出版发行: | 西北大学出版社 |
| 地　　址: | 西安市太白北路 229 号 |
| 邮　　编: | 710069 |
| 电　　话: | 029-88302590 |
| 经　　销: | 全国新华书店 |
| 印　　装: | 陕西博文印务有限责任公司 |
| 开　　本: | 889 毫米×1194 毫米　1/32 |
| 印　　张: | 12.625 |
| 字　　数: | 300 千 |
| 版　　次: | 2024 年 11 月第 1 版　2024 年 11 月第 1 次印刷 |
| 书　　号: | ISBN 978-7-5604-5553-2 |
| 定　　价: | 99.00 元 |

本版图书如有印装质量问题,请拨打电话 029-88302966 予以调换。

*Folie, Langage, Littérature*

by Michel Foucault

© LIBRAIRIE PHILOSOPHIQUE J. VRIN,

Paris, 2019 (www.vrin.fr)

Current Chinese translation rights

arranged through Divas International, Paris

巴黎迪法国际版权代理(www.divas-books.com)

Chinese simplified translation copyright © 2024

by Northwest University Press Co., Ltd.

ALL RIGHTS RESERVED

**Re 精神译丛**（加*者为已出品种）

### 第一辑

- *从莱布尼茨出发的逻辑学的形而上学始基　　海德格尔
- *德国观念论与当前哲学的困境　　海德格尔
- *正常与病态　　康吉莱姆
- *孟德斯鸠：政治与历史　　阿尔都塞
- *论再生产　　阿尔都塞
- *斯宾诺莎与政治　　巴利巴尔
- *词语的肉身：书写的政治　　朗西埃
- *歧义：政治与哲学　　朗西埃
- *例外状态　　阿甘本
- *来临中的共同体　　阿甘本

### 第二辑

- *海德格尔——贫困时代的思想家　　洛维特
- *政治与历史：从马基雅维利到马克思　　阿尔都塞
- *怎么办？　　阿尔都塞
- *赠予死亡　　德里达
- *恶的透明性：关于诸多极端现象的随笔　　鲍德里亚
- *权利的时代　　博比奥
- *民主的未来　　博比奥
-  帝国与民族：1985—2005年重要作品　　查特吉
- *政治社会的世系：后殖民民主研究　　查特吉
- *民族与美学　　柄谷行人

## 第三辑

| | |
|---|---|
| *哲学史：从托马斯·阿奎那到康德 | 海德格尔 |
| 布莱希特论集 | 本雅明 |
| *论拉辛 | 巴尔特 |
| 马基雅维利的孤独 | 阿尔都塞 |
| 写给非哲学家的哲学入门 | 阿尔都塞 |
| *康德的批判哲学 | 德勒兹 |
| *无知的教师：智力解放五讲 | 朗西埃 |
| *野蛮的反常：巴鲁赫·斯宾诺莎那里的权力与力量 | 奈格里 |
| *狄俄尼索斯的劳动：对国家—形式的批判 | 哈特 奈格里 |
| 免疫体：对生命的保护与否定 | 埃斯波西托 |

## 第四辑

| | |
|---|---|
| *古代哲学的基本概念 | 海德格尔 |
| 黑格尔《精神现象学》的发生与结构（上卷） | 伊波利特 |
| 卢梭三讲 | 阿尔都塞 |
| *野兽与主权者（第一卷） | 德里达 |
| *野兽与主权者（第二卷） | 德里达 |
| *黑格尔或斯宾诺莎 | 马舍雷 |
| 第三人称：生命政治与非人哲学 | 埃斯波西托 |
| 二：政治神学机制与思想的位置 | 埃斯波西托 |
| 领导权与社会主义战略：走向激进的民主政治 | 拉克劳 穆夫 |
| 德勒兹：哲学学徒期 | 哈特 |

## 第五辑

| | |
|---|---|
| *基督教的绝对性与宗教史 | 特洛尔奇 |
| 黑格尔《精神现象学》的发生与结构（下卷） | 伊波利特 |
| 哲学与政治文集（第一卷） | 阿尔都塞 |
| *疯癫，语言，文学 | 福柯 |
| *与斯宾诺莎同行：斯宾诺莎主义学说及其历史研究 | 马舍雷 |
| 事物的自然：斯宾诺莎《伦理学》第一部分导读 | 马舍雷 |
| *感性生活：斯宾诺莎《伦理学》第三部分导读 | 马舍雷 |
| 拉帕里斯的真理：语言学、符号学与哲学 | 佩舍 |
| 速度与政治：论竞速学 | 维利里奥 |
| 《狱中札记》新选 | 葛兰西 |

## 第六辑

| | |
|---|---|
| 生命科学史中的意识形态与合理性 | 康吉莱姆 |
| 哲学与政治文集（第二卷） | 阿尔都塞 |
| 心灵的现实性：斯宾诺莎《伦理学》第二部分导读 | 马舍雷 |
| 人的状况：斯宾诺莎《伦理学》第四部分导读 | 马舍雷 |
| 帕斯卡尔和波-罗亚尔 | 马兰 |
| 非哲学原理 | 拉吕埃勒 |
| *连线大脑里的黑格尔 | 齐泽克 |
| 性与失败的绝对 | 齐泽克 |
| *探究（一） | 柄谷行人 |
| *探究（二） | 柄谷行人 |

## 第七辑

| | |
|---|---|
| 论批判理论：霍克海默文集（一） | 霍克海默 |
| *美学与政治 | 阿多诺 本雅明等 |
| 现象学导论 | 德桑第 |
| 历史论集 | 阿尔都塞 |
| 斯宾诺莎哲学中的个体与共同体 | 马特龙 |
| 解放之途：斯宾诺莎《伦理学》第五部分导读 | 马舍雷 |
| 黑格尔与卡尔·施米特：在思辨与实证之间的政治 | 科维纲 |
| 十九世纪爱尔兰的学者和反叛者 | 伊格尔顿 |
| 炼狱中的哈姆雷特 | 格林布拉特 |
| 活力物质："物"的政治生态学 | 本内特 |

## 第八辑

| | |
|---|---|
| 论哲学史：霍克海默文集（二） | 霍克海默 |
| 哲学和科学家的自发哲学（1967） | 阿尔都塞 |
| 模型的概念 | 巴迪乌 |
| 文学生产理论 | 马舍雷 |
| 马克思1845：《关于费尔巴哈的提纲》解读 | 马舍雷 |
| 艺术的历程·遥远的自由：论契诃夫 | 朗西埃 |
| 第一哲学，最后的哲学：形而上学与科学之间的西方知识 | 阿甘本 |
| 潜能政治学：意大利当代思想 | 维尔诺 哈特（编） |
| 谢林之后的诸自然哲学 | 格兰特 |
| 摹仿，表现，构成：阿多诺《美学理论》研讨班 | 詹姆逊 |